中小学名师指导系列丛书

语文之道

——"素课"是怎样炼成的

汪 潮 方 兰 ◆著

北京师范大学出版集团
BEIJING NORMAL UNIVERSITY PUBLISHING GROUP
北京师范大学出版社

图书在版编目(CIP)数据

语文之道——"素课"是怎样炼成的／汪潮，方兰著．
—北京：北京师范大学出版社，2012.8（2019.8重印）
（中小学名师指导系列丛书）
ISBN 978-7-303-14718-2

I．①语…　II．①汪…②方…　III．①语文课－教学
研究－中小学　IV．① G633.302

中国版本图书馆 CIP 数据核字（2012）第 125765 号

出版发行：北京师范大学出版社 www.bnup.com
　　　　　北京新街口外大街 19 号
　　　　　邮政编码：100875
印　　刷：北京虎彩文化传播有限公司
经　　销：全国新华书店
开　　本：710 mm × 1000 mm　1/16
印　　张：13.5
字　　数：252 千字
版　　次：2012 年 8 月第 1 版
印　　次：2019 年 8 月第 2 次印刷
定　　价：26.00 元

策划编辑：李　志　　责任编辑：李　志
美术编辑：高　霞　　装帧设计：富宇仙通
责任校对：李　菡　　责任印制：陈　涛

汪潮，男，浙江外国语学院教育系教授，浙江省中小学教师培训中心项目部主任，兼任中国陶行知研究会小学教育专业委员会副主任，全国识字、写字教学研究中心主任，浙江省继续教育专家委员会语文组副组长，浙江省名师名校长工作站小学语文工作室主持导师、首席导师，在他主办的培训班中，已有51人评上小语特级教师。

已发表论文180余篇，出版个人专著《语文教学专论》等6部；两次获浙江省人民政府颁发的浙江省教学成果二等奖，两次获教育部颁发的优秀科研成果三等奖；主编教育部审查通过的《小学语文》全套教材12册，主编教育部审查通过的大学本科小学教育专业教材《小学语文课程与教学论》，编著小学语文教师培训教材《小学语文名师培训教程》。

应邀赴中国香港、各省市以及德国作学术报告300余场次；被聘为华东师范大学国家级培训"讲座教授"、上海师范大学"兼职教授"、南京师范大学国家级培训"主讲教授"。

方兰，女，杭州绿城育华小学副校长，中学高级教师，首届全国"百优名师"、全国"2010年推动诵读百佳人物"，浙江省教坛新秀、省优秀青年教师、省优秀导读员、省"5522"名师名校长工程培养对象、省第二期小学语文高端班学员，市学科带头人、市普通话测试员。曾应邀至四川、贵州、宁波、温州、金华、丽水等地上课、讲学30余次。先后有20余篇论文发表，多个科研成果获奖。参与编写大学本科教材《小学语文课程与教学专论》等著作。

前 言
"素课"是怎样形成的

著名哲学家黑格尔说过:"前进就是回溯到原始的、真正的东西。"而人类最基本的生命需求是——饮食,我们就从这里开始说起吧。

素 食

素食,表现出了回归自然、回归健康和保护地球生态环境和返璞归真的文化理念。吃素,除了能获取天然纯净的均衡营养外,还能额外地体验到摆脱了都市的喧嚣和欲望的愉悦。

素 描

文学上,素描指的是语言和形式简洁朴素、不进行过多渲染的直接描写。这样的描写聚焦、直入、大气。

美术上,素描指的是用单色线条和块面来塑造物体形象,是造型艺术的基本功之一。

素 课

不知大家有没有想过,语文教学竟然与素食、素描、素颜有关联,当然语文教学不能简单等同于素食、素描、素颜,注重的只是思维方式上的启发。而随着小学语文教学改革的不断深入推进,我们需要重新审视课堂教学。由此应运而生的"素课",是一种有思想内涵、有文化渊源、有显著实效的课的范式或模型。

"素课"是一个新的名词术语,有必要进行一些说明和界定。

"素"字,《汉语大字典》有这样的解释:①素,指白色,又指颜色单纯;②素,是指本质,本性,事物的根本;③素,是质朴,不加装饰;④素,是清淡无为;……其含义是多样而丰富的,其中最重要的含义是本色和简约。

从以上介绍和分析中,可以引申、梳理出"素课"的基本特征:

1. "素课"是一种本色的语文课

"素课"首先是一种反映语文教学本色的课。本色是与彩色对应的。本色反映事物的本性、本质。关于语文教学本质的讨论,众说纷纭,莫衷一是。

有文学性、思想性、工具性、综合性、情感性、人文性等众多观点。这些观点都有其合理性，它们各支撑着语文教学的某一个属性。事物有一般属性和关键属性之分。从理论上讲，"本质"有两个评判标准：一是这事物区别于那事物的关键属性，其反映了事物的独特之处。二是"本质"只有一个，它可以兼容、带动其他有关的一般属性。据此可以看出，语文教学的关键属性不是上述的众多观点，而是言语性。也就是说，语文教学的本质是语言习得，其中包括口头语言和书面语言的学习、积累、训练、感悟和提升。这是语文教学区别于其他学科的本质所在。所以说，语文教学要努力构建一个以语文素养为主轴，以语言知识、语言能力为两翼的新的课程体系。我们积极倡导"用语文的方法学语文"、"语文的魅力在语文里"。用语文活动表现语文的生命活力，正是语文教学的至高境界，也是语文教师理智的选择。所以，从本色看，"素课"姓"语"。

2. "素课"是一种生本的语文课

语文教学"高耗低效"的一个重要原因是教师讲得太多，学生学得太少。小学语文教学姓"语"，这里有两个特点，一是"小"；二是"学"。教学效果主要不是体现教师的教学风采，而是小学生学习语文的实际"增量"。所以"素课"要减少教师的"排放量"，还"学"于小学生，让位于学习。笔者两年前就写过一篇文章《论"让学观"》（刊发在《教学月刊》2010年第5期上），其中审视了"让学"的含义："让"就是谦让、给予，这里有一种位置变化、重点转移之意。"让学"就是把课堂的时间、场所、机会等尽可能多地让位给学生的学习。从教室功能看，要变课堂为学堂；从教师和学生的关系看，要更多地让位给学生，让学生成为课堂的主体。从讲授和学习的关系看，要更多地让位给学习。"素课"的主要精神之一是：教师尽可能放手而让学生自己主动、深入地学习语文。

3. "素课"是一种自然的语文课

自然是与人为对应的。素食也好，素描、素颜也罢，一个重要的特征是自然、天然、原生态。语文教学也应该遵循自然规律，体现天然面貌，而不是人为地作秀。那些精心雕琢的课，给人的感觉是上课技巧太"过"，简直就像烧了一盘"荤菜"，吃起来给人的感觉"荤腥"太多，"油酱"太足，"色彩"太浓、"味道"太重，咽不下口。

语文课堂的原生态既是一种原始状态，更是一种境界，一种韵味，透过其本色、本性、本来面目，背后隐含的是真实、简单。我国古代有"大音稀声"、"大智若愚"、"大巧若拙"的说法，我们的语文课堂也应追求"化繁为简"、"大道至简"的境界。尽量减少一些人为虚设、舍近求远、故弄玄虚的现象。只有从实际的自然出发，语文课堂才能真实有效。语文课堂如果失去自然的原生态，就像一束"塑料花"，看似鲜艳无比，实则没有生命的气息。

4. "素课"是一种简约的语文课

简约是与繁杂对应的。语文教育因素太多，内容繁杂，不可能面面俱到，只能有所失，才能更好地有所得。正如大哲学家苏格拉底所言："千鸟在林，不如一鸟在手。"从某种意义上，放弃也是一种智慧。语文教学要进行"减法思维"，删繁就简，清晰平淡。尽量减少不必要的东西，去掉非语文的东西，即使是语文的东西也要突出重点。有一句话很有哲理：把简单问题讲复杂很简单，把复杂问题讲简单则很复杂。任教语文课，难；上好语文课，更难；能把复杂的语文课教简约，难上加难。简约的语文课包括五个方面：简明的教学目标、简洁的教学内容、简化的教学过程、简捷的教学方法、简单的教学评价。记住人民教育家陶行知先生的话："凡做一事，要用最简单、最省力、最省钱、最省时的法子，去收获最大的效果。"（1919年《新教育》）

当然，简约并不简单。素课，是"汪然平静"的。其意为：深邃的思想，平和的外表，达到的是一种深渊静流的境界。作个比喻，课堂似剧院，但不只是剧院，还是潜心学习的场所；讲台如舞台，但不只是舞台，还是学生展示成果的平台。师生像演员，但不只是演员，两者还是学习的伙伴。平平常常的"素课"，虽看不到悬念丛生、高潮迭起，但设计精心，平平实实，却颇有成效。

"素课"是针对现代浮躁、形式、低效教学的返璞归真。"素课"拒绝人为的刻意雕琢，拒绝课堂的富丽堂皇，拒绝作秀演绎，更拒绝虚情假意。"素课"的形成过程体现的是一种素色、素面、素读、素本的"素文化"。

本书取名《语文之道》，其实想体现一种学生的学习之道、教师的讲授之道和语文的成功之道。这是一条简约而不简单的"素道"！

汪　潮　方　兰
2012 年 7 月 20 日

目 录
CONTENTS

第二部分 素本的语文教学内容

第三部分 素朴的语文教学过程

第四部分　素面的语文教学效果

第一部分
素色的语文教学理念

常言道："理论是灰色的，实践之树常青。"然而，素色的语文教学思想与常态的语文教学实践是相伴随的，这不仅对语文教学的现实具有指导意义，而且在将来也会永放光彩。本色语文、情态语文、思性语文、文化语文，被称为"素课"的四大理念。

第一章　本色语文

"本色"是针对"彩色"而言的。众多的语文课堂上了"彩"，涂了"色"，比如，教学内容五颜六色，教学形式五彩缤纷，而教学效果却远离了语文教学目标，华而不实。而本色是自然的、朴实的、和谐的、有生命力的。

语文课程的教学可以这样设计，也可以那样设想，但万变不离其宗，这就是必须遵循中国语文的基本规律，进行"语文地"思考。

一、语文意识

语文课堂教学首先要有语文意识，这本来不成其为问题。然而时下的语文课堂教学常常出现繁杂、臃肿而且是非语文的现象。如一位老师执教二年级下册《画风》，其中设计了听风、说风、试风、看风、画风五个教学环节。在很大程度上，试风、看风、画风都不是语文现象。这种教学设计就是把简单的事情搞复杂了。而且在这五个环节中，连起码的读、写的基本训练也忽视了。有一句话说得很有哲理：语文课要有"语文味"。对此，笔者在这里提出一种语文意识：用语文的头脑思考语文教学现象，用语文的手段解决语文教学问题，用语文的标准评价语文教学效果。

（一）语文意识是一个体系

学生只有在强烈的意识引导下，才可能产生强烈的学习动机，才能充分发挥学习语文的潜力。语文意识是一个内容庞大的体系，有着各种不同的层次和内容，各种层次的意识之间又存在层层递进的关系。根据分析，语文意识分5个层次：语文需要、语文动机、语文兴趣、语文理想、语文信念等。下面从一个实例来看语文意识的初步形成过程：

作文课开始，老师说："同学们，我们在一起学习、生活一年多的时间了。这期间，我们朝夕相伴，亲密无间。近来，我突然有一个愿望，刚开始它只在我心里一闪，像交响乐中极不引人注意的音符，仅发出了微弱的声响；而现在这个音符发展了，强烈了，终于成为激烈的、反复出现的主旋律，时时在我心里激荡。可是，我又不好意思说出来。"

"说，您说呀！"学生们不由自主地叫唤起来。老师轻轻地说："我非常非常想去你们家玩。"这时，学生脸上个个流露出欢喜的神情。

"可是，我怎么寻找你们的家呢？"正在学生不知如何作答之时，老师说："我有一个一箭双雕的办法，不知你们——"还没等老师说完，学生们就热情地打断了老师的话语。老师见火候已到，便一挥手在黑板上写下《老师，您这样寻找我的家》。学生们这时恍然大悟，随即摸纸拿笔，跃跃欲试。老师提出要求说："同学们该不会乱写一气，故意让老师找不到你们的家吧？到时，我按你们指定的路线寻找，要是迷了路，走丢了，以后你们可就没有语文老师了。"一阵欢笑声过后，大家在轻松、激动、兴奋的情绪支配下动笔了。

批阅作文的时候，老师发现师生之间的情感交流已达到了水乳交融的境界，学生幼稚的语言里蕴藏着可爱的心灵：

"老师，您坐我们厂的车子来吧，每天下午五点半有车来大众电影院门口接人，您不用买票，售票员问您时，您就说是厂里××的儿子的老师去家访，就行了。"

"老师，您最好正月初一来，那时我们家什么好吃、好玩的都有。"

就连平时很顽皮的学生也在结尾处深情地写道："老师，我知道您忙，不可能到每个同学的家里去，不过我还是详详细细地写出来，这是我写得最认真作文了，因为我希望您能来。"

部分同学还附有学校到家的路线草图。

这是教师培养学生语文意识的一个案例。在上述情境下，由于教师巧妙的诱导，使学生对写作本身发生了兴趣，写作活动本身使学生获得满足，无须外力而自愿写作。本案例的教学目的在于引起学生对写作的内在动机。教师先提出"怎么寻找你们的家"的有趣问题，这深深地吸引了学生，激起了学生解答问题的兴趣，进而产生写作的需要。在这种情况下，就连平时很顽皮的学生也自称"这是我写得最认真的作文"。可见，写作的内在动机可直接推动写作活动的产生和发展。一般说来，学生原有的写作需要得到满足后，又会产生新的写作需要，引起新的写作动机。正是不断地满足了新的需要而产生新的写作动机，也就不断地加强和维持了学生作文的积极性。教师的重要任务之一，在于引导学生产生新的学习语文需要。

（二）语文意识是一种向导

在语文课堂，思想决定行动。我们常说：理念有多新，课就有多精彩。语文课堂教学中语言的习得、语言问题的讨论、语言文化的渗透等都是在语文意识驱动下的语文行为。

著名特级教师支玉恒老师一上课就对学生说："请小朋友大声自由地把课文读一遍。"然后让学生说说这句话告诉了大家几个要求，学生说有三个要求：大声地读、自由地读、读一遍。接着，支老师又要求学生用总分结构说话，紧接着要求学生用先具体后概括的方式说话。在这个过程中，且不说让学生明确了学习的具体要求，也不说教学设计的巧妙，单就"读一遍"的特别意义，就值得深刻地思索。对语文课堂极其平常的一句教学常规用语，能演绎得如此精彩，一个很重要的指导思想是有语文意识，引导学生说语文、用语文，在语文实践中进行语言学习。

（三）语文意识是一种设计

从本质上说，语文意识是一种自觉的、主动的心理倾向，但它不可能凭空形成，在初始阶段需要精心设计，积极引领。在教学人教版一年级下册《识字4》时，浙江省德清县莫干山外国语学校吴秋霞老师在教室四周布置了几个大展板，上面画上夏天的美景。上课伊始，她先让学生观察，后让学生说话，说说看到了什么：蝴蝶、蜻蜓、蚂蚁、蚯蚓等。然后引导学生发现画中的小秘密：原来画上还有一个"小窗户"，里面藏着要学的词语。当学生把这些小秘密一个一个地找出来时，兴奋之情溢于言表。这位老师的高明之处在于：这个展板情境的设计是为学习语文服务的。我们的语文课堂教学应浸润在富有诗情画意的"语文世界"里，师生应沉浸在充满生机的"语文状态"之中。

二、语文现象

时下有相当多的语文教学把课文情节、内容等同于教学内容，语文课堂成为教师水平演绎的展示台。其实，语文教学首先要关注语文现象。而语文现象有语言现象和教学现象之分。

（一）语言现象

本色的语文教学首先要关注语言，直面语言。纵观语文教学的发展历程，关于语文教学本质的讨论，众说纷纭，莫衷一是，有文学性、思想性、综合性、工具性、人文性等观点，展开讨论对揭示语文教学的真谛是有意义的。笔者认为语文教学的本质在于语言性，这可能比较接近对语文教学本质的认识。据此，语文教学的主要目标是指导学生语言习得。其有四个方面的主要内容：语言习得、思维培养、人文渗透和常规训练。其中最基本、最重要的是语言习得，它是语文教学的本质。其他都是一般属性，应有机地渗透到语言习得之中，而不是凌驾其上、游离其外。值得注意的是，在小学语文教材中有不少思想性课文、常识性课文，主要向学生介绍一些伦理知识和科普知识，如果语文教学眼光只盯在文中介绍的知识上，就变相地上成政治课、自然课，忽视语言习得，那就失去了语文教学的本质意义。一位老师上三年级下册《太阳》一课时，先引导学生理解课文第1～3自然段的内容，然后用一课时时间安排了读写结合的训练。训练题目是："写一段话介绍太阳的特征"，最后进行讲评。上述教学程序安排本身并无错误，但训练题目值得研究，这个题目的设计已经把语文课变相上成了常识课。同样是一篇介绍太阳的文章，自然常识课主要是向学生讲解太阳的特征（组成、大小、温度与地球的距离等），而语文课引导学生训练的就不再是太阳的特征，而是课文怎样"用比喻和数量反映太阳的特征"这种特殊的语言表达方式，来准确、简明、生动地说明事物特征。这样，语文课要讲"太阳"，但要逐渐远离"太阳"。笔者建议本训练题目应改为"用比喻和数量反映事物特征的写作方法写一段话，介绍自己的教室"。从"太阳"到"教室"的设想，既遵循了小学语文教学的本质要求，又在语言习得中有机渗透自然常识知识的讲解。

（二）教学现象

语文课堂是一个教学场所，教学现象典型地表现为师生之间的"对话"现象。语文教学应在师生平等对话的过程中进行，其中阅读教学更为典型。阅读不但是因文会意的理解活动，而且是以文会友的对话行为。学生和教师都是文本的读者，都要与文本的作者对话，这是一种全方位、跨时空的交流。

1. 师生之间的对话是平等的

要摒弃传统语文教学中以教师为轴心，学生绝对服从教师的"教师中心论"，也不主张以学生为轴心，教师无原则迁就学生的"学生中心论"。课堂教学中师生的地位应该是平等的。这种平等关系可以比喻为：要获得天平秤上的准确度量，两边就必须是平衡的。在语文教学中，教师和学生都是课堂的主体，双方是平等的、合作的。在师生平等的情形下，学生才可能活跃思维，畅所欲言。

2. 师生之间的对话是互动的

这种对话是一种双向交流，双方是相互促进的。通过互动实现多种信息的沟通、汇聚和融合，从而提升境界或克服偏见。互动不仅促进学生的发展，而且也促进教师的发展。师生之间的互动依赖于三个技巧：一是"倾听"。倾听的目的是为了吸收。倾听时要能根据对方的话语、表情、手势等，理解对方的观点和意图。倾听的基本要求是专注而耐心："专注"要求对话时聚精会神、专心致志。"耐心"要求对话时内心平静，不打断对方的话语。二是"表达"。既要关注表达某个观点的内容，又要注意表达的形式和方式。表达要有中心，有条理，有依据，而且要注意表达的表情和语气。三是"应对"。在互动性的对话中，要根据需要及时调整自己的表达内容和方法，灵活、迅速地处理偶发事件。

3. 师生之间的对话是有意义的

这种对话不同于日常生活中的"聊天"或"传话"，而是一种启示、一种提高，这是意义建构的活动。这取决于四个要素：一是"吸收"。能接纳对方传输的有意义的信息，并迅速转化为自己的营养。二是"宽容"。容纳对方的不同观点和意见。三是"思考"。师生双方各种不同观点的碰撞，可以给学生或教师以新的启迪，引发学生更深入的思考。四是"提升"。通过平等对话，取长补短，改变原有的知识结构，促进新意义的生成。

4. 师生之间的对话是全方位的

语文教学的最终目的是促进学生的发展，而发展是具有全局性的。师生之间的对话既有日常交际意义上的对话，也有语文教学意义上的对话，还有心理学意义上的对话。更重要的是，"平等对话"是一种心灵之间的交流。

5. 教师是平等对话的引导者

教师是学生学习活动的组织者和引导者。要提高师生对话的实效性，教师的主导作用不能忽视。"平等对话"不是体育活动中"平移"性的抛球和接球，而是一种指向明确、高效率的交流。

当然，在某种意义上，语文现象是语文教学过程中的外在表现形式，而语文规律则是其发展中内在的、本质的、必然联系的反映，它是语文教学内部诸因素之间、语文教学与其他事物之间的内在必然联系。从语文现象去追寻语文特点，进而揭示语文教学的规律，这才是更高境界的追求。

三、语言元素

语文的原意指的是口头语言和书面语言的合称，包括听、说、读、写、书（写字）和字、词、句、段、篇10个方面。

（一）语言品质的习得

1. 语言的完整性

学生说、写的话要完整，特别在书面语言表达时不能写半句话。这是低年级语言习得的重点。

2. 语言的条理性

这是中年级语言习得的重点。学习的思路是：训练段中的层次和句与句之间的关系。

3. 语言的具体性

这是中、高年级语言习得的重点。学习关键词语在句子的作用、用词具体的句子、修辞词句。当然，也要适当学习语言的概括性。

4. 语言的准确性

这是语言习得的难点。一般的重点是：关键词语在句中的作用、对用词巧妙句子的理解、回答问题的准确性。

5. 语言的组织性

学习语言结构的内在联系，例如，字与词的关系，词与句的关系，段与篇的关系等。

6. 语言的快速性

学生的听、说、读、写、书（写字）都要有一定的速度。

（二）语言感受的习得

语感习得主要内涵是培养学生对语言的形象感、意蕴感和情趣感。

1. 形象感

指的是能感受到语言所表现的"如临其境、如见其人、如闻其声"的生动活泼的立体画面。如二年级下册第一篇课文《找春天》中的"小草"、"野花"、"嫩芽"、"小溪"，有色有声，有静有动，构建了一幅春意盎然的美丽的春天图画。

2. 意蕴感

指的是能感悟到语言所蕴涵的丰富而深刻的含义。意蕴感的习得在寓言故事等课文的教学中尤为突出。一般选入课文的寓言都有丰富的思想内涵，包含深刻的哲理。语文课文中的深刻含义有的在文中出现，有的在篇末点明，有的没有明确表达，这就需要通过学习逐步领悟。例如，五年级下册《金色的鱼钩》为了挽救老班长的生命，作者蹲在水边钓鱼时心里不停地念叨："鱼啊！快些来吧！这是挽救一个革命战士的生命啊！"一句中连用三个感叹号，要引导学生仔细品味其中丰富的语言信息和蕴涵的感情。通过教师的范读、学生的朗读，使学生明白：连用三个感叹号表达了求鱼的急切心情。

3. 情趣感

指的是能感触语言所包含的感情和趣味。情趣感的训练在童话、寓言、诗歌等类型的课文中比较突出，如《雪地里的小画家》、《棉鞋里的阳光》、《手捧花盆的孩子》、《咕咚》、《四季的脚步》等。在一些写动物、写景的课文中也要加强情趣性的渗透，如《猫》一文中猫的"古怪性格"（老实、贪玩却又尽职），《荷花》一文中"出奇的观赏"（看着，看着，我忽然仿佛就是一朵荷花，穿着雪白的衣裳，站在阳光里，一阵风吹来我就翩然起舞。）

语感是通过长期的语言感知和训练积淀而成的，是可以培养的。在大量阅读中就会自觉或不自觉地获得语感，也是我国传统培养语感的做法。朱熹《养心类编》中说的"读书百遍、其义自见"就是这个意思。只有反复读，并在读中做到出于口，入于耳，了然于心，才能使语感熟练化、自动化，最终产生顿悟的感觉。其中朗读训练是培养语感的最基本，最有效的方法。

第一，以读代讲。目前语文课堂教学中的大部分"讲"、"问"是形式主义和烦琐哲学，应该让位给学生去读。著名特级教师支玉恒教学《第一场雪》是以读代讲的一个成功教例。学生对雪是熟悉的，实在没有必要对课文内容进行一问一答的分析。支老师安排了三遍读：第一遍读，引导学生从读中了解内容大意，获得整体感知，查阅在阅读中不理解的生字新词。第二遍读，主要引导学生从读中理解课文内容。第三遍读，让学生吟诵揣摩，既是对思想内容的更深入理解，也是对课文语言的反复玩味，主要是通过对朗读中轻重缓急、虚实浓淡的体会来紧扣语言。他要求把这场雪"读得很大很大",把山村冬夜"读得很静很静",把雪景"读得很美很美"。这样以吟诵体会代替了分析提问,收到了很好的教学效果。

第二,以读答问。如果以思维强度不高又缺少学习价值的许多提问代替学生自读课文,学生的语感就得不到培养。教学四年级下册选读课文《黄继光》一课时,一般把课文的一组句子作为教学重点:"他感到指导员在望着他,战友们在望着他,祖国人民在望着他,朝鲜人民在望着他!黄继光又站起来了!"一位老师上课,精心设计了7个提问:"指导员望着他"的含义是什么?朝鲜人民望着他又会怎么想?这4个"望着他"的顺序可以颠倒吗?为什么?"黄继光又站起来了"与这四个"望着他"有什么关系?这个句子采用了什么修辞手法?为什么要采用这样的修辞手法?

这样一问一答的形式,使课文支离破碎,不利于语感的培养。其实可以让学生自由反复朗读这组句子去体会深层含义。学生的朗读随着排比句的推进,由小到大,感情会越来越强烈。当读到"黄继光又站起来了"时,"站"字很自然地吐出了最强音。此时可以设问:"为什么大家会越读越有力?为什么'站'字会读成最强音?"由此激发学生更深层的思索。显然,这个"问"是为"读"服务的,由读设问,读中求悟,语感就会油然而生,并逐渐升华。

(三)语言法则的习得

语言法则,包括词法、句法和章法。让学生掌握语言法则,不能讲解抽象的语法、修辞术语,而应采用从大量感性认识中逐步形成理性认识的方法,在感悟、理解、巩固、应用中习得语言法则。

1. 词语法则

词语习得包括三个内容:一是能正确地读出、写出生词。二是掌握词语的含义。三是在口头语言和书面语言中正确应用。在阅读教学的情境下,掌握词义是训练的重点。而且掌握词义的目的是为读懂课文内容服务的,要在课文提供的语言中理解词语,强调词不离句,这叫做"咬句嚼字":咬住整个句子来嚼字(词),嚼字(词)是为了咬句,这不同于识字教学情境中的词语教学。词语习得要注意体现词语法则,如词语的使用范围、词语搭配、语义轻重、感情色彩、构词特点等。

2. 句子法则

句子习得包括两个方面:一是在内容上理解句子的意思;二是在形式上掌握常见的句式和句型,能连词成句,连句成段。在阅读教学中重点训练的是句子的表达方式。课文中有五类句子表达方式要重点进行训练:(1)表达深刻含义的句子;(2)表达结构复杂的句子;(3)表达形象生动的句子;(4)

表现文章结构的句子；（5）表现全文中心的句子。

句子学习的方法主要有：读句子、背句子、抄句子、组词成句、归类句式、变换句子、补充句子、整理句子、句子比较、扩句、缩句、改错句、给句子加标点等。其中句子比较是最基本的学习方法。

3. 篇章法则

篇章习得包括分段、概括段意、概括课文内容和概括中心思想等方面。

值得注意的是，章法习得要从课文内容和学生的实际出发，避免"课课分段、篇篇概括"的形式主义做法。章法习得要让学生有充分的时间阅读和思考，并且引导学生分析、比较、讨论、说理，以培养学生的语言理解和表达能力。

四、语言分析

教材是教师施教的主要依据，是学生学习的基本资料。每篇课文各有不同的语言表达特点。因此，教材分析直接影响到语文课堂教学的效果。传统的教材分析往往只重视分析教材的背景、内容和知识点，忽略了语言因素及语言表达特点。这也是造成把语文课上成"情节分析课"的主要原因之一。语文教学应从加强语言习得的角度对教材进行深入分析。

（一）明确语言习得的目标

教学目标是教学活动的总蓝图，它是教师教学、学生学习和教学评估的共同标准。在实际教学活动中，教学目标是复杂多样的，有语言学习目标、情感熏陶目标、思维训练目标等。但就"语言"本身的含义而言，语文课最重要的是要明确语言学习的目标，这是教材分析的第一步。

1. 单项式

有些课文的语言表达特点很明显，只要钻研教材就能明确语言学习的目标。如三年级上册《富饶的西沙群岛》的语言训练目标就很明显：

课文是围绕"风景优美、物产丰富"来写的。

大部分段落采用总分构段，先总起后分述。

有多个句式：有……有……，有的像……有的像……，有的……有的……有的……有的……

夸张的写法："海里一半是水，一半是鱼。"

众多优美的句子和词语……

另外，有些课文在《教学参考书》（以下简称《教参》）中已经有明确、具体而又可以操作的语言习得目标。这只要参阅《教参》，就可明确语言训练目标了。

2. 双项式

有些课文的语言表达特点不很明显，在《教参》中语言训练目标制定的比较笼统，操作性不强。如五年级下册《草船借箭》一文，《教参》中目标制定的不够具体，而只凭教材也很难一下子把握语言习得目标。因此，必须认真研读教材、《教参》，找出文中典型的语言现象，对《教参》中的目标进行细化、分解。一句话，这类课文的语言习得目标的制定就要建立在钻研教材、《教参》的基础上。

这种模式可分四步：第一步，读《教参》中全册的教学目标、单元教学目标及课文教学目标，明确全册的知识体系和本课在本册教材中所占的地位。第二步，读课文中的单元提示、课文、课后习题，了解知识点。第三步，根据课文对《教参》中的目标进行分解、增减。第四步，梳理、归类，形成明确的语言习得目标。

3. 综合式

有些课文语言习得目标的制定较为特殊，它不仅要钻研教材、《教参》，还需要根据教师的讲课特点、学生的认知特点和现有的教学媒体进行综合设计。如五年级下册的《白杨》、《冬阳·童年·骆驼队》、《再见了，亲人》、《丰碑》之类的文章。

这种模式一般可采取以下四步：第一步，研读教材、《教参》，初步制定语言习得的目标。第二步，分析学生的认知特点，将所制定的目标与学生的认知水平进行比较，进行必要的调整。第三步，分析教师本身的特点，对操作目标作适当的调整。第四步，梳理、归类，形成明确的语言习得目标。

这样，旨在促使教师以语言习得目标为中心，分析教材，寻找训练点，并起到导向作用，从而克服传统教材分析中的盲目性和形式化的倾向。

（二）了解语言习得的环境

语言习得目标是"纲"。有了它，就要进一步分析达到目标的具体的语言习得的背景和环境，这是教材分析的第二步。常用的模式有：

1. 通读式

通过反复阅读教材，了解文章的主要内容和情节。一般步骤如下：第一步，读课文，初步感知课文的主要内容。第二步，读《教参》，了解文章的写作背景。第三步，再读课文，圈圈、画画，理解字、词和每一自然段的意思。第四步，三读课文，深入理解课文。第五步，四读课文，提出疑问。这一模式主要是通过读熟课文的内容来体会语言习得的目标。

2. 罗列式

通过罗列课文中的字、词、句，有目的地进行筛选，从而理解课文的内容。如三年级下册《燕子》一文中，先将字、词、句以表格的形式罗列出来，再进行选择，其中"俊俏"、"舒展"、"聚拢"这三个词有共性：都是同义（或近义）联合式合成词，可设计组合性学习，掌握其构词规律。另外，"微风吹拂着千万条才展开带黄色的嫩叶的柳丝"等长句子，也是一个学习点，可以训练学生掌握读懂长句子的基本方法等。具体见下表所示：

课文	
生字	
新词	
重点句	
疑问	

具体操作步骤如下：第一步，将课文中的生字、新词、重点句一一罗列在上表中。第二步，理解字、词、句的意思。第三步，根据学习的目标，将字、词进行筛选。第四步，确定字、词、句的训练重点。第五步，质疑问难。

这种模式旨在引导学生在罗列与筛选句子的过程中理解字、词，把握学习内容。

3. 结构式

理清文章的结构，了解教材的行文"思路"，就可以了解课文的主要内容和情节。如四年级下册《桂林山水》一文中，先总写"桂林山水甲天下"，再进行分述，其中第 2 自然段写漓江水的特点。先采用对比的手法，将漓江水和大海、西湖作比较，接着很自然地引出一组排比句。先用感叹的语气写出漓江水"静、清、绿"的特点，然后从感觉、视觉、想象上分析，具体写出漓江水"静、清、绿"的程度，最后一句写作者的感受。第 3 自然段写桂林山的特点，其语言表达结构和第 2 自然段基本相同，最后第 4 自然段总写观赏桂林山水所获得的总印象。理清了结构，也就从整体上把握了文章的内容，而且对教学设计也大有帮助。本篇文章就可采取"举一反三"法，先引导学生学懂"漓江水的特点"，了解其语言表达的结构，然后进行迁移训练：让学生自学"桂林山的特点"，以提高效率。

采用这种模式，一般按四步实施：第一步，读课文，了解文章的体裁。第二步，分清段落，了解各段的段意。第三步，分清层次，了解层意。第四步，按照结构特点，拟定教法。

（三）把握语言习得的特点

教材分析的第三步就是要对课文从整体上进行分析研究，抓准教材的重点、难点和疑点，将课文特点和该课文在单元教学中所承担的任务结合起来，使重点学习项目从多角度来落实，有助于打开教学思路。

1. 重点式

把握课文的重点，以点带面，使学习重点得到落实。如，三年级下册《翠鸟》，根据学习目标，它的学习重点应该是第2自然段，通过本段理解总分结构的表达特点。因此，学习设计时应紧扣单元提示这条主线，先让学生按照单元提示学懂第2自然段，理解总起分述的表达特点，再进行仿说。这样，不仅能突出知识要点，而且可帮助学生获得正确的概念和分析方法。

概括起来，采用这种模式可分四步：第一步，读单元提示，明确单元学习的重点。第二步，回顾本课的语言学习目标。第三步，联系课文内容和语言表达特点，确立本课的训练重点。第四步，围绕学习重点，设计训练。

2. 难点式

选准教学难点，引导突破，为学生体验成功的愉悦起到积极的作用。难点的形成主要有两个原因，一是教材本身较难，不易理解。二是学生认知水平中的难点。如二年级上册《黄山奇石》的教学，如果设计课堂作业：仿写课文第3自然段，介绍下面两块奇石"天狗望月"、"仙女弹琴"，就是一个难点。因为第3自然段是并列段式，在本课中第一次出现本身就有一定难度。再加上仿写牵涉学生的写作水平、想象力等，也有一定的难度。因此，教师教学时就要做好铺垫，引导突破难点。

采用这种模式一般有四步：第一步，读课文，寻找教材本身难以理解的内容。第二步，联系实际，寻找学生认知水平中的难点。第三步，综合归纳，确立难点。第四步，设计铺垫，引导突破。

3. 疑点式

对学生认知、理解过程中可能会发生歧义、矛盾的关节点，教师应预先估计，以防混淆。如二年级上册选读课文《四季的脚步》是首儿童诗歌，第二节中的句子："……金蝉唱起了歌儿——知了，知了，给世界带来欢笑。"就是一个例子。从字面义而言，学生是能够理解的，但他们往往会根据自己的理解，脱离语境，理解不够深入，甚至产生歧义。因此，教师对此应预先估计，加以引导。

采用这种模式，可分四步：第一步，读课文，从字、词入手，寻找疑点。第二步，联系语境和学生的认知水平，寻找疑点。第三步，综合分析，确立疑点。第四步，突破疑点。

教材中的重点、难点有时是一致的，但在多数的情况下，两者是有区别的，而教学难点和疑点有时也有可能重合，这需要教师认真钻研教材，加以把握。

（四）确定语言习得点

1. 语言品质学习式

语言品质学习主要包括学习语言的完整性、条理性、具体性、准确性和语言的结构、速度等。根据语言品质的内容来选择、确立训练点，在分析教材时要寻找有无合适此类学习的例子。如三年级下册《翠鸟》中有一句话"翠鸟蹬开苇秆，像箭一样飞过去，叼起小鱼，贴着水面往远处飞走了。"这句话中"蹬、叼、贴"这三个词用的相当传神，可以把它作为一个学习点来展开教学。先让学生读句子，说说这句话写了翠鸟的什么特点？（写了翠鸟捉小鱼动作的敏捷），再让学生找找，这句话中哪几个字写了翠鸟的敏捷？用铅笔把这些词圈出来。接着，让学生换词比较：把"蹬"、"叼"、"贴"分别换一个意思相近的词，比一比，用哪一个合适？这样训练，不仅可以培养学生对语言文字的理解能力，而且培养了学生用词的准确性。

一般来说，学习语言的准确性可分成四步：第一步，读课文，寻找语言表达中的准确、传神的学习点。第二步，确立学习点。第三步，通过对比等手段强化学习。第四步，感情朗读，感受文章语言的准确性。

2. 语言感受学习式

语感指的是对语言文字的敏锐感受。语感学习的主要目标是培养对语言的形象感、意蕴感和情趣感，语言感受学习式即把语感的内容作为学习点。如五年级下册《桥》一文的起始段"黎明的时候，雨突然大了。像泼。像倒。"可先让学生反复读这一段，再让学生说说文中"像泼""像倒"后面为什么都是句号？这与前句中的"突然"有什么关系？这样表达有什么用意？让学生体悟到这场雨的突然和凶猛，为下文奠定基础。这样的解读，就是要对学生进行语言意蕴感的训练。

概括起来，这种模式的操作步骤如下：第一步，读课文，从语言的形象感、意蕴感、情趣感三方面入手，寻找学习点。第二步，确立学习点。第三步，读中感悟或形象感受。第四步，感情朗读。

3. 语言法则学习式

选择语言表达上具有某种规律性的语言现象进行学习，加强语言法则和规律的指导。如三年级下册《翠鸟》的第2自然段是典型的总分段式，在学生读懂这段话后，让他们按总分段式的表达特点进行仿说训练，使他们进一步掌握总分段式。

一般地说，段式学习的步骤可分四步进行：第一步，读课文，确立段式学习点。第二步，了解段式的特点。第三步，迁移训练（仿说、仿写）。第四步，巩固段式的语言表达特点。

此外，语言法则学习的内容很多，如词语的使用范围、语义轻重、词语搭配、感情色彩、构词特点、含义深刻的句子、结构复杂的句子、形象生动的句子、表现文章结构的句子、表现中心的句子、分段、概括段意等，这些也都可以作为语言学习内容。

第二章 情态语文

首先，我们对"情态"进行界定。"素课"论所说的"情态"不是语言学意义上的，而是教学论意义上的。它指的是充满"情"的各种状态的总和，包括氛围状态、信息状态、心理状态等。从语文课堂来说，课堂氛围三要素是情景（景物）、情境（背景）、情愫（真情实意）。教学信息三要素是情调（优美和谐）、情趣（玩味志趣）、情致（性情风致）。师生心理三要素是情绪、情感、情操。

一、挖掘教材内在的情感因素

教材中的每篇课文不仅是客观事物的写照，也是情感的载体。虽然有些课文中的情感性因素较多，有些课文中的情感性因素较少，但无不闪现出情感的火花。只有挖掘教材，把情感点化出来，展示在课堂之中，才能打动学生的心弦，激起情感的共鸣，才能使整个语文教学过程情趣盎然。

（一）教材中情感的类型

语文教材作为一种情感的载体，既有显性，又有隐性。对于同一篇课文，不同的教师有不同的认识，对其隐含的情感因素的发掘也就不尽相同。在现行的小学语文教材中根据所蕴涵的丰富的思想情感不同，可以把课文分为三类：

1. 写人记事课文的情感

这类课文主要体现主人公的献身精神、科学精神和人类其他美好品质。在制定教学目标时应侧重于对学生道德感的培养。

2. 写景状物课文的情感

其中蕴涵着丰富的美感，可以帮助学生认识美、体验美，并逐步学会创造美。

3. 童话、寓言课文的情感

这类课文主要渗透理智感教育。

教师要根据不同课文确定不同的情感培养的侧重点，进而有针对性地、有效地进行道德感、美感、理智感等社会性情感的教育。

（二）教材中情感的表现

1. 爱国之情

爱国之情是一种理智型的情感，教材中反映爱国主义的教育内容贯穿始终。如三年级下册《一面五星红旗》中对国旗的挚爱。四年级上册《为中华之崛起而读书》描写了周恩来奋发学习的故事，六年级下册《祖国，我终于回来了》记叙了钱学森冲破种种困难回国的感人故事，都表达了强烈的爱国之情。四年级下册《夜莺的歌声》、五年级下册《半截蜡烛》等反映的是第二次世界大战时打击德寇的历史内容，也是很好的爱国题材。

2. 战友之情

战友之间情感的建立，需要经过时间的考验，甚至血与火的洗礼。这样的战友情，是无比牢固、持久的。五年级下册《金色的鱼钩》等课文写了红军战士为了革命胜利，宁愿献出自己宝贵的生命。三年级下册《手术台就是阵地》、五年级下册《再见了，亲人》则从国际主义这个大主题来展示战友情。

3. 故乡之情

故乡之情，一般通过回忆故乡的人、事和景物来表达，表现深沉含蓄。发掘故乡之情，培养学生不忘根本。如三年级下册《我爱故乡的杨梅》、四年级下册《乡下人家》、五年级上册《梅花魂》《桂花雨》、六年级上册《少年闰土》都是很好地展现故乡之情的课文。

4. 亲情、友情

骨肉之情是一种最富感染力的情感。如二年级上册《纸船和风筝》、三年级下册《妈妈的账单》《她是我的朋友》、四年级上册《去年的树》《给予是快乐的》、五年级上册《慈母情深》、六年级上册《怀念母亲》等。

五年级上册《地震中的父与子》《青山处处埋忠骨》中的父子之情、六年级下册《十六年前的回忆》中的父女之爱，尤为悲壮和深刻。关切之情，是一种受个人道德观念驱使所表现出来的情感，符合社会公德评价的行为美，利用其对学生的感染、熏陶，有助于学生品德的形成和完善。四年级上册《那片绿绿的爬山虎》、六年级下册《我最好的老师》则反映了师生之情。

5. 情趣、情致

许多课文和情节具有趣味性，体现出一种情致。如一年级上册《雪地里的小画家》、三年级上册《花钟》、五年级上册《窃读记》，反映了一种热爱生活的情趣。二年级下册《画家和牧童》、四年级下册《自然之道》、六年级下册《真理诞生于一百个问号之后》，则体现了一种内涵深蕴的情致。

（三）教材中情感的中介

1. 标点符号的情感色彩

标点符号是书面语不可缺少的部分。推敲标点，有助于学生辨析句子的语气，正确理解文意，有利于引发学生的情感。例如，三年级下册《可贵的沉默》一文中一共用了 17 个感叹号。为什么要用感叹号？它们的用法都一样吗？可以通过对内容的学习和对感叹号表达的理解，让学生体会父母对孩子的热爱之情及孩子对父母要有感恩之情。又如，五年级上册《"精彩极了"和"糟糕透了"》一文中有儿子等待父亲回家的时间描写："七点。七点一刻。七点半。"这里为什么连用三个句号，也很值得学习和体会。

2. 字、词的情感色彩

课文直接呈现在学生面前的是一些文字符号。这些文字符号，既有一定的意义载体，也有一定的情感载体。特定的词语，凝聚了作者对客观事物的态度。所以，体会作品的情感，也可以从词语入手。五年级下册选读课文《丰碑》一文中有一段描写将军的话："将军愣住了，久久地站在雪地里。他的眼睛湿润了。他深深吸了一口气，缓缓地举起右手，举到齐眉处，向那位跟云中山化为一体的军需处长敬了一个军礼。"这里的"久久"、"深深"和"缓缓"三个词语中隐含着多么复杂而真挚的情感！有惋惜之情，有战友之情，更有崇敬之情。

3. 句子的情感色彩

对于含义深刻的句子，要体会出其所表达的意思和思想感情。要紧紧抓住并突出课文的重点句子，通过联系上下文，以及讨论和比较等方法，讲清深层内涵和蕴意，使学生深入体会作者的思想感情。如要读懂"我最爱伟大的祖国"这一句话，可采用增删比较的方法，体会句子的意思，如：

我最爱伟大的祖国。

我最爱祖国。

我爱祖国。

在比较中，使学生懂得"最爱"是超过一般的爱，"伟大"突出了祖国的超乎寻常，令人敬爱。在理解词语意思的基础上，通过联系上下文，就能体会出"我"对祖国的热爱之情。

4. 课文情节的情感色彩

纵观小学语文教材中的大量课文，都是叙事性的，不少课文都有生动的故事情节，其中凝聚着作者的爱憎，深蕴着作者的感情。可以抓住文中故事发展的情节，启发想象，激发学生思维的火花，把学生引入所描写的艺术境界之中。

5. 课文情感基调

每篇课文都有一定的感情基调，并贯穿全文的始终，这就需要从整体上把握，从全局上设计。整体把握课文的情感色彩，可以使学生在体验作者的心情的过程中，得到心灵的陶冶。在有些课文中，作者明显地表达了对所描写事物的态度，直接抒发了自己的感情。可以抓住这些抒情性、评价性的句段，以此作为突破口，帮助学生更好地体会作品情感。有一些课文，作者的情感是含蓄的、内隐的，这就要求教师引导学生通过多读句子、词义理解来体会、领悟出课文要表达的感情。

二、发挥教师情愫的诱导作用

语文教学是作者、编者、教师和学生四者沟通感情的过程。由于受认知水平和阅读能力的限制，学生在阅读课文时，往往体会不出作者的感情，或体会得很肤浅。教师的真情实感，对诱发和深化学生的内心体验，起着重要的导向和催化作用。这是由情感的感染特点所决定的。

首先，教师要准备情感。在备课中，教师要认真研究课文的感情色彩与表达方式，充分调动自己的情绪记忆，随着人物的遭际、矛盾的起伏、场景的变换去体验一番作者的情感世界。教师上课前还要酝酿良好心境。

其次，教师要用饱含情感的语言讲课。教师语言的亲和力、感染力能使学生的情感不知不觉地跟随着老师的情感走。

一般来说，教师的语言要做到亲切和蔼、形象生动、幽默风趣、富有节奏。一位优秀的教师要能够运用富有艺术魅力的教学语言，声情并茂的范读，精辟透彻的阐析，绘声绘色的描述，激情洋溢的即兴演讲，使学生身临其境，备受感染。

最后，教师可以通过体态语表达自己的情感。教学语言的运用固然重要，眼神、手势、动作等体态语的配合也不可忽视。美国一个心理学家曾总结出如下的公式：信息的效果＝7％的字＋38％的音调＋55％的面部表情。

三、加强学生的情感主体体验

在语文教学中，激发教师的情绪、情感是必要的，也是容易的，难的是学生对情感的真切体验。苏霍姆林斯基曾经说过："学生体验到一种自己在亲身参与掌握知识的情感，乃是唤起少年特有的对知识的兴趣的重要条件。"所以，语文教学要十分关注学生对情感的自身感悟和体验。

（一）生发情感

情感是人的意识对一定客体的波动性和感染性，当人的心理活动受到外在事物的影响时，一般会表现出两种状态，一种是平衡的状态，这就是理智；一种是波动的状态，这就是情感。情感的感染性，就是以情动情。在一定条件下，一个人的情感可以使他人产生同样的或与之相联系的情感，反之亦然，这就是情感共鸣。而一个人在悲伤时，会觉得云愁月惨，这是移情的表现。波动性和感染性有密切的关系，正因为情感有波动性，才会有感染性，也因为情感有感染性，才使波动性显示出应有的价值。因此，情感是波动性与感染性的统一。

（二）体会情感

语文教学中注重引导学生抓住文章的关键词句反复推敲，细细品味，深刻感受文章所要传递的思想感情，准确把握情感基调，获得真切的情感体验。

（三）升华情感

教学中，学生把握和体验了情感之后，这时应巧妙设计教学环节，如采用配乐诵读、即兴表演、想象复述等形式，及时再现情景，增加情感的深刻性、丰富性，使学生被激发起来的情感向高层次升华，提高情感性教学的质量，使之成为教育学生的一种潜移默化的精神感召力量。

四、展示课堂情感交流的过程

在语文教学中，学生的情感体验虽是复杂的、多层次和多角度的，但其体验的过程和方式是有规律可循的。一般来说，情感体验由情绪感染（创情）——感情的激发和深入（启情）——内化情感（入情）三个阶段组成。

（一）创设情境

教师通过语言描绘、电教等教学手段，去创设一个良好的情调和氛围，使学生产生良好的阅读动机。这是情感体验的第一步。

情调是与感觉、知觉相联系的情绪体验。有"阶级情调"、"异国情调"之说。从与感觉有关的情调看：红色使人产生温暖、热烈感或血腥感；黄色使人产生高贵感或呆滞感；绿色使人产生清静感或凄凉感；蓝色使人产生安静、深沉或悲伤感；白色产生纯洁、轻快或空荡感；黑色使人产生庄重、严肃或幽静感。

从与听觉有关的情调看：C调和谐；D调热烈；E调安定；F大调和悦；f小调悲愁；G大调真挚谐趣；g小调时忧时喜；A调昂扬；B调壮烈悲哀。

（二）学文启情

引导学生通过课文内容的学习，理解文章所蕴涵的情感，使学生在学习知识、形成能力的同时，动情明理，受到感染。

（三）内化情感

教学中，不仅要把蕴涵在课文中的作者的思想感情发掘出来，鼓励和感染学生，而且还要通过各种形式、各种途径（如"角色朗读"、"课堂表演"、"综合实践活动"等）把这种感情渗透到学生的心里，使之逐步内化。

第三章 思性语文

"思性语文"是思维性语文的简称。"素课论"认为学生在语言习得的同时，要加强思维训练，促进其语言和思维的同步发展。小学语文是一门语言和思维相统一的学科，语文教学正是在语言和思维的结合点上既学习了语言，又发展了思维。学生的思维是以语言为载体的思维，是语言水平上的思维，思维的发展总是与语言发展同步协调向前发展的。学生的语言发展了，思维也发展了，语文能力也自然会得到提高。掌握语言，不仅是小学生获得知识经验的必要前提，而且也是发展小学生智力，特别是思维的重要前提。而语言习得是在思维指导下进行的。"素课论"主张：语文教学必须建立在小学生语言发展和思维发展规律的基础上，建立一个语言习得和思维训练有机结合、循序渐进的教学体系。

一、语文思维价值的认识

（一）思维的理解

在学生的智力结构中，思维居于核心地位，是整个智力活动的最高调节者，给其他各种活动以深刻的影响。如果没有思维的积极参与，智力活动将停留在较低的层次和水平上，语文教学活动也就难以进行。

思维是多学科研究的对象，如哲学、逻辑学、语言学、神经生物学、脑科学、心理学等，这些学科从不同的侧面，揭示了思维的不同特征。我们取与小学语文教学最接近的心理学有关思维含义的解释："思维是人脑对客观现实的本质和事物内在规律性概括的、间接的、有目的的反映。"据此，思维有三个特征：

1. 思维的概括性

思维活动的生理机制和心理机制是第二信号系统的活动。思维的概括性，是指它所反映的不是个别事物，而是事物的一般特性以及事物之间的内在规律性的联系。离开概括性，思维就从根本上失去了理性加工的意义。

请看一个教学"动物"初级概念的实例：

师：什么是动物？

生：鸡、鸭、猪、狗都是动物。

师：为什么说它们是动物？

生：因为它们会叫。

师：蚯蚓不会叫，是不是动物？

生：蚯蚓会爬。会爬、会走的都是动物。

师：鱼不会爬，只会游，鸟不会爬，只会飞，它们是动物吗？

生：它们是动物。因为它们会活动，能活动的东西是动物。

师：飞机会飞，汽车会走，它们是不是动物？

生：它们自己不会飞，不会走，是人开动机器才会飞，会走的，它们没有生命，不是动物。

师：所以我们说：能自己活动的生物叫动物。

本例是一种典型的思维活动，反映了思维的概括性特点。通过对"动物"一般特性（如会叫、会走、会活动、自己会活动等）的逐步分析和比较，概括出动物共同的、本质的特征（自己能活动的生物叫动物）。"动物"概念的形成过程，是一个理性加工的概括过程。

2. 思维的间接性

思维不是直接反映作用于人感官的事物，而是以已有的知识、经验为基础，以语言、符号等为中介，去反映未曾直接作用于人感官的一般事物的本质和规律。

3. 思维的目的性

思维的目的性主要通过问题性具体反映出来。思维指向解决某一问题，完成某一项任务，达到特定目的。古希腊教育家亚里士多德说："思维从惊讶和问题开始。"如果没有惊讶、好奇、疑惑，就不可能引发思维。学生在学习中不断遇到新问题需要解决，从而产生了思维的动机。问题就是思维的任务，思维就是为完成解决问题的任务而进行的有目的的探究活动。问题解决了，也就实现了思维的目的。

例如，二年级上册杜牧的诗《山行》只有四句："远上寒山石径斜，白云生处有人家。停车坐爱枫林晚，霜叶红于二月花。"当学生初读并掌握了生字词后，湖北省京山县实验小学特级教师杜呈鸾提出了一个问题：

师：你们想想，这首诗写的是什么季节？

生：写的是冬天，因为有霜。

生：写的是秋天，因为有红彤彤的枫树叶。

生：写的是春天，因为诗中写了二月。

当杜老师讲到"枫林"、"霜叶"、"红于"的解释时，再问那位认为本诗写的是春天的学生："你想想看，这里的二月是什么意思？"这位学生恍然大悟。显然诗写的不是春二月，而是红枫披霜的季节。

全班同学几乎同时说出："是秋天！"

一位学生大声补充说："是深秋！"

一上课，老师便提出"这首诗写的是什么季节"的问题让学生思考，把学生带进了问题意境。初看起来，这个问题要在诗的后两句才能解释清楚，在课始提出，是不是过早了呢？当然，在学习过程中，如果只是简单重复已经学过的知识提问，或者学习过分困难而力不能及的东西提问，都是不具有问题性的。判断语言习得是否创设了问题情境，主要看语言习得任务与学生已有知识的适应程度。如果是完全适应或完全不适应，就难以构成问题情境。只有在既适应又不完全适应的情况下，才能构成问题情境，才有思维的价值。在本例中，学生对《山行》已预习过，而且安排了初读，学生对"枫林"、"霜叶"、"二月花"是理解的。杜老师的提问从学生的实际出发，寻找到学生知识的"已知"和"未知"的连接点，构成了问题情境。提出的问题引起了学生认识上的矛盾，利于激发学生积极思考，从而促进了学生思维的发展。为了弄清"是什么季节"，学生都从诗句的字里行间寻求答案。

除了教师设置问题外，对学生的提问也不可忽视，教师要随机引导，引起学生思维。请看一个教学片段：一次，老师讲到"仿生学"，告诉学生船是仿照鸭子的形状造的，飞机是仿照鸟的形状造的。一个学生敏捷地联想到一种新的东西，就问老师："有没有一种既仿照鸭子又仿照鸟造出来的东西呢？"老师的讲课被这突如其来的问题打断了，他恼怒地说："世界上没有这种东西！""没有，可以制造嘛！"学生说。"造？等你成了科学家再造吧！"老师说完就接着按教案滔滔不绝地讲课了。那个学生晃动着铅笔盒再次要求发言，可是老师再也不理他了。这样的处理就抑制了学生学习的积极性，阻碍了学生思维的发展。

（二）语文思维的本质

认识语文思维的本质，是确定语文教学思维训练目标、内容和方法的前提。

过去对语文学科性质的研究，首先着眼于对"语文"二字含义的理解，认为语文就是口头语言和书面语言的合称，并进一步推导出语文学科的工具性。这的确有合理的一面。但是，作为一个学科的基本概念和科学概念，对它的本质理解就不能只考虑它"名称"的含义。每一概念都有它特定的内涵，这个内涵应反映事物的本质。如果说从"语文"名称上把它理解为语言和文字，是合理的。但如果把"语文"这一名称的含义（语言、文字）视为"语文"这一概念的全部内涵，则是片面的。

如前所述，语言和思维的关系是内在的、辩证的。语言是思维的物质外壳，是思维的载体和工具，思维脱离它所依托的外壳是不会自行交流的，它必须借助被物态化的语言进行。同时，语言作为思维的物质外壳、载体或工具，它与思维是形式与内容的关系，离开思维，语言就失去工具的作用。所以，学生在交流思想时，思维总是由语言承载着进行交流的，两者是同一事物的两个方面，密不可分。正如语文教育家叶圣陶先生指出："语言与思维密切相关，语言说的好在于思维的正确。因此，锻炼思维至关重要。"

在语文教学中，学生交流思想的过程，具体表现为听、说、读、写的过程。学生在思考问题的时候，是凭借内部语言进行思维加工的，要想把思维的结果告诉别人，就需要把思维的结果转换为外部语言的信息表达出来。表达的方式，一种是说，一种是写。从信息的接受者来说，如果接受的是说出的话，那就靠听。如果面对的是书面文字，那就靠读。通过听和读所获得的信息传入大脑后，大脑对语言信息进行思维，从而理解对方的思想。听、说、读、写的交流思想的过程，也就是在语言和思维的交互作用下信息转换的过程。

认识了语文思维的本质，就会发现过去把听、说、读、写能力看成是单纯的语言能力是不科学的。它忽视了从语言和思维的辩证统一关系这一根本性质出发所应具有的运用语言进行思维的能力。听、说、读、写四种能力只是在语言和思维的共同作用下所表现出的一种外在能力，是最根本的运用语言进行思维的能力。

认识了语文思维的本质，就应正确处理语言习得与思维训练的关系。一方面要强调在语言习得中切实进行思维训练（包括思维习惯、思维品质、思维能力的训练）；另一方面又要强调思维训练必须结合语言习得进行。既要把语言习得和思维训练有机结合起来，又要把思维训练渗透在语言习得之中。这样才能防止在语言习得时忽视思维训练的倾向，防止脱离语言习得而孤立进行思维训练的倾向。从语文思维的本质看，语文课上的思维训练不应技术化。因为思维训练不同于技术训练，思维非知识，而需知识滋养。试分析以下教学片段：

教学四年级下册《蝙蝠与雷达》第一自然段时，教师连续提问：飞机在什么时候飞行？飞行的情况怎样？（评：这两个问题，学生除照课文读读有关词句外，无多大的思维价值。这里可以直接让学生把具体的语言文字概括成抽象的结论，使学生受到思维训练。）

确定语文思维的训练点，是进行有效思维训练的基础。如何科学确定语文思维的训练点呢？

1. 思维的诱发点

（1）从教材的角度看，一篇课文的重点、特点，一段文字的关键词、中心句，以至于特殊的标点符号，都可能是思维的诱发点。

（2）从认识的角度看，凡是学生不能理解的疑点、难点，也可能是思维的诱发点。问题是思维的开始，讨论是思维的交锋。提出问题引思，发动讨论激思，是思维训练的基本出发点。

（3）从教学的角度看，凡是教师预设的教学突破点，也可能是思维的诱发点。

2．思维的转换点

当思维的诱发点不明显时，可采用思维训练的相互转换：

（1）形象思维和抽象思维的相互转换。预习课文，是通过对文字、词、句、篇的循序式阅读，凭借语言文字，实现从形式到内容的感知。理解课文则是通过篇、句、词、字的逆序式阅读，凭借思想内容，实现从现象到本质的认识。这从教学结构上完成了从形象思维训练到抽象思维训练的转换。对于问题的解答，要求学生在得出结论后，必须用具体的材料加以说明，有的课文还要指导学生进行复述。这从教学方法上完成了从抽象思维训练到形象思维训练的转换。

（2）集中思维和发散思维的相互转换。从语言内容看，凡是能引起学生争论的地方，就可以沿着"发散—集中"和"集中—发散"两种程序进行思维训练。从语言形式看，凡是课文中可用多种表达形式的地方，都具有发散思维的训练价值。

二、语文思维品质的培养

思维支配语言，语言调节思维，两者相互依存、相互作用，具有对应性。所以，无论什么样的语言习得，都包含着发展思维的因素。从思维品质看，语言的多样性（语点、语式）体现了思维的广阔性。语言的说理性体现了思维的敏捷性。语言的条理性体现了思维的逻辑性。语言的个性体现了思维的独立性，等等。小学语文教学，不仅传授语文知识，而且培养语文素养，而语文素养的培养是以思维品质为基础的。没有良好的语文思维品质，语文素养的形成也是不可能的。

（一）思维的广阔性

思维的广阔性是指思维涉及范围的广阔程度。思维广阔的学生，具有广博的知识，思考问题往往能左右逢源。相反，思维狭窄的学生涉及的知识领域和范围狭小，往往片面固执，只知其一不知其二，只见树木不见森林。请看学完一年级下册《司马光》后"和司马光比聪明"的一个教学片段：在学生知道司马光用大石头砸破水缸，救出小朋友以后，一位教师设问：

"如果你们也在那里玩，能不能想出其他办法救出那个小朋友？"

学生思考后纷纷举手发言：

"在场的小朋友一齐推水缸，缸倒了，水流出来了，小朋友也会得救。"

"把腰带解下来，连在一起，捆上一块石头放进缸里，小朋友抓住腰带，大家把他拉上来。"

"花园里有树，赶快折下一个树枝放进缸里，里边的小朋友抓住树枝，外边的小朋友一拉，小朋友就会救上来。"

"大家慢慢地往水缸里放石头，水缸里的石头多了，水漫上来了，小朋友登着石头就上来了。"

最后，老师引导学生知道，救人必须选择又快又安全的方法。

这个教学片段主要是训练学生思维的广阔性，让学生变换观察点，从多个角度思考问题。这样，学生孜孜求索，课堂生动活泼。在小学语文教学中，如果注意开阔学生的知识视野，拓展学生思维的广度，学生的语言就会左右逢源，而不会贫乏和苍白。

思维的广阔性，还表现在一个人在思维过程中是否能够全面地看问题，着眼于事物之间的联系和关系，从多方面去分析研究，找出问题的本质。由于阅历和能力的限制，小学生思考问题往往思路狭窄，难以将问题的解决建立在广阔的智力背景上。因此，一旦发现学生思路褊狭，教师可巧妙取点，引导发散，拓宽思路，扩大背景，以培养思维的广阔性。

（二）思维的深刻性

思维具有一定深度的学生，能透过事物的表面现象抓住事物本质，揭示其规律，预见事物发展的方向和进程。要培养学生善于从纷繁复杂的表面现象中，发现最本质、最核心的问题，而不能囿于语言的表面和情节内容。

（三）思维的灵活性

思维灵活性表现为根据事物的变化，运用已有的经验灵活地进行思维，及时地改变原来拟订的方案，而不局限于过时或不妥的假设之中。它要求学生用变化、发展的眼光去分析和解决问题。"因地制宜"、"量体裁衣"是思维灵活性的表现，而"削足适履"、"按图索骥"则是思维缺乏灵活性的表现。

汉语的多变性与思维的灵活性是对应的。汉语的句式是富有变化的，一个句子的意思可以用很多句式表现。所以可以根据句子多变性这一语言特征设计"一题多练"，既对学生进行了句子多变性的教学，也对学生进行了思维灵活性品质的训练。

二年级下册《葡萄沟》中有这么一句话："新疆吐鲁番有个地方叫葡萄沟。"为了训练学生用自己的语言来正确表述葡萄沟所处的地点，可以设计一个练习：出示三张卡片，上面分别写着"新疆"、"吐鲁番"、"葡萄沟"。

第一步是让学生按照以上卡片排列的顺序说一句话，学生会说："新疆吐鲁番有个地方叫葡萄沟。"

第二步是将写有"葡萄沟"的卡片放在最前面，让学生说一句话，学生会说："葡萄沟在新疆吐鲁番。"

第三步是将写有"吐鲁番"的卡片放在最前面，要求学生说一句话。这对学生来说难度较大，教师可加以指导，学生会最终说出："吐鲁番在新疆，葡萄沟在吐鲁番。"在此基础上再提出要求：每张卡片上的词语只允许用一次。这样难度更大，教师可启发学生用一个词语来代替句子中出现的第二个"吐鲁番"，于是学生又会说出："吐鲁番在新疆，葡萄沟就在那儿。"

第四步是按顺序把"葡萄沟"、"吐鲁番"放在最前面，引导学生说话。学生会说出："葡萄沟在吐鲁番，吐鲁番就在新疆。"通过以上练习，学生知道了同一个说话内容，可以从不同角度去思考，去表达。通过语言表达灵活性的练习，培养了学生思维的灵活性。

有些学生造句句式单一，而且特别习惯造陈述句；还有些学生总是把要求造句的词语放在固定的位置上。这都不利于学生思维能力的发展和作文能力的提高。为了改变这种思维习惯，在造句训练时，可以采取以下方法，培养学生思维的灵活性：

1. 用一个词语造出不同句式的句子（如疑问句、反问句、感叹句、设问句、陈述句等）。以"辛苦"造句为例：

妈妈很辛苦，下班回家后还要做家务。（陈述句）

老师白天要教课，晚上还要备课，批改作业，多么辛苦啊！（感叹句）

难道没有辛苦的试验就会有成功的喜悦？（反问句）

2. 变换词语在句子结构中的位置。以"世界闻名"造句为例：

世界闻名的长城吸引了许多外国游客。（用在句首）

华罗庚是世界闻名的数学家。（用在句中）

中国古代的四大发明，世界闻名。（用在句末）

思维灵活性是一种推测、发散、想象、创造的思维过程，具体表现在处理某一个问题时，可以有好几种正确的方法。在语文教学中，教师要注意在篇章结构这个教学环节上，积极引导学生进行"一题多解"的思维训练。

（四）思维的敏捷性

思维的敏捷性是指在思维过程中发现与解决问题的敏捷程度。思维敏捷性高，解决问题往往迅速而准确。思维敏捷性主要表现在三个方面：（1）流畅。它要求从一个已知信息立即想出尽可能多的思维目标，为高质量思维提供条件。（2）变通。它要求能随机应变，不断开拓新思路，寻找新的方法，而不为某种思维模式所束缚。（3）果断。它要求能根据直观感觉当即做出判断，而不必经过逻辑推导，也就是在非自觉的情况下做出正确的反应。

思维敏捷的学生善于迅速发现问题和解决问题，能很快地对事物做出反应，及时发现别人难以发现的问题，并果断采取切实有效的途径和方法加以解决。

如教学一年级下册《称象》一课，当学生理解了课文内容以后，教师提出：曹冲小时候想出称象的办法，大家都称赞他是个聪明的孩子。如果当时你也在旁边，你能不能立即想出比曹冲称象更好的办法呢？要求说得越快越好。结果学生纷纷争先恐后发言，提出了许多好办法。

思维的敏捷性与考虑问题时思维的宽度有一定的关系。思维宽度大，回旋余地大，选择正确答案的可能性也就大。因此，在课堂教学中可经常设计一些开放型问题让学生解答，逐渐拓展他们的思维领域，从而培养他们思维的敏捷性。开放型问题，指的是教师提出的问题，可以从各个不同的角度来回答，能找到许多答案，并且这些答案都可以成立。

在语文教学中，还可以适时安排以下练习：（1）不借助字典、词典，写出具有某种部件的字，如写出"品"字型的字，写出由两个相同的部件构成的字，写出以"大"为主体框架的字等。（2）一个意思用多种句式来表达，如基本意思是：大风刮倒村里的槐树。要求学生写出几种不同的句子：①大风把村里的槐树刮倒了。②村里的槐树被大风刮倒了。③村里的槐树是大风刮倒的。④槐树倒了，是因为刮大风。⑤啊！槐树倒了，风真厉害。（3）一个故事续写几个不同的结尾。教师提供可以续写的故事情节，要求学生根据情节同时续写两个或两个以上的结尾。经常进行这种发散性的训练，对于提高学生思维的变通性、灵活性是有很大帮助的。

"把话说完整"，这在某种情形下是必需的。然而，如果只片面强调把话说完整，就容易把说话完整和句子结构完整等同起来，而且省略是口语语法的特点之一。单句的主要形式有主谓句、无主句、独词句，这些句型在特定语言环境中，都能发挥其特有的语法功能，恰当地表情达意。如果教师硬要学生说每句话都必须主谓俱全，牵强附会地把每个小句都组成完全句，结果话说得很累赘，也妨碍了学生口语心理过程的简化，不利于思维敏捷性的训练。杰弗逊说得好："最可贵的一种才能是，在用一个词就能说清楚的地方从来不用两个词。"

（五）思维的逻辑性

思维的逻辑性指的是在思考问题时遵循逻辑的规律，提出的问题明确，思考问题连贯，论证问题有条理，陈述问题清楚明了。

为了使学生的语言表达更合乎逻辑，必须训练学生的思维逻辑性。例如，在教一年级下册《要下雨了》一课时，为了让学生清楚地了解自然现象之间的联系，可以设计 4 道填空题：

1. 下雨前，燕子飞得____，是因为空气____，虫子的翅膀____，飞不高。

2. 下雨前，小鱼游到____上来，是因为它觉得____，它想____。

3. 下雨前，蚂蚁往____搬家，是因为它的家在____会被水淹没。

4. 因为小白兔看见____，____，____，所以它知道____。

以上四个句式都是表示因果关系的，前三个句子是果在前，因在后；最后一个句式则是因在前，果在后，而且是一果多因。通过这一句式训练，不但提高了学生的说话能力，更帮助学生整理了思维，使思维的逻辑性得到培养。

课文的语言表达是有顺序、有条理的，前文为后文做好逻辑铺垫，后文是前文的逻辑延伸，这种逻辑关系应加以注意。

（六）思维的独立性

思维与学生的个性有关系，其表现出的个别差异叫思维的独立性，它指在思维过程中，独立地发现、分析、解决问题的程度。思维的独立性要求既不把自己封闭起来，拒绝别人的正确意见，又要积极开动脑筋，独立思考问题。不是照搬现成结论，而是通过认真的独立思考，对问题做出结论，这叫"慎独"。

有位教师在教学五年级下册《将相和》一课后，鼓励学生大胆评析文中人物。不少学生发表了自己的看法，除通常论及以外，有的同学认为将相不和也有赵王和蔺相如的责任，秦王不敢攻打赵国，赵王应该认识到其中也有廉颇备战的一份功劳。蔺相如则应向赵王说明与廉颇的合作，不能一人独占功劳。也有同学认为蔺相如遇到矛盾绕着走是错误的做法，总是躲着廉颇，对国家也是有害的。在语文教学中，有些"目不随人视，耳不随人听，口不随人语，鼻不随人气"的想法，敢于冲破旧的束缚，富有思维的批判性和独创性的见解更利于思维的发展。

三、语文思维训练的机制

（一）语文思维发展的动力

唯物辩证法认为，内因是事物发展的根据，它决定事物的性质，决定事物发展的方向，是推动事物发展的根本动力。小学生思维发展的动力是思维的内因，即思维的内部矛盾。

学生思维内部的矛盾，主要表现为教师向学生提出的教学要求与学生原有的思维水平之间的矛盾。从语文学科来讲，就是教师向学生提出的语文学习要求与学生原有语文思维水平之间的矛盾。教师向学生提出的语文学习要求是学生未知的东西，它高于学生原有的思维水平。语文学习要求反映到学生的主观上，就会产生一种心理需要，它在思维内部矛盾中经常代表着新的比较活跃的一面。这种新的需要又会引起新的思维动机和兴趣，从而启动思维进入操作过程。当语文学习要求转化为学生的内部需要时，就产生了新的需要与原有思维水平之间的矛盾，又形成了新的思维发展的动力。具体地说，新的语文学习要求确定之后，新的需要便形成一种积极的、主动的态度，要求原有的思维结构能够解决问题。而原有的思维结构在新的需要面前，也以一种积极、主动的态度去迎接新的思维课题。这样，矛盾的双方既统一，又斗争，形成了分析问题和解决问题的过程。

按照儿童心理学家皮亚杰的认知理论，当新的思维课题被原有的思维结构所"同化"，思维结构便会发生量的变化；当原有的思维结构不能完全与新的思维课题相适应，则发生思维结构的"顺应"，从而改变原有的思维结构而产生质的变化，使思维结构进入一个新的层次。这种语文学习要求所产生的新的需要与原有思维结构及其水平之间矛盾的对立统一，是学生思维不断向前发展的根本动力。为了更好地理解语文思维发展动力问题，下面再做几点引申说明：

1. 促进语文思维发展的前提是学生原有的思维结构状态和原有的思维发展水平。学生的原有思维发展水平是语文教学和思维训练的基本出发点，在教学开始之前必须首先确定这个出发点，并以此为基础提出适当的语文学习要求，形成学生思维的内部矛盾斗争。

2. 促进语文思维发展的关键是形成教师提出的语文学习要求要与学生原有的思维水平之间有一个适当距离，形成学生思维的新旧矛盾斗争。如果语文学习要求太低或太高，学生的思维都是无法启动和展开的。

3. 促进语文思维发展的机制是让学生在原有的思维水平与新的语文学习要求之间形成"动态"结构。只有构建语文教学的"动态"结构，才能不断促进思维量的增加和思维质的提高。要从学生现有思维水平出发，不断提出新的学习内容和要求，促进学生新的学习要求与原有水平之间的矛盾，推动学生思维不断向前发展。

4. 促进语文思维发展的策略是同化和顺应。同化促进思维结构数量的增加，顺应引起思维结构质的变化。而思维训练的主要目标是顺应。

同化，是指原有思维状态可以包容新的思维要求，学生就把新的思维要求纳入自己原有的思维结构中，从而丰富自己的思维。顺应，是指当原有思维结构不能包容新的思维要求时，学生会主动改变原有的思维结构，使原有的思维结构向更高的水平发展。

为了实现同化，语文教学中要有意识唤起原有思维结构中的有用部分，让学生充分利用已有的知识结构和思维状态来吸收新的信息。例如，二年级语文教"深秋"一词。

师："深秋"的"深"是什么意思？

生：（一时不能回答，无人举手）

师：你们一定讲得出来。想一想，上学期在哪两篇课文中学过"深"字？

生：在《日月潭》里学过——"日月潭的水很深"。

生：在《送雨衣》中也学过——"夜很深了，周总理还在灯下紧张地工作"。

接着比较三个"深"字的不同含义（略）。这样，教师通过引导学生联系学过的课文，唤起了学生原有的思维结构中的知识，形成新旧对比，从已知推导未知，丰富了学生原有思维结构的内容。

为了促进顺应，语文教学中就要激起学生原有思维结构和课文提供的新的思维要求之间的矛盾，引起学生思维上的不平衡，从而主动重构思维结构。例如，二年级下册《难忘的泼水节》结尾是：

"多么幸福哇，1961年的泼水节！

多么令人难忘啊，1961年的泼水节！"

教学中，如果问事情发生在哪一年，就无多少思维价值。一位老师设计了这样一个富有思考价值的问题："我们学过的记叙文都是把时间写在开头，为什么这篇课文的时间却写在结尾？"时间一般写在开头，这是学生原有思维结构中具有的。这篇课文却把时间写在结尾，学生原有思维结构就无法包容了。教师有意把这种矛盾提示出来，引起学生思维上的冲突，促进学生积极思维。经过思考，学生理解了：特别难忘的时间，写在结尾可以使读者加深印象。老师还可追问："作者仅仅是让我们记住这个年份和节日吗？"进一步使学生理解这样写的作用是让我们牢记周总理深入民众，与人民在一起的精神，促使学生的思维得到升华。

（二）语文思维发展的中介

从思维和语言的关系来看，思维和语言是同一事物的两个方面，思维是一种隐性的内部活动，而语言是一种显性的外部活动（口头语言和书面语言）。思维过程伴随语言，思维结果要用语言表达，语言是思维的中介。

从思维和训练的关系看，思维和训练是目的和手段的关系，思维发展伴随训练，训练促进思维发展，训练是思维发展的中介。

可见，语言习得是语文思维发展的中介。具体表现为：（1）语言习得是使语文思维发展的可能性变为现实性的必要条件。小学生的语文思维发展的潜力是很大的，如果教学得法，这个潜力能获得很大的发展。（2）语言习得可以加速语文思维发展的进程。小学生语文思维发展有其自身规律，并呈现一定的转折期和关键期。语言习得能促进、加速语文思维发展转折期、关键期的提前。（3）语言习得使语文思维发展表现出特定的具体形式和个别差异。学生语文思维发展的差异主要是由语言习得的水平决定的。可从词义、句意、句子与句子的联系和语言表达方法等方面有效地训练学生的形象思维和逻辑思维。

（三）语文思维发展的水平

苏联心理学家维果茨基的"最近发展区理论"认为，学生的发展有两级水平：第一级发展水平指的是学生能独立达到的水平；第二级发展水平是在教师的指导或启发下达到的水平。第一级发展水平与第二级发展水平之间的距离叫"最近发展区"。"最近发展区"孕育着学生发展的可能性，语文教学应在第一级发展水平的基础上，着眼于第二级发展水平，从而创造"最近发展区"。

（四）语文思维发展的质变

"量"的增加，是一种思维发展，但更重要的是"质"的变化，这才是更重要的思维发展。通过语文教学，增加了学生的知识和经验，这是学生思维发展的量变过程。而量变过程的实现，并不是语文教学的全部目的，还应重视思维发展的质变过程。知识的增加、技能的掌握是学生心理发展的量变。语文整体素养的培养，才是学生心理发展的质变。知识和技能的无数次增加才能逐渐促进语文素养的提高，即所谓"从量到质的飞跃"。质变的过程是一个思维内化的过程。

通过语言习得，使学生在领会和掌握字、词、句、段、篇等这些"量变"的基础上，语法、逻辑、修辞逐步成为内化的东西，由出声的朗读内化为无声的默读，口头表达内化为内部语言或书面表达等。这一切，当成为学生思维结构的内部东西，产生了比较鲜明、稳定的心理品质时，就达到了质的变化。通过有效的语文教学，使学生在掌握语言知识、提高思维水平的同时，能促使学生语文整体素养尽快地提高和发展，不断地使学生的心理发生质的变化。

第四章　文化语文

从文化的视野思考语文教育，可以发现这是一个由文化背景、文化图像、文化情趣、文化意蕴构成的丰富多彩的文化世界。在语文教育中，感受的是语文教育的文化气息，触摸的是语文教育的文化脉搏，感动的是语文教育的文化情怀。语文和文化是相辅相成，不可或缺的。"素课论"认为：知识是短暂的，能力是长远的，而文化是永恒的。

一、文化的解读

从字面上理解，"文化"是"文"和"化"两个字的复合。其中，"文"是象形字，与"纹"相通，指各色交错的纹理。先指"天文"，后转向对"人文"的关注。"文"的基本含义是文字及其相关的象征符号，在此基础上引申为文化典籍、人文修养等。"化"的本义是指事物形态、性质的改变，是变化、造化、教化的意思，引申为教行迁善之义。

常用的《现代汉语词典》对"文化"有三种解释：

1. 人类在社会历史发展过程中所创造的物质财富和精神财富的总和，特指精神财富，如文学、艺术、教育、科学等。

2. 考古学用语，指同一个历史时期的不以分布地点为转移的遗迹、遗物的综合体。同样的工具、用具、制造技术等是同一种文化的特征，如仰韶文化、龙山文化。

3. 运用文字的能力及一般知识：学习文化、文化水平。

由于"文化"博大精深，对此难以定义。我们择张公瑾、丁石庆先生2004年主编的《文化语言学教程》的定义：文化是各个民族（或群体）对特定环境的适应能力及其适应成果的总和。对此进行具体说明：

1. 说明了人类行为的具体性。即对特定环境的适应。人类社会不同的族群由于生活在各自不同的特定环境里，形成了适应所处环境的特殊的文化类型和模式。各个民族的生存环境是各不相同的，每一种文化生成的过程和成果也是不同的，但每一种文化都是对人类文明的贡献。

2. 承认世界文化的多元性。文化是一个开放的系统，也是没有国界的。世界各种多元文化都有各自存在的价值，并呈现"求同存异"的趋势，世界文化是一个多元互补的格局。

3. 强调了人对环境的适应性。认为人与环境的关系不仅是一种挑战和应战的关系，更重要的还是相互协调、协同发展的关系，体现了人和环境的和谐共存。

4. 突出了文化的能动性。文化成果是静止的，但是对文化的创造是活动的，是无穷尽的。人们可以不断地创造文化成果，可以不断地散发创造文化的能量。

5. 体现了文化的积累性。文化是人类历史实践中创造的物质财富和精神财富的总和，这是一个历史沉淀的过程，不可能一蹴而就，即时显现。

二、文化的结构

文化是一个庞大的系统结构，它的内部结构可以分三个层次：物质文化、制度文化和精神文化。三个层面之间存在一种互动的作用。只有正确调适三者的关系，使之协调发展，才能促进人类社会的全面发展。

（一）物质文化

这是文化的基础部分。指的是一种文化中的技术及其物质产品，是人类用以适应和改造环境的物质装备。物质文化是显在的或表层的。这些物质产品按照某种文化共同体的价值目标和文化性技术规范创制而成，它有鲜明的文化个性色彩，具有特定环境赋予的稳定的文化内涵。它们展现的不仅是特定环境的自然景观，同时也展现了丰富多彩的文化景观。三个层次中，物质文化表现最为活跃。

从物质生产的角度看，世界上很多民族都经历了由渔猎社会到农耕社会的进化历程，这一演进的历史同样在汉字中留下了深深的烙印。从甲骨文、金文可以看出："春"的字形如人拿着工具下地，由此确定种植的季节为春天。"年"字从禾从人，意为人背着庄稼，表示收成的意思。谷物一年成熟一次，由此确定了一年的长度。

（二）制度文化

这是文化的结构部分。是人类用以调节内部关系，以便更有效地协调行为去应对客观世界的组织手段。如组织管理机构、规章制度、风俗习惯、人际关系、行为模式等。由于每一种文化均含有一套属于自己的行为模式，每个人都生活在特定的文化环境中，人们总是自觉或不自觉地遵守该特定的文化环境所规定的价值目标和行为模式。

人类始终处于一种社会组织系统中，也总是在形成一定的行为模式。有了语言后，人类便开始用语言表达和记录制度文化。社会的发展需要语言中产生一些新的词语准确地表述和概括这些制度文化现象，以适应交际的需要，因而制度文化的发展变化，不断地丰富了语言的词汇系统。所以，我们既可以从文献记载中得知前人所创造的制度文化，也可以从语言系统中发掘出某些制度的历史遗迹。

例如，在汉族姓氏用字中，有一批上古的姓，大都是从"女"的，如：姜、姚、娄、姬、妫、姒、姞、嬴等，而且"姓"字本身也从"女"，以区别"氏"（上古时男子无姓，只称"氏"）。这种情况反映的是母系氏族社会的母权制度。而进入父系氏族社会以来，则形成了各种等级制度，包括性别等级制。于是，大量含有贬义的形声字，都以"女"做形旁，如：奴、奸、婪、妒、嫉等。于是就有男尊女卑的风俗习惯，并在词语中反映出来。如：夫妻、公婆、兄妹、哥嫂、男耕女织、男女有别、男婚女嫁、夫唱妇随等，这些词序都是约定俗成的，不能更改。

（三）精神文化

也可称观念文化，这是文化的意识形态部分。是人类认识主客观关系并进行自我完善和价值实现的知识手段。包括哲学、文学、教育、艺术、道德、宗教信仰、习俗、价值观等。在这个系统中，有三个子系统：情感系统、思维系统和价值系统。其中价值观念一般被认为是精神文化的核心部分，对文化的运行方向和变迁的轨迹起调适和支配作用。例如，汉民族的传统文化特别强调对君主的"忠"、对家长的"孝"，这种"家族型"的范畴在价值观念系统中占有突出的地位，要求人们在用词造句时应符合"君君、臣臣、父父、子子"的礼制，要合乎"名分"，做到"名正言顺"的道德规范。

三、语言与文化

语言，包括口头语言和书面语言。口头语言是听觉符号系统，书面语言是视觉符号系统，语音是口头语言和书面语言联系的唯一纽带。口头语言是文化的载体，书面语言是载体的载体，而文化是语言的基座。所以，汉语、汉字、汉文化之间具有不可分割的密切联系。

（一）语言的文化性质

1. 语言是一种文化现象

（1）语言是人类现象。恩格斯在《劳动在从猿到人转变过程中的作用》一书中明确指出，劳动和语言一起创造了人。语言（包括口头语言和书面语言）是人类的现象，没有人类就没有语言，有语言能力是人类的特征之一。人类和其他动物的区别就在于人类有语言。著名人类学家博阿斯说过：人类所创造出来的最伟大的文化成果是语言文字。人创造了语言，语言也造就了人，使人有了文化。所以说，语言是一种人类现象。（2）语言是社会现象。从语言的起源看，没有社会就没有语言；从语言的发展看，语言是随着社会的发展而发展的。所以，语言是人类社会活动的产物，语言永远无法脱离人类社会而独立存在，语言和人类正是在社会性上统一起来了。语言的社会性，是我们讨论语言和文化关系的一个前提。一切社会现象都是文化现象，我们认为语言是社会现象，实际上就是承认它是文化现象。所以，语言不只是一种简单的工具，而且还是一个民族文化的结晶。语言不仅受语法和逻辑的限制，而且也受文化和传统的制约，使用一种语言就意味着对某一种文化的承诺。

2. 语言是一种特殊文化

语言是一种文化现象，但却不能说文化就是语言。语言系统只不过是文化大系统中的一个子系统。也就是说，文化不等于语言，文化大于语言。然而这一种包容关系只是语言与文化之间的复杂关系的一个方面。从符号学的角度看，语言以外的符号（如：电码、手势、图形、交通信号等），也能表达某种意义，但人类的行为主要是由语言符号的意义体现的。

语言是文化的形式，只能把语言理解为文化总体中很多表现形式中的一种。中国有 100 多种语言，分属五大语系，各种语言自成体系，并有它们自己的内部结构，各有自己的独立性。它可以与其他文化形式（如哲学、宗教、文学、民俗等）并列、并提。但其基本依托是语言，由语言表达、记录和交流。语言不仅是文化总体的一个组成部分，而且是文化总体中最核心的部分。它不是文化之外游离存在的客体，而是文化整体中有其自身结构和体系的特殊部分，所以，语言是一种特殊的文化现象。

从文化的视角看语言，把语言看成是主要的文化现象，于是应运而生"文化语言学"这门新兴学科。

（二）语言的文化价值

语言的文化价值指的是语言对各种文化现象的认识价值。语言不仅是一种文化成果，又是一种文化能力，它不仅是一个现成的文化宝库，还是一种能够促进文化再生、发展的能力。

1. 语言是文化的基础

语言是整个文化结构形成的基础。例如，人类在童年时首先从父母和兄长那里逐步学到本民族的语言，同时也就接受了本民族的特殊文化。语言符号的发展，不仅仅是意义的代码，而且已经成了文化的代码。因此，语言的符号系统又是一个社会的秩序和意识的系统，也就是文化系统。这使语言成为文化的一个最基本的部分。所以，语言不仅作为人类一切精神活动的凝聚体，使得文化得以产生发展，而且又把文化凝固在自己的系统之内，实现了文化的符号化，使得文化得以传播和交流。

在中国，"龙"的语言有着重要的地位和影响。从距今 7000 多年的新石器时代开始，先民们对原始龙的图腾崇拜，到今天人们仍然多以带有"龙"字的成语或典故来形容生活中的美好事物。上下数千年，龙已渗透到中国社会生活的各个方面，成为一种文化的凝聚和积淀。龙成了中国的象征、中华民族的象征、中国文化的象征。对每一个中国人来说，龙的形象是一种符号、一种意绪、一种血肉相连的情感。"龙的子孙"、"龙的传人"这些称谓，常令我们激动、奋发、自豪。龙的文化除了在中华大地上传播承继外，还被远渡海外的华人带到了世界各地，在世界各国的华人居住区或中国城内，最多和最引人注目的饰物仍然是龙。因而，"龙的传人"、"龙的国度"、"龙的精神"也获得了世界的认同。

当然，语言不是文化唯一的载体，也不是唯一的传播手段，但语言作为文化的符号化载体，是文化最直接、最准确、最全面的传播手段。

2. 一种语言代表一种文化

语言与文化的关系，主要表现在语言记录、体现、象征着文化，任何一种民族语言都充分体现了该民族的文化，反之，任何一种文化，都会在语言中留下痕迹：语言是主权的象征，是民族团结的体现，是文化传承的标志。

语言与其他文化现象一样，是在人们适应环境的过程中逐渐形成、发展和完善的。语言中积淀着一个民族繁衍生息的历史，凝聚着一个民族历代智慧创造的成果，保存着一个民族对特定自然环境和人文环境所特有的思维方式和认识成果。而且，一种语言的结构，就是认识客观世界的特殊方式，它在人类的认识史上都有过贡献。一种有数千年历史的语言，哪怕如今濒临消亡，但它依然是人类智慧的源泉之一，仍然是弥足珍贵的。现在，中国对少数民族文字，如水族的水书、京族的字喃等，已采取了抢救和保护措施。

民族语言是民族文化中最基础也是最核心的部分。一个民族的文化成就只能通过本族语言来积累，一个民族的文化创新也主要由本族语言来完成。更重要的是，一个民族文化的兴亡与本族语言的盛衰是直接相关的。

(三) 语言的文化气质

气质的本义是指一个人高级神经活动在人的行为上的表现。每个民族都有自己独特的文化气质，语言更是具有鲜明的民族特征。语言的文化气质指的是一种语言在交际过程中使书写者和阅读者（或说话人和听话人）在心理上得到的某种感受。这种感受是由多种因素综合作用形成的。

1. 汉字的文化气质

汉字有其特殊的构造方式和结构特征，其中蕴涵着丰富的文化意蕴和文化资源。汉字形体结构的每一个笔画、每一个线条、每一个撇或一个点，往往都有其特定的文化含义。汉字与文化的同构性主要表现在四个方面：汉字是表意性、表情性、象形性、审美性文字，所以，一个汉字往往就是一个特定的意义世界、情感世界、形象世界和审美世界。"男"字是由"田"和"力"组成的，男耕女织是中国的传统文化，在田地里劳动的劳力就是"男"了。由此可见，汉字真切地保存了中华民族文化的原生态，真可谓"字里乾坤"。

一个方块字，就是一方天地。有句歌词说得好：方方正正写字，堂堂正正做人。

　　一个方块字，也是一种原始古朴的思维意象，但随着时间长河流转至今，其途中发生了无尽的磨砺和演变，因此又引申出许多意义，在今天语境下，赋予了汉字许多现代文化观念。

　　一个方块字，也是一份关爱生命的人文情怀。

　　一个方块字，是一种玄思冥想的哲学情理。望"月"使人发出"明月几时有，把酒问青天"的感叹。

　　汉字是包罗万象的文化世界，为识字教学提供了厚泽的精神资源。

　　一个民族的文化审美和文化心理，会作用于文字的形体结构和书写特征，而文字的形体和书写特征，也给书写者以独特的审美感受，这就是文字的文化气质。文字的文化气质是通过文字书写者书写时的自我感受和阅读者对文字的视觉印象体现出来的。汉字的形体结构是方块形态、平衡对称。虽然汉字造型、笔画、线条变化繁多，但整个汉字的形体是整齐对称的，全字的重心位于方块的对角线交点上，显得端正典雅。方正平衡，是汉民族文化心理的一种价值取向，也是汉字的文化气质。中国汉族文化中本就有"敬惜字纸"、"字通神"的传统习俗，对文字有一种崇拜心理和神秘感，最典型的是双喜字和倒福字。又如对"九"、"七"、"十二"、"三十六"、"七十二"、"三百六十"等字、数的神秘感。陈寅恪先生说过，"凡解释一个字即是作一部文化史"。充分说明汉字具有丰富文化内涵，是人类取之不尽的精神宝库，涉及人类生活、生产、战争等各个领域。

　　有一首关于汉字的诗写得好，我们共同欣赏一下：

它拥有舒展自由的肢体，一边舞动着奥妙，一边跳跃着生机。

它拥有天籁般悠扬的声音，一会儿流淌着画意，一会儿激越着诗情。

它拥有秀外慧中的气质，一面展现着风情，一面内敛着智慧。

它的名字叫汉字，它的母亲是博大精深的汉民族文化。

　　2. 汉语的文化气质

　　文化气质是一种很难定量、定性分类的语言特征。世界上有多少种语言，就有多少种文化气质，甚至同一种语言的几种方言，也具有不同的文化气质。

　　根据国外已有的研究，语言有五种文化气质：强悍型、庄重型、敦实型、活泼型、娇柔型。这五种文化气质对照中国民族的语言，分别是蒙古语、纳西语、藏语、维吾尔语、傣语。从我国的方言来看，东北话强悍，北京话庄重，山西话敦实，广州话活泼，苏州话娇柔。当然，这只是从总体倾向来说的，纯粹的分门别类还待进一步研究。

　　语言的文化气质的形成一方面是受周围环境的感染；另一方面是受语言结构各因素的综合作用。前者主要是地理环境不同而造成，如北方蒙古族牧民与苏杭人民，由于自然环境不同，也就形成了不同的语言气质特征。后者主要是语音、词汇、语法、语义等语言要素综合形成。如北京话的庄重，是由于音节构成长，鼻尾音和复合元音多，无浊辅音和塞音，词汇以双音节单词占优势，语速慢，说话又较为从容，故显得较为庄重。而苏州话浊辅音多，单元音音节丰富，有入声尾，声调起伏大，一般音频较高，语速较快，故显得娇柔细润。

西方语言如英语是"形合"语言，而汉语是"意合"语言。所以，汉语能根据上下文的语境去意会和补充语句的整体内容。汉语的意合特点与中国人传统的整体性思维有密切关系。从《易经》的八卦思维开始，以及老子、庄子的混沌思维和两宋道学的太极思维，都是一种天、地、人合一的整体思想。值得关注的一项研究是：1972 年，美国心理学家 Alfred F. Bloom 在香港进行问卷调查后认为：由于汉语中没有虚拟式，所以讲汉语的人不善于反事实思维。可见，语言表述的不同特点，不仅仅是语言本身的问题，而且是与民族思维、民族文化密切相关的。这都是汉语文化气质的表现。

四、文化的语文

语言是一种特殊的文化现象，语文学习是一种文化之学，语文教育是一个与文化对话并丰富文化的活动。中国的语文教育应该树立"文化语文"的愿景。

（一）文化理念

文化观念的输入，文化意识和理念的逐步形成，拓展了语文教育的视野，使文化理念对语文教育的一些基本命题进行了修改：

1. 语文教育的目标

从"自然人"到"文化人"。"文化人"是一种具有自觉的文化意识、完备的文化行为能力的文化的传承者。由于文化概念内涵的丰富性，所以作为文化传承的学生要比作为社会"建设者"和"接班人"的学生有了更多的发展空间和可能。

2. 语文教育的功能

从"语言功能"到"文化功能"。语文是以语言为本质的包含文字、文学、文章、文化等多元素构成的一个综合体。传统的语言功能是有意义的，但视角小，局限性大。用文化的观念解读语文教育的功能，就不仅使语文教育具有"语言功能"，而且使语文教育的全部价值与整个文化发展联系起来。语文是一种文化的存在，学习语文实际上就是学习文化。相对于语文教育的语言功能，文化功能的品质是更为深入的，这使语文教育的价值获得了最广泛的社会意义。

3. 语文教育的过程

从"知识过程"到"文化过程"。语文教育的过程不仅仅是一个传授知识，培养技能的过程，而应视为一个文化过程：把语文教育看做是人的一种文化活动、文化行为，是有意识地在专门的文化传递中对文化内容的选择和接受，对文化价值的体验和判断，对文化精神的理解和阐释。在这个过程中实现了文化的传递、保存和发展，而学生则获得了有价值的文化知识，丰富了自身的文化情感体验，完善了自身的文化价值观念，培养了自身的文化创造能力。这样，语文教育因与人的文化生命活动实现了同构，成为学生的文化生命活动的一部分，也成为学生的一种生活方式。

4．语文教育的内容

从"游离文化"到"文化内涵"。语言和文化的关系是多方位的，语言的每一部分都会在不同的方面与文化发生关系，从而体现出各个部分的文化意义。如字、词、句、段、篇、语音、语法等都与特定文化有联系。例如，古代传说中，"天河"两边有牛郎星、织女星，在漫长的历史发展中由此词语演化成了动人的爱情故事，形成了太行山脉的山西省和顺县"中国牛郎织女文化之乡"，当地现有 30 多处与此故事情节有关的名称，并长久保持男耕女织的风俗习惯。这就是由词语引发的文化现象 。所以，语文教育的内容要突出文化特征和文化功能，注重对语言各部分文化功能的开发和利用，使语文教材成为学生学习民族文化、理解多元文化、吸收中华民族和其他民族文化智慧的发展平台。所以，编写语文教材要有利于学生体悟语文的文化内涵和文化精神，使学生通过对教材的学习，得到心灵的唤醒和人格的建构。

5．语文教育的背景

从"教材文本"到"文化交流"。在很大程度上，语言是文化交流的媒介，语言在文化交流中具有重要意义。例如，外来词是两种文化交流的结晶，也是两种语言文化融合的结果。所以，从外来词可以看出两个民族之间的文化交流情况。英语中大约有 40％～50％是法语外来词。在汉语里，葡萄、石榴、狮子等词是从西域传入的，佛、菩萨、罗汉、比丘等词来自佛教的梵语，鸦片、咖啡、引擎、沙发等词来自西方。这些外来词的引入与民族、国家之间的文化交流是分不开的。语言的交流，促进了文化的互补与互动，构建了文化全球化的蓝图和轨迹。

（二）文化回归

语文教育不能只停留在"语言"层面，必须透过"语言"，进入"文化"的层次，在语文世界中探索和建构一个文化世界。从文化的角度审视语文，用文化的眼光解读语文。作为一种文化的构成，语文只能活在"文化"之中，语文是文化的存在形式。根据语文的文化特性，语文教育中的文化类型主要有：

1．语文文化

语文所蕴涵的本体文化，包括汉字、拼音、汉语、修辞、文体、语序等方面所体现的文化。

以语序为例加以说明：西方语言是"空间构造型"，汉语是"时间构造型"。前者是理性分析语序，后者是取法自然语序。对一个句子做英汉比较：

英语：He came to New York from San Francisco through Chicago by greyhound bus.

汉语：他从旧金山坐长途汽车经过芝加哥到纽约。

英语的语法结构是建立在理性分析基础上的，显示的是重要性优先原则。首先用 came 确定说话的基点是在 New York，然后确定到达地也是 New York，再说出发地，再后是经过地，最后才是交通工具。汉语则是一种自然事实发生的先后次序，出发地是旧金山，在出发地坐上公共汽车，然后坐着公共汽车经过芝加哥，最后坐着公共汽车到了纽约。所以，我们就不难理解汉语表达中按官职身份排列先后次序已习惯成自然。

汉语和傣语的语序也不同。例如，汉语"一本书"，"高高地举起来"，而傣语则是"书本一"、"举起来高高地"。所以，汉语把修饰语排列在中心语前，表明了汉民族重情态的思维特点，而把语言严格的逻辑关系放在第二位。这是一种"悟性"文化的特征。而傣语是一种印欧语法结构中的"智性"特质。

2. 民族传统文化

语文教育应反映本民族的文化传统，承载着民族文化精神，流传至今并仍具有强大生命力的文化精华。例如，儒家以仁为本、义重于利的道德文化，道家追求自然本色、崇尚自由的创新精神，以及厚德载物、自强不息的民族文化精神。

3. 现代文化

语文教育应密切联系现代生活，及时反映现代社会的文化成果，吸取现代文化的精华，以满足学生敏锐的文化需要。如有的老师把《东方时空》、《开心辞典》、《心灵花园》等电视栏目引入语文课堂，使学生与现代社会时事、生活方式保持密切的联系。

4. 多元文化

在经济全球化进程中，世界各民族的文化之间是多元并存和共同繁荣发展的过程。世界文化的统一性与民族文化的多样性是相辅相成的。在文化视野不断开阔的条件下，只给学生一种文化的教育既不明智，又不合时宜。语文教育中应引入多元异质文化，有助于拓宽学生的文化视野，提高学生的文化分辨力，避免学生对流行文化的盲目追崇。

六年级上册《月光曲》这篇课文，记叙了音乐家贝多芬谱写《月光曲》这首著名钢琴曲的传说。教学这篇课文时，很多老师都会千方百计地引导学生体会贝多芬同情劳动人民的思想感情。其实，完全可以从以下几个角度多元解读文本：（1）公德。贝多芬乐意为穷人盲姑娘演奏，这是艺术家良好素质的体现，要引导学生领会其高尚的情操。（2）创新。艺术的创新源于生活，艺术的真谛在于为全人类服务，要培养学生的艺术追求和创新精神。（3）挫折。姑娘双目失明，却酷爱音乐，要引导学生体会盲姑娘对生活的信心和对人生的执著追求。（4）知音。贝多芬与盲姑娘恰似钟子期与俞伯牙，为知音而创作是艺术创作的一种境界。尤其（3）的解读，对当今的养尊处优的独生子女来说具有更为重要的意义，也是可以在课堂中通过体验和感知能感受得到的，对学生良好品质的形成有着积极的促进作用。

（三）文化对话

语文，说得简单些，就是人们所说的话和所写的文。人们所说的话，所写的文，本质上就是人的心灵之声、生命之声，是人的意识、情感、思想的直接表达，是人的追求、判断、思维的直接体现。语文世界中，不仅仅只是语言符号，它还有鲜活的生活画面，跃动的情感、思想与生命。所以，语文教育并非只是单纯的语言技巧的教学，也不能仅仅关注语言技能的培养，还要注重感悟和体验语文的文化内蕴和它所包含的文化精神。只有当学生在语文世界中对话互动，动情动容，感受到语文背后的文化底蕴时，才能达到语文学习的最佳境界。正如歌德说的：经验丰富的人读书用两只眼睛，一只眼睛看书面上的文字，另一只眼睛看到了纸的背面。

由于语文的文化特性所决定的，语文教育的显著特点是与语文负载的文化对话、互动、交流。当你阅读课文，走进文本的形象世界、情感世界和意义世界时，就会在感受和体验中与文本及其作者产生情感的沟通，心灵的交流。

从本质上说，语文教育是一种与文化对话的活动，是与语文内在的文化意蕴进行交流与沟通的活动。这种对话、交流和沟通的活动，是一个文化接受、传承和创新的过程。因此，语文教育的过程有助于学生涵养文化精神，丰富文化底蕴，增长文化智慧。实际上，语文学习就是学习文化，学习民族文化思想，构建自我的文化情感和心灵世界。

语文教育过程是学生在教师的引导下进行自主建构的过程，是教师、学生和文本相遇、对话，并且沟通、融合、互相影响的过程。

（四）文化渗透

文化是一种营养、一种血液，随着语文教育过程的开拓与深入，它会滋润学生的灵魂，开阔学生的情怀，唤醒学生对生命的觉悟，提升学生的人生境界。从根本上说，语文教育的文化过程是阳光雨露、春风化雨、润物无声的渗透过程。

我们常说，母语是生命的摇篮，一个人的思维水平、文化素养是通过母语的习得发展起来的。汉语是民族文化的地质层，积淀着民族文化的精粹。汉语文教育作为民族的母语教育，它负载着民族的思想和感情，饱蕴着独属于汉民族的精神和智慧。语文在培养学生的人文精神和文化素养上有着其他学科不可替代的优势。因此，语文教育必须引导学生认识中华文化的丰厚博大，积极吸收民族文化智慧，把语文教育过程自然看做是体会民族文化的过程。

例如，汉语是字根文化，从一个字可以生发出很多与这个字有一定关系的词语来。如"牛"可以组成很多词，如，黄牛、白牛、黑牛、花牛、大牛、小牛、牛毛、牛皮、牛肉、牛骨头，还可以引申出"牵牛鼻子"，还可以生发出"老黄牛精神"。前者是一种方法论，后者是一种精神境界。这就是中文独有的特点：能用字根上的不同组合进行表达。而在英语里则不同，牛是一个词，大牛是另一个词，小牛、花牛、黑牛也都是各自的一个词。

文化渗透最典型的是借助隐性课程。隐性课程主要开发学生周围环境中一切可以利用、有教育性的因素，通过"润物细无声"的方式对学生进行文化熏陶、文化浸润，在不知不觉中对学生产生文化影响。隐性课程的内容广泛，例如，校园文化、自然环境、人文景观、人际关系等。有的语文教材，印上名人大家的肖像、书法、美术作品等，留给学生的是文化滋养和精神的陶冶。

请看"春"字教学的文化：

（一年级上册《画》，杭州市青蓝小学张林华老师执教。）

师：（出示：春暖花开、万物复苏的图片）你们从图片中发现了什么？

生：我看见小草从草地里钻出来了，像一只只小手。（师简画：草芽）

生：我发现了树木上长出小芽，好像就要长出叶子了。（师简画：叶芽）

生：我发现了桃花的花苞，还没有长成花朵呢。（师简画：花苞）

生：我发现，太阳出来了，照在大地上，暖洋洋的。（师简画：太阳）

师：那这是什么季节？你能用几句连贯的话，说说这个季节的景色吗？

生：春天来了，太阳照在大地上，暖洋洋的。小草钻出地面了，树上的叶芽开始长出来了。桃树上开出了小花苞。

师：我们的祖先把你们说到的春天景色都浓缩在一个字里呢！（出示：甲骨文的"春"）这个就是最早的"春"字。你们仔细看看，能发现什么？

生：我发现了这个字里面有小草发芽了。（课件演示）

生：我发现这个字里面有树木发芽了。

生：我发现了古代的"春"里有花苞，鼓鼓的。

生：这个字里面的太阳在树木下面，表示"春天到了，太阳特别暖和，大地的植物开始发芽了，小草最先长出来了"。

师：我们的祖先也很会观察，很会想象，把春天最有生机的景物都造在汉字里，看到这个你心情怎么样？

生：我特别喜欢"春"，因为它给大地带来了生机。

生：春天来了，柳树发芽了，花儿开了，小草长出来，景色变得更美了，我也特别开心，真想在草地上打滚做游戏。

师：（出示图片：农民在春天播种的场景）

生：春天到了，农民伯伯在田里播种了。

师：我们再来看看今天学的"春"字（楷体字"春"），你看到这些笔画里面的独体字，会联想到什么？

生：三横代表小草发芽了，中间有"人"字，代表着春天到了，人们最开心。下面是"日"表示太阳出来，天气暖和了，春天就来到了。

师：你能给"春"字找朋友吗？

生：春风、春雨、春色满园、满面春风……

师：你们会说有关春天的诗句吗？

生：春眠不觉晓，处处闻啼鸟。

生：红豆生南国，春来发几枝？

生：春色满园关不住，一枝红杏出墙来。

师：说得真好，春天是一年的第一个季节，春天播种，才会有秋天的收获。那么，最有生机、播种希望的季节是谁？

生：（齐读）春。

有些汉字的构形蕴涵着古人对自然的深刻认识，以及与人类生活、生产的密切联系，是古人在特定的文化背景下形成的结晶，记录着当时人们对自然状态的认识成果。"春"就是其中的一个。教学时，可以分以下几步，让学生体悟到春的本义及其引申义：

第一步，看图联想，激活经验。让学生先看图，通过联想等思维活动，激活储存在大脑中的和"春"有关的生活经验，有顺序地说说春天的景色。

第二步，观察字源，理解本义。让学生观察甲骨文字形，通过联想理解字符中的草芽形表示"草木在春天生长"，中间是"屯"的字形，好像草木破土而出的花苞胚芽形，表示"春季万物生长"，同时也让学生进一步感受到，"春"字来源与祖先对大自然的长期观察有关，他们将外在事物抽象后变成字符。同时，也蕴涵着春天给人带来的"生机勃勃"的心理感受。

第三步，古今比较，突破难点。通过与现在楷体的"春"字的构字联系，让学生进一步体会到字形与字义之间的内在联系。

第四步，创设语境，再品文化。通过组词、朗诵相关的诗句，让学生在语境中品尝汉字的文化味，逐步体会到"春"不仅表示春天"春阳抚照，万物滋生"的本义，还意味着"生机勃勃，充满希望"的文化内涵。

像这类字还有很多，例如与"木"部、"水"部、"日"部、"土"部、"禾"部、"火"部等有关的汉字，都能品读出我们的祖先在认识自然、征服自然过程中的智慧，有利于学生更深刻地认识我国灿烂的文化。

（五）文化精神

现代文化观认为：只有把文化视为一种结构，才能深刻地了解和把握文化的本质和发展规律。由文化结构凝聚生成的文化精神也是一种多质化的结构性存在，是一种由多维性因素构成的复合系统。它是民族文化精神与教师文化精神的融合，是时代文化意识和个体文化意识的渗透。构成文化精神的三个基本要素是：教师个体潜在的文化体验、时代文化精神和民族文化意识。下面对教师文化精神和民族文化精神进行初步说明。

1. 教师文化精神

这种表层结构是指在特定时代文化中的非理性的感性色彩较为强烈的某种意向、时尚或趣味的层面。其主要构成要素是情感、意志、风俗、风尚、习惯、情趣等。个体文化精神通常是由一个主要因素和其他因素融汇构成的复合整体。当前语文教育改革中的许多观点、实验，如分层教学、开放教学、合作学习、体验学习等，就是教师对改革开放时代文化精神与社会文化风尚的自觉把握，也是教师感应时代大潮、紧跟时代文化风尚、适应时代发展趋向的自觉行为。显然，这绝对不是教师的"赶时髦"、"凑热闹"，而是当代文化精神、社会变革时尚在教师身上已经转化为心灵智慧和个体的文化意识和自觉行为。

2. 民族文化精神

这种深层结构是对不同时期各种社会意识、历史意识、自我意识的抽象与概括，是一种总的传统文化精神。它往往隐藏于整个民族文化的背景之中，并超越于特定时代与个体心理而存在的超历史意识，是一种先验的、普遍的、深沉的精神存在形态。民族文化精神既可以成为语文教育建构文化精神的依托和动力机制，又往往是语文教育价值思维中各种非理性因素产生的根源。

文化精神是在具体的文化模式中内化积淀与自主建构的成果。文化积淀是基础，是文化精神建构的必要前提，建构是积淀的继续和发展。这种积淀和建构的活动，是在社会的与个体的、传统的与现代的、民族的与世界的文化交织点上，各种文化内质的撞击、整合、重组、升华的过程。

（六）民族文化

"民族文化"是指具体某一民族所拥有的文化总体。它与"文化"相对而言，是文化的具体存在形式。每一个民族的文化都有自己所独有的特征，显示出与另一民族的文化的明显差异。如傣族的竹楼、哈萨克族的毡房、蒙古族的蒙古包、汉族的瓦房等。汉族还有汉字、汉语、汉文、格律诗、戏剧、国画、中医药以及汉人的风俗习惯等。文化是民族的血脉，也是民族的脊梁。

在当今信息化社会，全球文化相互依赖程度不断加深，从而使各种文化呈现融合趋势。但是，全球化决不意味着民族文化发生根本性的变化。恰恰相反，文化的全球化是以民族文化的多样性为基础的。离开了文化的民族性，也就没有文化的多元性。保持自己民族文化的独立性和发展性，是应对文化全球化的前提和基础。相应的，它诉求着语文教育民族文化根性的回归。这方面的典型例子就是对古诗文教育的重视。文化是没有国界的，是人类共同的财富。通过文化对话，达成对人类优秀文化的共享。近年来语文教材中也引进了众多国外课文。使语文教育保持一种多元文化，也就是保持一种文化生态。

民族文化中最鲜明的标志是语言，民族文化的盛衰与本族语言的存亡是直接相关的，维护自己的语言和文化，是民族独立和发展的标志。一个民族的文化成就只能通过本族语言来积累，一个民族的文化创新也主要由本族语言来完成。2006年6月《中国青年报》发表文章称，中国科学家破解了数学上的庞加莱猜想，朱熹平教授用英语在人民大会堂做了一个学术报告。会场有两千多人，主要是中国的青年教师及在读研究生，只有第一排坐了几个外国人。后来有个博士问道："朱教授，您讲得很精彩，但能不能用中文再简单介绍一下您的研究成果呢?"一个在中国召开的由中国政府资助的学术会议的工作语言竟然全部都是英文，而且在有中国代表提出会议资料能否用中英文对照时，也被认为不符合国际惯例而遭拒绝。这种现象应该引起我们高度的重视。

语言是一种特殊的文化现象，是一个民族历史上各个时期的因素积累起来的综合体系。语文是民族文化的地质层，积淀着民族文化的精粹。语文教育联系着中国文化的命脉，流淌着中国文化的血液，是民族文化之根。语文与民族文化具有同构关系，正如英国著名语言学家帕默尔说的："语言是和文化史联系在一起的，它们互相提供证据和解释。"语言记录着一个民族的历史，是民族文化的形成物。汉语文教育作为中华民族的母语教育，既要承担传承民族文化知识、提升语文能力的己职，又必须以涵化民族情感、唤醒民族意识、振奋民族精神为天职。文化发展和语言建设是联系在一起的，繁荣汉民族的文化，一个很重要的途径是母语教育。当前，在现代媒体迅速发展和强势语言（如英语、德语）上升的情形下，要预防"母语危机"倾向的发生和蔓延。

通过对汉语文教育的民族文化透视，可以发现一些汉语文化的基本思想，例如，做人与立学、学习与思考、知行统一、加强古诗人教学、重视诵读等。以汉字为载体，汉族文化还广泛传播到境内的各个民族地区以及整个东亚地区，并形成以汉字为主要标志的"汉字文化圈"或称"汉字文化地带"，特别是在今天的朝鲜语、日本语中占很大比重的科技、文化领域的学术用语，绝大多数是用汉字语词构成的。这就是汉民族文化的魅力所在。

在对民族文化透视、反思基础上构建有中国特色的语文教育体系，实现语文教育的民族化，既是中国语文教育的重要课题，也是中国新文化建设的重要内容。

第二部分
素本的语文教学内容

语文教学内容涉及识字、写字、阅读和习作等，它们是课堂教学的主要凭据。从"素课论"来说，教学内容应该是语文的、素色的，而且教什么比怎么教更重要，教学内容比教学方式更重要。关注"教学内容"的合理选择和确定，成了"素课"的基本要求。

第五章 识字要素

关于识字的概念，教育心理学家艾伟（1890—1995 年）曾给出一个经典的解释："所谓识字者谓见形而知声、义，闻声而知义、形也。"

汉字是由形、音、义三个基本因素构成的复合体。学生识字，不仅要分别识记形、音、义三个因素本身，同时还要建立形、音、义三者之间的统一联系，最后达到会认、会读、会义、会写、会用的程度。因此，从心理学的角度看，识字要求形、音、义三者之间相互沟通，神经联系过程可以在任何一方进行。当感知汉字的某一因素时，能够准确地再现其他两个因素。也就是说，要见形而知音、义，闻声而知义、形，表义能知形、音。在这三种情况下，反应必须正确，联系必须牢固。由此可见，识字需要准确而完整的观察、牢固的记忆、合理的联想；又需要精密的分析和综合，这是一个复杂的观察、记忆、联想和思维的心理过程。

一、字形

（一）识字的难点——掌握字形

小学生在掌握汉字的形、音、义时，其中掌握字形是最难的。这既与汉字本身的特征有关系，也与小学生心理发展水平有密切联系。

从汉字本身的特征看，小学生对汉字字形掌握的难易，与汉字的形体、笔画数目、笔画种类、字形结构有重要关系。汉字的每一种形体都是由式样不同的基本笔画（如点、横、竖、撇、捺、折、提等），按一定的数量（如几点、几横等），一定的度量（如笔画的长短、出头与否、封口或不封口），一定的空间配置（如左右、上下、内外）构成一些偏旁部首或其他结构单位，再由这些大大小小、形形色色的结构单位按一定的布局组合而搭配成字的。根据统计，汉字有 62000 多个形体。艾伟 1923 年和 1924 年在美国华盛顿对 200 人进行汉字心理实验后，提出观察汉字字形的八个结果：（1）容易观察之字，其笔画在 1 与 10 之间。（2）笔画 11～15 之字，有易观察者，亦有难观察者，视其字形之组织而定。（3）设有一字其笔画数在 13 或以上，为左右偏旁所组织而成。若其任何偏旁之笔画数超过其他偏旁在 10 以上者（如"刘"），此种组织之字形，观察非常困难。（4）若一字之笔画在 10 数以上，而分为三、四部，由斜线、曲线组织而成（如"疑"），此种字之观察，亦感困难。（5）若字之一部分，类似其他字之一部分，为观察者曾经经验者，此字写出之时，容易笔误，且此种臆定颇难改正。（6）字形合拢如田、口、日、目等字者容易观察。（7）字形由横直线组织而成，如"罪"等字者，若其笔画数不过 15，观察亦易。（8）若字之笔画，两方相称，如"罪"等字者，其观察亦觉容易。（艾伟：《汉字问题》第 13 页，中华书局，1949 年。）

从小学生心理发展水平看，初入学儿童对客观事物的大体轮廓的感知占优势，精细的辨别能力不高。他们空间知觉虽有了相当大的发展，能够感知物体的大小、长短、高低、方位、距离，但是，空间知觉精确性和分化性发展水平不高。形体繁杂的汉字，对于分化能力不高的低年级学生来说，要他们一笔一画辨认清楚，而且精确记住，是比较困难的。中国科学院心理研究所的研究表明：在小学 1～2 年级的 3572 个学生中发现错字率达 25.67%，其中由于观察不精细，对整个字形只有模糊印象而写错字的占 88.21%。（吴立岗：《观察力及其培养》，《上海教育》，1980 年第 7 期。）掌握汉字，不仅要形成字的形、音、义之间的联系，而且还要形成字形本身结构之间的联系，而后者较困难。这是学生识字初期以字形为重点的心理学依据。

（二）掌握字形的过程

根据万云英、杨期正（1962 年）的研究，初入学儿童掌握字形的心理过程分三个阶段：

1. 泛化阶段

经过初步的生字教学，学生对汉字这一复合刺激物的字形轮廓建立了模糊的暂时联系。表现在新授课后、阶段复习前再认和再现时，常常呈现波动和泛化现象，以致产生种种错误，其中字形错误为多。字形错误或混淆有两种形式：（1）对字形结构的各个组成部分尚未建立正确完整的联系，泛化现象严重，常因联系的模糊而出现偏旁部首"张冠李戴"，基本字"移花接木"等结构混淆和增减笔画的细节错误。如身、胸等字。（2）对汉字形、音、义三者尚未建立牢固的联系，常常因三者联想的错误，把一字形与该字近似生字的某一因素相混淆。例如，在选择性再认时，把音近字、形近字或义近字混作某一要求挑选的正字，默写时不是误写了同音字或音近字，就是写成形近字或义近字。这个阶段学生学习字形的特点，主要体现了初入学儿童大脑皮层对复合刺激物缺乏完整精细的分析综合能力，反映了他们感知汉字时的不够完整性和缺乏精确性，识记的随意性和机械性还占相当地位。

2. 初步分化阶段

这一阶段，学生对汉字的形、音、义已初步建立暂时的联系，不再出现上述形、音、义某一因素的相互混淆现象，对字形结构的各部分基本上已全部把握，不再有结构上的混淆和遗漏，但是，虽然分化，却仍然综合不全，主要表现在对字形结构上某些细微部分尚有遗漏或添补，再认和再现时偶尔出现波动（猜测）和泛化（遗忘）现象。其错误几乎都是细节上的问题，如

"春"字下的"日"字多一横，"很"字右上方多一点，等等。这个阶段儿童对汉字字形的分析、综合活动已进入高一级的水平。只是由于掌握程度不够牢固，偶尔对某些细微部分因遗忘而把握不定产生泛化现象。这时学生的有意识记和意义识记已起主导作用。

3. 精确分化阶段

首先，表现在掌握的牢固程度上。学生在再认和再现时，不再像前一阶段那样把握不定，偶尔还出现泛化现象，而是识记已熟练而牢固，词义讲解也较清楚、恰当。其次，精确分化表现在掌握的深刻和精确程度上。这时，学生不仅已能辨析字形，揭示字与字之间的异同，而且也能在学习几百个字的基础上初步认识一般的构字规则，了解偏旁部首表意的含义，偏旁部首也不再混淆，而且还能指出用某种偏旁部首的道理。例如，在分析"滴"和"摘"两字时，学生说：滴是"氵"旁，右边是摘棉花的"摘"字的右半部分。一滴水的"滴"是讲水的，所以用"氵"旁，摘棉花是用手的，所以用"扌"旁。这个阶段学生对字形的记忆已经达到精确、完整和熟练的水平，意义识记开始占优势。

小学生分析综合和辨认汉字字形能力的发展是一个由量变到质变的过程，这当中存在两个转折点。曹传咏、沈晔（1965年）的研究结果表明：对中等水平的班级来说，第一个转折点在一年级上学期，学习汉字后约一个月左右。这一转折表明对字形的再认、大致综合、熟字的辨认都有较大的发展。这个发展与汉字字形从不熟悉到熟悉有关。第二个转折点，在一年级下学期到二、三年级之间。表现为从熟字到生字的辨认能力的迁移，对字形的精细辨认、确认和重现能力的大大提高。第二个转折是过字形关的一个比较重要的转折。如何促成这个转折提前，还值得进一步研究。

（三）字形教学的策略

1. 字形分析的单位要大，数量要少

教师要引导学生从笔画分析法向部件分析法转化，充分利用部件分析法识记生字，能提高学生分析字形的能力。部件分析法优于笔画分析法，这是因为：（1）利用较大单位分析，有利于运用已掌握的字形来识记字，分散难点。（2）字形分析单位的数量减少，使分析综合过程缩短，简化了识字的心理过程，提高了识记效率。

2. 对字形分析单位要进行意义"命名"

当学生知觉一个合体字的字形时，对其各组成部分会产生"命名"的心理倾向。如果其中一个部件叫不出名称，势必要把它解剖为笔画进行分析，这样就使记忆的心理过程增加了几个因素。所以，对汉字各部件能不能"命名"，对心理过程的繁简有直接的影响。例如，学生容易把"步"字的最后一撇上加上一点。这是因为小学生不知道"步"字下半部的"少"的名称和意义,不能命名造成的。

3. 字形分析的"同"、"异"交织

同时学习的相似生字,如果字形比较简单,则初识字的学生也能辨认其异同。教学既要注意两者的共同性,也不忽略其差异性。例如,同时学习"牛"和"羊"两字,"二横一竖"是"牛"和"羊"的共同部分,而"二点一横"是两者的差异部分。在观察、比较过程中,两个生字有同有异,学生的心理过程往往是先求同,教师要因势利导,强调"同中求异",突出其区别点。这样,可防止错字的产生。如果相似字不是同时学习,而是先后学习,则发生生字与熟字的关系有各种情况。如"派"和"旅"的字形较难掌握。学生先学"派"后学"旅",常常把"旅"字的右下角写成"氏"。这时就要引导学生自觉联系"纸"或"派"进行对比,认清"旅"字的右下角与"纸"字的右边不同,但与"派"字的最后四笔是相同的,这就不会错了。这就说明在生字与熟字的比较中,在求异和求同上要视具体字形情况,有所侧重。有些字形复杂的字,求同比较容易,就一笔带过,直接求异。如"辨、辩、辫、瓣"四字可着重区别两个"辛"字中间的不同结构,并认识这些结构所代表的不同意义。

4. 合理使用字形教学法

分析字形和书空这两种教学方法对掌握字形的效果是不一样的。唐自杰(1980年)的研究结果表明:在小学低年级,字形分析法的教学效果要优于书空。虽然书空法对低年级学生掌握字形也有一定的作用。因此,在低年级识字教学中,应主要采用字形分析法,同时适当地采用书空的方法作为辅助。而不应把这两种方法完全对立起来,肯定一种,而完全否定另一种,也不应把这种方法视为同等重要,不分主次地运用。我们建议:第一,初识字时,可以较多地应用书空的方法进行教学,使学生熟练掌握一些基本字形。这是以后分析字形的基础。第二,尽早地使用分析字形的方法,然后逐步过渡到以分析字形为主的教学方法。当然,对过去完全没有学过的字形,也可同时应用书空作为辅助。

二、字音

(一)掌握字音的意义

字音是语言的基本因素。汉字音节有 410 个左右。许多汉字的字义是通过字音而表现出来的,即以音传义。因此,掌握字音是识字的一个重要方面。因为汉字不是拼音文字,字形的构造不能把读音直接标示出来。即使是形声字也不像拼音文字那样,能把读音表示得很清楚,所以需要依靠汉语拼音作为正音工具。

掌握字音对学习字义和字形也起着重要的作用，字义、字形和字音三个因素是互相制约的。不理解字义，字音就成为无意义的声音，字形也就难以掌握，即使记住汉字字形，也只是机械记忆，容易遗忘。而读不出字音或发音不准，也会影响对字义的理解和对字形的掌握。

（二）学习拼音的过程

学生在学习拼音过程中，既要认识音节形体本身的结构关系，又要建立它与音、义之间的联系，不仅要感知字母的形体，而且要分析声母、韵母，掌握发音方法，从而进行一定的思维活动。因此，学习汉语拼音必然引起学生认知结构的变化和改组。

1. 学习拼音的过程

汉语拼音是表示汉语语音的符号，音、形一致时，但只有代表汉字（词）的音节才有间接的意义。音节本身是没有意义的，这是由汉语拼音的注音功能所决定的。任何一个音节，对学生都是一种复合的刺激物。学生要通过听觉和发音器官练习读音，通过视觉识记形体，联系已有经验了解每一音节所注的字（词）及其意义。从学生的心理基础看，音节的音和形的联系十分重要。每一个字母的形体对学生的心理都是新的因素，需要在听觉的基础上同视觉建立新的联系，并要掌握书写的正确姿势和方法。

2. 学习音节的分音与合音的感知过程

汉语拼音教学，首先是教学生读准音节，并进行反复的分音和合音训练，使学习感知声母、韵母，辨认声调的发音，逐步掌握拼音的方法，这是拼音教学的关键。提高学生的听觉能力和发音能力是拼音教学的重要环节。

（1）听准和读准音节。联系日常用语建立音节和读音的联系。例如，教音节"ba"可以启发学生说出口语中带有"ba"的词语，如八个皮球的"bā"，拔萝卜的"bá"，打靶的"bǎ"，爸爸的"bà"。

（2）分音训练。从音节中分析出声母、韵母和声调。这时要充分调动学生的听觉器官，教师反复慢读音节，拉长发音过程，直至把音节分出声母和韵母来读，培养学生听觉感知能力。并让学生动用发音器官练习发音，培养其发音的能力。

（3）合音训练。合音训练，目前一般用"声母支架，韵母定调"的原则进行合音训练，并通过多种形式的反复练习使音节形体在学生头脑中整体化、固定化。

3. 学习字母形体的感知特点

字母是音节的基础。学习字母的过程，主要是通过视觉和动觉进行感知和辨认。大致可分两个阶段：（1）对字母的整体有一个笼统的印象；（2）对字母的笔画及其组成有比较清晰准确的感知。教学时，要充分调动学生的视觉器官，培养其观察能力。同时运用形象的比喻，达到让学生准确掌握。至于音节形体的掌握，重点应放在音节的复韵母和鼻韵母部分。

字母的书写练习是巩固形体的重要手段。书写是视觉、运动觉信息之间的联系，字母形体的空间视觉表象是书写的基础。所以，突出字母每一笔画的形状和整个注音字母的结构，对形成正确的视觉表象十分重要。

（三）掌握字音的特点

掌握字音是一个复杂的心理过程。这方面的研究，为字音教学提供了有价值的启示。

1. 汉字注音的辨认服从知觉整体性原则

即对由"形母"（书面的拼音字母，下同）组成的拼音的整体的知觉决定于对各个形母的知觉；同时拼音的整体的知觉本身也影响形母的知觉。例如，某些形母的脱落并不妨碍读出原汉字的注音。有时，由于整个知觉的影响，个别形母的错误不易被发现，或被感知为它原有的形母。

2. 读拼音最重要的是依靠组成音节的形母的外形

即起首的形母、结尾的形母和中间的形母几部分。这些形母是音节符号可以被认识的特征，所以读有脱落形母的拼音时，假使上述这些主干的形母保留着，就能读出整个音节的读音。一个汉字拼音的前半部分和后半部分对学生的认知起着不同的作用。一般来说，依赖前半部分较后半部分读得好。

3. 初学拼音和掌握字音的难易

其表现为：前鼻音与后鼻音最易混淆；复韵母 ou 念错的最多；a 最容易学；形母构造越相近（如 p、q、b、d、f、t 等），则混淆程度越大，其中特别是 b 与 d 及 p、q，彼此相混淆最多。外国心理学上的"b、d、p、q"现象（儿童在辨认时易产生方向位置上的错误现象），也发生在中国学生身上。初入学儿童，由于方位知觉不够完善，容易把字母左右调向、调位，或颠倒过来看，以致书写时造成错误。例如，把 ch 写成 hc，把 s 写成 ∽，把 sh 写成 hs 等。学习拼音的主要困难在于正确辨别一形多音、一形多调、一音（近音）多形的单个拼音符号。

汉语拼音教学有四个基本要求：认识声母和韵母，会拼音，会辨四声，会写。它们是按照难易不同的顺序排列的，每个项目都包括一系列特定的能力和心理学问题。以认识形母看，根据心理学分析有这样的结论：（1）通过直观可以较快地掌握（如 h 像小椅子，n 像城门洞等）。（2）突出空间知觉（如上下、左右），可以较快地掌握（如对 b、d、p、q 的认识）。（3）通过分化、比较，可以较快地掌握（如 ai－ei 等）。

4. 影响字音掌握的心理因素

影响字音掌握的心理因素主要是：（1）听音辨调能力的发展。这是读准字音的关键。要读音准确，必先听音辨调精确。根据研究表明，小学低年级学生对于声调，阴平最易读准，去声次之，阳平和上声较为困难。（2）拼音能力的水平。学生的拼音能力直接影响字音的掌握。汉字以一定的形体为符号，代表语言中的词素。字形不能直接表示字音。要读准字音，必须依靠汉语拼音作为正音工具。一般来说，在识字教学前，一定要求学生过好汉语拼音关，努力培养学生的拼音能力。（3）汉字在口语中出现的频率。对那些在口语中经常出现的汉字，学生对它有了初步的感知，因此读准字音就比较容易。反之，对口语中没有出现过或很少出现的字，要读准字音则较困难。（4）字义。学生在理解字义的基础上，更容易辨别音近字之间的语音差别。因此，教师在指导学生区别近音字的读音时，应加强对字义的讲解。

三、字义

（一）字义的联系系统

字（词）义是字（词）的主要因素之一，掌握字（词）义是识字（词）的中心环节。一个汉字只有它成为词时，才有意义。词是语言的最小单位，是概念的体现者。只有在用词表现出对概念有明确的理解时，才是真正地掌握了词义。根据朱作仁教授（1964年）的实验研究，学生在理解词义的过程中，一般具有三种不同的意义联系系统：

1. 基本的意义联系系统

指的是在一定的语言系统中构成主要的、基本的意义联系系统。例如，"练"字，学生开始时可能在"做练习"、"练习题"、"练习簿"等具体语言关系中理解它的含义。

2. 潜在的意义联系系统

指的是通过教师的启发诱导才显露出来的潜在的意义联系系统。例如，教师启发学生："练球、练字、熟练都是这个'练'。"

3. 未分化的意义联系系统

指的是在学生的意识中尚未分化的意义联系系统。例如，学生往往把"练"与"炼"混起来，说成是锻炼身体的"炼"。"练"与"炼"，音同而形、义有别。教师揭示这种在学生意识中尚未分化的、容易造成混淆的意义联系系统，能有效防止错别字产生。

以上三种意义联系系统，在一定程度上反映了学生在识字过程中的心理动态，表明了学生理解词义的潜在多样性及其意义联系系统扩展的可能性。教师用直观法、定义法或联词造句法解释词义，这固然是有效的，但从心理学的观点看，单纯用这些方法还不能揭示出学生不理解的意义联系系统。因为汉字的词义系统是很复杂的，并非一成不变的。每个汉字在不同的组合中，意义是不同的。根据汉字词义的特点，教学中就不能局限于教给学生某一种含义，而要根据课文的要求和学生的认识水平，不断扩大他们的意义联系系统。在识字教学中采用联词方法，除了把这个词的主要意义（对课文来说）教给学生外，还要将学生经验中与这个字词有关的、但尚未与这个字词联系起来的意义联系系统统一起来，这种做法是具有心理学意义的。

（二）掌握词义的特点

学生对词义掌握的过程一般是从具体到抽象，从一义到多义，从已知到未知，从理解到运用。根据研究，学生记忆汉字（词）意义的特点是：

1. 词义熟悉的并在口语中常用的，易记。

词义较浅显，即使字形复杂，也比词义较深奥而字形简单的字词识记效果好。由此可以推知，两个词的字形难度相同，学生识记效果就要以对词义理解程度为转移了。

2. 在词义已熟知的情况下，凡带有较大具体性、形象性的字词（如山、水、日、牛、羊等）、较大情绪性的字词（如红旗、欢呼、胜利、高兴等）以及与学生生活经验有密切联系的字词（如上学、小学生、写字、读书等），就比那些表示事物对象关系而词义抽象的字词，较易记住。

3. 伴有生动情境刺激的字词，对词义有特殊理解和具有亲切性，也会加强记忆效果。例如，小学生对小囡囡的"囡"普遍记得较牢，就是这个道理。

4. 音义已知的生字词比音义未知的生字词，延期再现的遗忘率也少得多。

5. 对名词性字词的记忆优于动词、形容词。因为名词性的汉字代表某种具体事物，词义较易把握。而动词、形容词的汉字所代表的动作、性状，有时不太具体，词义的识记可能较为困难。

某小学一年级期末语文试卷有这样一道题：在括号里填上表示方向的词。根据抽样调查，学生不仅四个偏向填不出，就连东、西、南、北四个正向填错的也不少。分析错误原因就是教师在平时的语文教学中，只是就字论字，学生只会背诵和默写这几个字，而没有同认识事物结合起来。

词义教学的实质是引导学生在词和词所代表的事物之间建立起暂时联系。词作为第二信号，只有当它成为代表客观事物（第一信号）的信号时，才具有现实意义。也就是说，只有当学生在这两种信号系统之间建立起联系时，才真正掌握了这个词。这就是词义掌握的学理依据。

为了建立两种信号系统之间的联系，及时指导学生在语言实践中运用新词，具有重要的心理学意义。学生对字（词）的掌握，不应该只看做对课文中词的含义的了解，还包括在语言实践中能正确运用。要是在运用中遇到了困难，说明学生还没有真正掌握这个词义。上述试卷中的错误，说明学生对方位词还混淆不清。或许学生都会写"东、西、南、北"和"偏东、偏南、偏西、偏北"或（东南、西南、西北、东北），但由于这些词没有和它们所代表的具体方位建立联系，所以不能说学生掌握了这些词。

（三）词义教学的建议

词义教学除了上述及时指导学生在语言实践中运用新词以外，还应注意以下几个方面：

1. 以直接的具体的刺激物作为理解词义的中介

因为学生掌握词义总是跟直接感知一定的对象、它的特征和运动（如物体的移动、人的动作等）相联系的。他们比较容易掌握一些标志具体对象或特征的词。这是由小学思维的形象性特点决定的。小学语文课本中的看图识字就是通过图画把词和词所代表的事物相联系的有效方法。因此，在识字教学中利用各种直观手段解释词义，能收到明显的识记效果。

2. 利用"语言直观"手段引起学生已有的与该词相应的事物的经验表象，为理解新词义找到感性的支柱。例如，"洋溢"这个词，如能唤起学生关于面盆里装满了水而往外流的表象，那么它就是获得了真实的本义，词与它所代表的事物之间就建立了联系。

3. 利用学生已掌握的词义去理解新的词义，即以熟词为中介，建立新词与它所代表的事物之间的联系。识字教学中的"注解"，就是这种方法，具体理解为：

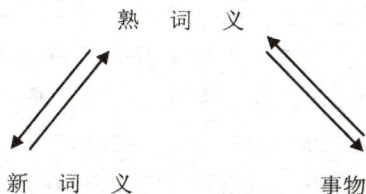

熟　词　义

新　词　义　　　　　　事物

要防止用学生还没有理解的词去解释词。例如，把"肆无忌惮"注解为"非常放肆、毫无顾忌"，如果学生对"放肆"、"顾忌"还不理解，那么这个注解就达不到帮助理解"肆无忌惮"的目的。

4. 进行词义的对比和变式运用，区别词义中本质的与非本质的东西，使学生对词义的理解更为精确，又更为扩大。这种方法之所以重要，是由高级神经活动规律所决定的。因为最初形成的暂时的神经联系总是带有泛化的性质，只有经过了变式运用和对比的过程，这种联系，才逐渐趋于分化，对外界刺激才能进行精确的反映。由此可见，词汇教学中对同义词、反义词、同音词，以至于词的褒贬色彩、运用范围之间的辨析对比，是具有心理学意义的。

四、形、音、义的联系

(一)形、音、义联系的基本途径

形成汉字三个基本因素的联系,教学上主要是通过两个方面实现的:(1)利用学生经验中已有的音、义联系与字形建立新的统一体。(2)生字的字义学生不熟悉,或较抽象的,则先要帮助学生建立新的音、义联系,在此基础上再与字形建立统一的联系。

语音和词义任何一方都不能独立存在,用语言传达某种意义都必须借助在发音上固定下来的词来表达。在学生的口语中,这两方面也是紧密联系着的,许多语音和词义的联系是已经建立好了的,这就是他们口语中常用的字词。但有的音、义联系则需要重新建立。因为学生在学习书面语言时,其音、义有已知和未知之分,所以识字教学要考虑学生已有的条件,不能平均用力。音、义已知的比未知的教学效果好。初入学的小学生,字形一般都是未知,学拼音后,重在掌握汉字字形。但在遇到音、义未知的字,则先要释义、正音,然后析形。因此,要防止那种在学生还未了解词义的条件下过早地孤立地正音(唱读)的情况。否则,学生即使暂时记住了字音,也是机械记忆,是不牢固的。同时,教生字,拼音最好与生字字形一起出现,这样学生在读准字音,了解字义时,其注意的分配才可兼及字形,以便及早接触整体字形。

以词义为中介,容易建立汉字三个因素之间的联系,并达到巩固记忆的目的。一个学生见到"超"字,不会读音。这时有人提示这个字的字义:"比人家好,赶过别人,这是什么字?"这个学生马上说:"超过的超。"由此可见,在学生的认读生字的过程中,见形读音,如果插入字义的提示,形成形、义、音之间的联系,容易从字形过渡到字音的再现。这说明,学生记忆汉字,如果没有字义的理解,要进行认读,形成形、音的联系是比较困难的。

学生在识字过程中的"形、音联系"(见形读音)与"形、义联系"(见形解义)的建立,在识记过程中依条件不同而有差异。在汉字学习遍数相同的情况下,如果没有插入其他学习材料,形、音联系比形、义联系识记得好,而在有材料插入学习时,情况正好相反,"形、义联系"比"形、音联系"识记得好。这说明,检查识字联系的巩固性,要考虑学习后是否受干扰等条件。也说明了形、音联系是机械的神经联系,只要通过简单的重复(如反复认读)就容易建立,但却经不起干扰,容易忘记,即不容易在受干扰的情况下巩固。而形、义联系虽然难以建立,但一经建立,能经得起干扰,保存也久。

(二)形、音、义的联系方式

学生在建立形、音、义联系的过程中,往往依赖于经验的联想,其表现方式有 7 种:

1. 通过多次简单反复的认读，直接建立字形与音、义之间的联系。

2. 利用字形所在的位置，即以字在书页上所处的相对位置作为中介，联想起这个字的发音。例如，"旗"是课文某一页红旗图下的第二个字，由"旗"字所在的位置，而想起它的读音。

3. 通过该字与某一熟字常在一起出现而引起的联想。例如，看到"学校"二字，由于认识"学"字，于是联想起它后面是个"校"字。

4. 通过学生自己独特的经验联想作为记忆的支柱而联想到字音。例如，有个学生认读"宽"字时说"看到'宽'里面的'艹'，就想到草坪很宽的'宽'。"

5. 把字形与某一些具体事物联系起来，使字形本身形象化或赋予字形本身以意义来帮助辨认与记忆。例如，有的教师教"灭"，指着字形说："把一块东西往火上一盖，火就熄了，这就是'灭'。"学生一见"灭"字，就很容易联想起它的意义。

6. 借形声字已经建立起来的形、音关系，联想它的相关字的读音。例如，认识了"胡"，就很容易辨认与识记"糊"、"蝴"、"湖"、"猢"等字。

7. 借形声字形、义之间已经形成的联系帮助辨认与识记。例如，已掌握形声字的"形旁表义"的特点，学生看到"晴"字就说："见到'日'就想到太阳出来了，这就是'晴'字。"

（三）形、音、义相联系的识字教学程序

学生学习汉字是一种复杂的认知活动过程。根据研究，这种过程有四种基本程序：（1）形成识字的心理定势。把所要学的生字置于学生已认识的词句中，或者联系学生已有的知识经验背景，以引起学生识字的需要和兴趣。（2）按汉字形、音、义三要素的综合—分化—综合进程组织学习活动。这主要指生字的教学。一般是见形先正音、再释义、后辨形，最后达到音、义、形的统一联系。在某一要素的教学中一般也应按总—分—总的次序进行。（3）反复练习和尝试再现，达到长时记忆。（4）形、音、义三者的双向联系达到自动化水平，当某一因素出现时，其他两个因素可以及时再现。因此，学生在识字过程中不仅要进行精确的感知和言语活动，而且要进行复杂的记忆和思维活动。

第六章　写字技能

"素课"关注学生的"写",包括写字的态度、写字的内容和写字技能等。其中写字技能是一种视觉和动觉协调活动的写字动作方式,包括坐的姿势、执笔和运笔活动,其中运笔是关键。正确的运笔要求按写字的笔顺规则使笔画有适当的长度,并保持笔画之间的一定距离。

一、写字技能的特征

写字是一种相当复杂的身心活动,是在高级神经系统调控下,躯体、五指、腕肘、双眼等相互配合和协调的活动,它具有一系列身心特征。

(一)五指的触压觉

中国古代医学典籍中记载,切脉的触压觉能分辨 27 种脉动,并以此准确地诊断疾病。现代心理学的实验表明,在人体的全身知觉中,手指对触或压的感受最灵敏、最精细。在书写活动中,抵压着笔管的五指不仅反映着笔尖触纸运行的信息,而且还在执行大脑根据这些信息而下达的调控运笔的指令。

应当注意,触压觉最容易出现"适应"(习惯化现象)。在写字过程中要对五指触压觉进行专门的练习,提高写字时五指触压觉的感受性和协调性。

为了取得良好的五指触压觉,一个重要的问题是写字时拿笔的手与所写的字必须构成一定的角度。对此,新中国成立前胡毅教授对 50 名学生进行了写字实验研究。结果发现,书写时拿笔的手与所写的字构成的角度因人而异,一般在 30～40 度之间,最小的是 10 度,最大的是 50 度。这是写竖行字时的结论,写横行字的情形大致相同。例如,在写横字时,把纸倾斜 30～40 度之间,则手臂与字行成直角。

(二)上肢协调

写字需要掌握"运腕"的技能,但一味强调写字时"运腕"就不妥当了。因为写字活动不仅与"运腕"有关,而且与整个上肢的协调都有密切联系。我们都有这种感觉:徒有运腕,感觉不到腕部的柔韧性和力量,反而觉得前臂肌肉紧张。如果将五指尖并拢,用力撮合,再使劲运腕,这时才觉得腕部有力。当五指的指关节、腕关节、肘关节、肩关节的运动和手臂肌肉的运动共同起作用时,运腕的效果才好。所以,写字时如果没有整个上肢各部位运动的协调,根本无法运腕。

上肢的哪个部分的活动对书写起决定的作用呢?杰特 1900 年发明了一种分析写字时手运动的"杰氏书法运动分析器"。把一支铅笔套在手指上,写字时手腕或手臂如果有运动，铅笔就会把运动的痕迹记在纸上。如果手指运动，铅笔就不会留下什么痕迹。杰特在对许多记录分析后认为，最好的字是用手指运动写成的。1917年，弗里门和他的学生纳特继续进行这一研究。他们除了用"杰氏书法运动分析器"测量学生书写运动外，还用精制的照相机拍摄了书写时手运动的各种情形。研究发现，书写时字的组合或构成全依赖于手指或手臂的动作或手指与手臂的联合动作，而肘和腕仅在手移动时起到作用，并非在书写中起作用。学生书写时运用手臂者极少：7～8岁学生可以说完全不用手臂运动；12～13岁学生不仅运用手指，而且运用手臂帮助手指运动。书写优劣与运用手臂和手指的多少没有明显的对比情况。不过，书写优良者比书写拙劣者，多用手指的动作是明显的。书写拙劣者则多用肘和腕的动作。总之，书写最适宜的是手臂和手指的联合动作。

（三）视觉表象

在掌握写字姿势、执笔姿势和运笔活动的过程中，获得每个动作在空间上的正确视觉表象是十分必要的。视觉表象是一种记忆表象，指的是通过视觉器官感知过的客观事物保存在脑中的视觉形象。例如，学会"飞"字的人写这个字时，便会在脑中浮现出犹如鸟儿飞翔的"飞"字的视觉形象。

写字的姿势、执笔和运笔都是一个完整的动作，各自包括几个局部动作，按照一定的空间关系和运动顺序进行。例如，写字的基本要求是"身正、肩平、背直、臂张、足稳"，这就要求身体各部分在空间的位置要适当。有了这些显明的视觉表象，写字姿势才能端正，才能符合要求。

又如，运笔包括起笔、行笔和收笔三个动作。写字时，对各个动作要仔细观察和体会，从而在头脑中形成正确的视觉表象。例如，写"一"，笔从左边开始，笔尖稍顿一下，叫"起笔"。再向右画去，叫"行笔"。最后再顿一下，把笔提起离开纸面，叫"收笔"。但是，在实际写字时，一横一竖都是一气呵成的。所以，在形成相应视觉表象的基础上，应把起笔、行笔、收笔作为一个整体，特别是在笔画的衔接处、换锋处，更要自然纯熟，浑然一体，否则就会出现"败笔"。整体的视觉表象，是运笔动作的心理基础。

（四）运动表象

要熟练地执笔和运笔，有赖于视觉表象向动作表象过渡。运动表象指的是现实的运动动作在大脑中的反映，是写字者在脑中重现出来的动作形象。它反映着写字动作在时间、空间、力量上的特点，如身体的位置，动作的力量、幅度、方向、速度等。

运动表象的形成分"建立"和"明确"两个阶段：（1）建立阶段。从笼统、模糊的视觉表象开始，这时运动表象与动作概念的联系是初步的。经过模仿性练习，视觉表象与运动表象有了初步配合。（2）明确阶段，此时运动表象成分逐步起重要作用，而视觉表象相对减少，动作的概括性、正确性更强。苏联心理学家克鲁捷茨基以写字为例作了说明："在书写熟练形成的最初阶段，对书写进行视觉控制是主导的，运动的控制逐渐起作用。在书写过程中，由于来自指、手以及前臂的肩关节部分的信号开始进入大脑皮质，书写的正确性开始受到运动感觉的评价，而视觉控制的作用在一定程度上减弱。"（克鲁捷茨基：《心理学》中译本，第 92 页。）

二、写字技能的形成

从心理学的角度看，写字技能的形成过程分四个阶段：

（一）手、眼不协调的书写阶段

这是形成写字技能的起始阶段。其突出特点是：没有对整个字各部件的比例关系和空间位置的配置关系形成完整的视觉表象，视觉分析器和运动分析器之间还没有建立协调的关系，大脑还不能通过视觉获得反馈信息，并对手的运笔动作进行有效的调控。书写动作之间不能保持连续性，只能看一笔写一笔，写出来的字多数是字形不正、比例不当、配置不妥。这时写字者精神紧张，执笔太紧，运笔时力不从心，常出现多余的动作。

（二）初步协调的书写阶段

这时手、眼之间初步建立了协调关系，能比较自觉地调节和控制书写动作，能够形成字形结构的整体视觉表象，不再看一笔写一笔，而能统观整个字的布局，各部件的空间位置配置和比例关系开始比较准确。写字时的精神紧张状态和多余的动作逐步消失。

（三）比较熟练的书写阶段

这时由于手、眼比较协调，书写动作连贯而灵活。能比较正确地运用书写规则，在下笔前，对字的各部件的比例关系、空间位置、笔画粗细、大小轮廓等，在大脑里有了整体的清晰表象，依照视觉表象和运动表象的结合，有意识地调控书写动作。这表明写字技能已初步形成。

（四）书写技巧的初步形成阶段

在熟练书写的基础上，通过进一步的练习，使写字形成了书写技巧。

以上四个阶段是紧密联系的，各阶段之间既没有突然的中断，也没有全新的开始。写字技能的形成是从手、眼不协调到协调，从动作不熟练到熟练，从不灵活到灵活的渐进过程。

也有人提出了掌握写字技能的三个阶段：（1）把握要素。这时主要注意写字的诸要素，如坐的姿势、执笔方法、放纸的位置、字的部件及结构等，一笔一画地写。（2）掌握结构。这时能注意整个字的结构，逐个字书写。（3）

连贯、熟练书写。这时书写比较流畅，书写技能已达到自动化，一次能写整个句子，还能照顾到字与字之间的整齐排列、适中的间隔和大小匀称等。

关于掌握书写技能的第二个阶段（掌握结构），青岛建华印刷厂冯慧（1987年）对3～6年级160名小学生进行实验后发现：从具体字形看，多数学生的笔画还能写得横平竖直，关键是结构不好。小学生写字不好的原因之一是对汉字结构的感知较差。在写字教学中，要训练学生逐步掌握汉字的结构。例如，利用"向不相碍，背不相离"的汉字间架结构规律，学写下面两类字：

左右相向的字：钩、绸、切、物

左右相背的字：北、兆、旅、狼

通过练习，使学生掌握一条基本的书写规则：左右两部分相向的字要互相配合好，不要互相影响；左右两部分相背的字要若即若离，不要间隔太大。

三、笔顺技能的发展

写字笔顺指的是写字时先写哪一笔后写哪一笔的顺序。按照笔顺写字，合理安排笔画，既可以提高写字效率，又能把字写得工整清楚。它是写好字的基本技能之一。

初学写字的人，运用笔顺规则很不容易，原因是他们对于上、下、左、右、内、外的理解，既缺乏正确的知觉对象，又忽视了字的笔画所起的视觉参考作用。根据研究，初学写字的人的笔顺知觉特点是：

（一）由于对笔画缺乏正确感知而发生笔顺错误

1. 两笔合作一笔

1□ 2/3　　　误写成　　　1□ 2

2. 一笔分作两笔

1 3 / 认 / 2 4　　　误写成　　　1 4 / 2 认 / 3 5

（二）由于笔画组合的影响而发生笔顺错误

1. 易于组合成形的

1 3 / 门 / 2　　　误写成　　　2 / 门 / 1 3

2. 相似的笔画知觉为一组

五 1 2 4　　　误写成　　　五 1 2 4 3

3. 相似且对称的字形知觉为一组

"粥"字左右是两个"弓",要求自左至右三个部件接着写,不是先写两个"弓",后写中间的"米",或是先写中间的"米",后写左右两个"弓"。

上述的第一个特点是因为对笔画形态认识不足,缺乏正确的感知而出现的。第二个特点却是因为知觉对象各部分的强度差别引起的。

如何引导学生正确理解笔顺规则呢?从心理学角度看,以下两点应特别引起注意:

首先,从知觉对象的确定来理解笔顺规则。也就是从点画的、偏旁、部首的结构关系来理解。例如,"日"是个独体字,先写左竖、后写横折,自然是先左后右了。这是以点画为知觉对象来理解的。又如,"昌"是一个上下结构的合体字,先写"日",后写"曰",就是先上后下了,这是以部首为知觉对象来理解的。

其次,从字的笔画所起的视觉参考作用来理解笔顺规则。有些字,如"小",其笔画的定向性虽很鲜明,却不能拘泥于"从左到右"来写,而要按"先中间后两边"来写。因为"小"的竖钩具有很强的视觉显示作用。相反,有些字的笔画的跨向性很强,要给它定向是很难的,如"力"字的笔顺很难说属先上后下或是先左后右。其中的"横折钩"有较强的视觉显示作用,所以应该先写"横折钩"。

第七章　阅读内容

　　小学阅读教学的主要内容是以阅读课文为主，将词、句、段、篇、听说、读写融为一体的语言的理解、积累、运用的综合学习。在阅读教学中，学生学会怎样读懂一篇文章，认识词、句、段表达思想感情的种种方式，了解写文章怎样确定中心，怎样选择、组织材料，怎样选词造句，连句成段，连段成篇等，并从中学习观察、分析事物的方法，使他们的认识能力得到发展。这样，不仅提高了学生的阅读能力，也有利于语文教学中习作能力的培养，构建"读写互动"的"素课"运行机制。

一、词语教学

　　概括地说，词语教学的内容就是要能正确读写、懂得意思、积累运用。教学中应抓住三类词：生字生词；熟字生词；熟字熟词（词义、词性发生变化的词；在文章中起关键作用的词）。理解词语是词语教学的重点，积累和运用词语是词语教学的关键。

（一）词语教学的目的要求

　　词语教学的目的是和小学语文教学的总目的分不开的，主要在于提高学生理解语言和运用语言的能力。理解是吸收的过程，学生理解了词语的含义，才能顺利阅读全篇文章。运用是表达的过程（包括口头和书面），学生理解词义，会用词语是正确表达语言的条件之一。因此，词语教学的要求就是使学生深刻理解词义，达到自觉地运用，而且还要增加学生的词语数量，达到运用自如。

　　所谓自觉地运用，就是对词义理解深刻，能够顺利地阅读和用词。这是掌握词的质的要求，也是理解词语深度的要求。在这个深度上，可分为三种水平：

　　1. 就词解释，初步理解。

　　2. 结合课文领会词义及用法，深入理解。

　　3. 达到会用，能遣词造句及在说话和作文中运用。

　　这三种水平是密切联系，逐步深入的。

　　所谓运用自如，就是掌握词的量的要求。学生只有在掌握一定数量的词语之后，用词才能精选，避免词汇贫乏。这就需要经过平时的日积月累。所以在词语教学中，既要重视对词语的理解，又要重视词语的运用，还要重视词语的积累。使理解词语与运用词语统一起来，做到质与量结合，才能真正提高学生理解和运用语言的能力。

（二）词语教学的范围

一篇课文，究竟应该给学生讲解哪些词语，这是词语教学的前提。一般认为这个问题容易解决，于是有的教师就只讲学生未学过的生词，至于一些必要讲的熟词也不讲了，这就缩小了讲词的范围。其实，一篇课文虽然应以讲生词为主，但有些熟词也需要讲。到底讲哪些，应从教学目的要求及具体情况出发。例如，以下几种熟词就是应该讲的。

1. 课文中的重点词语

例如，"立刻"这个词，其义浅近，不必多花时间教学。但在五年级上册《慈母情深》一课中，四句话中用了四个"立刻"："母亲说完，立刻又坐了下去，立刻又弯曲了背，立刻又将头俯在缝纫机板上了，立刻又陷入了忙碌……"这种表达方式不但不重复，正是由于用得恰当，突出地表达了母亲的勤劳和工作的紧张。要突出讲这个词，但讲的重点不是揭示含义，而是讲解用法及加深对母亲的理解。

2. 一词多义的词语

例如，六年级上册文言文《伯牙绝弦》中的两个"善"字就应该进行比较教学："伯牙善鼓琴"、"善哉"。前一个"善"的意思是"擅长"，后一个"善"是语气助词，是一个没有特定意思的虚词。又如，"骄傲"一词，有两个意思：一作为"自满、自高自大"讲，是贬义；一作为"自豪"讲，是褒义。如果先学了前一种意义，再学后一种意义时，还需要讲解，要和前边讲过的意义加以比较，区别褒、贬之义，指出不同的用法。

生词、熟词都讲，是否教学时间不够呢？解决这个问题的办法，主要是处理好重点和一般的关系。对一般容易学的词，可以让学生通过查字典初步解决，而教师应抓住主要的、难理解的和关键性的词语深入讲解。

（三）词语教学的时间

应该教学的词语确定后，在什么时间教学呢？是集中教学，还是随着学课文分散教学呢？在教学实践中，一种做法是集中讲，不分什么词，不论在哪个年级，把该教的词语都放在讲课文之前，一次集中讲解，将词语教学作为一个独立的教学环节。其理由：一是为了扫除阅读的障碍；二是为了突出词语教学。当然有的词可以集中讲，但是全部或大部分词集中讲，容易形成讲词与讲课文内容割裂，有的词讲不深透。另一种做法是，大量的词随课文内容讲，少量的词在讲课文之前提出来讲，个别的词在讲完课文之后讲解。这种做法的特点是，把讲词语和讲课文内容结合起来，把词放在完整的语言环境中去讲，这样就比前一种做法效果好。是因为：

1. 符合词语的性质、特点

词是构成语言的材料，是表达文章思想内容的，组成文章的词语性质不同，作用不同，所表达的含义也不同。有的词脱离开具体内容就讲不透彻。例如虚词，必须结合上下文，才能讲清词义（语法意义）。就实词来说，有的也必须在具体语言环境中，才能确切地表达含义，领会其情境。例如，"波涛汹涌"和"狂风怒涛"两个词都是形容波浪的，但二者又有程度上的不同，必须把它放在课文内容中讲解，才能使学生真正领会到当时海里波浪的声势及两个词的区别。

2. 符合词语教学的目的要求

有的词，虽然离开课文内容可以讲清楚，但词语教学的目的必须服务于语文教学的总目的，它不是让学生孤立地掌握几个词汇，更重要的是通过词语去理解课文内容。所以有的词就是在讲课文之前就词释义，必要时还应结合课文内容去体会词义，领会课文内容。

3. 符合学生学习词语的特点

学生掌握知识，一般是由浅入深，由具体到抽象，逐步提高的。就学习一个词来说，也不可能在短短几分钟之内，经过教师三言两语的解释就会掌握，这需要有一个感知、理解、巩固、运用的过程。如将一课书中所有的生词集中在一段时间内讲解，而不经过讲读课文反复领会，就要求学生记住概括的词义，这不符合学生掌握知识的过程，还容易形成死记硬背。较好的办法是：小量集中讲，大量分散讲，把难理解的词语先提出来讲，再结合课文领会，最后概括词义，这样由具体到抽象地讲解是能较有效地使学生理解深透，记忆牢固，运用自如的。

（四）词语教学的策略

1. 拆学与合学

对一个词是把词拆成字来学，还是笼统地学词？从教学经验看，孤立地解字和不考虑字义笼统讲词，都有缺欠。若只讲大意，不去咬文嚼字，学生理解容易囫囵吞枣。如"夜色弥漫"，有的教师只解释为"夜色笼罩大地"这样讲并没有错，但对"弥"与"漫"的含义，并未指示出来。如果把它拆开讲，"夜色"——天晚了，"弥"——充满，"漫"——满与遍的意思。只追求咬文嚼字，不指出这个词的全义，学生的理解也就会支离破碎。所以二者结合起来教学比较有效。

从词的构成看，词有单纯词与合成词两类。就单纯词讲，有的单纯词即一个字，也称单音词，词义即字义。实际上字是没有意义的发音单位，但对字的理解有历史沿革和习惯用法问题，称字义是可以的。不过凡字有了意义即成词了，二者是统一的，讲字义就是讲词义。有的单纯词，虽是由两个或两个以上的字构成，但每个字没有独立意义，因此没有分析字义的必要。如"太阳""蜻蜓""仿佛"等词。不必拆开，应该只作为一个词讲。需要而且可能把词拆开讲的，主要是合成词。有的合成词，构成词的词素与词义之间有密切联系，词素的含义直接表达出词的意义的，如"城市""槐乡""集合"等词，可以拆开讲。有的合成词，构成词的词素与词义之间有一定联系，又有区别，词素的含义不能直接表达出词的意义的，如"悠久"、"矛盾"、"高低"等词，一般可以先拆开讲，再合起来讲。

合成词为什么需要拆开教学呢？其作用是：一是帮助学生理解词义。如"渊博"一词，词素和词义有联系，又有区别，可以先拆后合："渊"，深水为渊，深的意思；博，广的意思；"渊博"，说明一个人知识丰富，学问很深。先了解词素的含义，就会较容易理解词义。二是帮助学生学习新词。例如，"精制"的"精"，细密的意思，那么学了"精制"之后，对"精选"、"精工"、"精打细算"等词语，不讲学生就会理解。三是帮助学生了解词的构成方式。在分析词素的意义时，可以指出词素的构成关系，是联合、是偏正还是动宾、是述补等关系，从而帮助学生更好地理解词义。不过这种做法，只能在高年级用，也不是所有的词都这样教学。一些难解的合成词，可以指出词素的构成关系。凡拆讲的词语，还要指出它的完整意义。

2. 词义的广度与深度

如果一个词只有一个含义，在教学时比较容易掌握词义的广度和深度。因为不论在什么地方，它只表示一个意思。例如"书本"、"读书"、"认真"等，这些词无论在任何情况下，对任何一个年级的学生讲，只要指出所代表的实物、动作、状态即可。但是有的词不只有一个含义，而是一词多义，在不同的语句中，表达不同的意思。如前边讲过的"骄傲"，在教学中应该讲哪个意义呢？一般说来，无论一词有几个意思，而在具体语言中总是表达一个含义，只要把词放在语句中，所表达的意义自然会确定下来。因此，学词最好遵循词不离句的原则，紧扣原文语句去讲，这是由词的性质所决定的。那么，一词多义，除了文章中的意思之外，是否还要引申他义呢？这关系到词义的广度与深度问题，应作具体分析。

第一，一词多义，既有基本义，又有引申义。课文中所表达的不论是基本意义，还是引申意义，主要是讲清课文中表达的意思，以不引申他义为宜。因引申过多，会增加学生的学习负担，也容易冲淡本文中的含义。但是，一个词，学生已学过一个意义，再讲另一个意义时，可以联系前义。例如，"消息"这个词，如果学生先是作为"新闻"的意思学的，那么在作为"音讯"的意思教学时，教师应联系已学过的意义，做比较讲解，以扩展词义，加深理解，使学生学到的知识系统化。

第二，一词多义，既有原意，又有比喻义。在文章中所表达的是比喻意义时，讲解时应先讲原意，再讲比喻意义。例如，把教师象征为"园丁"、"指针"、"蜡烛"等，这些词应先讲其具体意义（原意），再说明所比喻的抽象意义。又如"惊弓之鸟"、"守株待兔"、"井底之蛙"等成语，也要先按字讲原意，再讲明比喻意义。若只讲比喻义，学生会理解不深；若只讲原意，学生不但学不透彻，还会出笑话。

第三，一个词就一个含义，可多举例子说明，并不算引申他义。有的教师注意扣紧课文讲词是很必要的。但有时就词的一个含义不肯多举例说明，因而讲解不透。例如，有的教师讲"暖烘烘"一词，只就课文中的原句"太阳照着暖烘烘的"去讲，还可以再举例句说明，如"冬天坐在火炉旁会感到暖烘烘的"，"我穿了一件新棉袄，身上感到暖烘烘的"等。这样会扩展词的运用范围，加深对词义的理解。

3. 词的讲解与注释

解词，就是把一个词所表示的对象、范围的特征揭示出来。揭示的方法可以多种多样。应依据词性特点和学生的接受能力来确定方法。除了低年级对一些实体词采用实物图表的观察、动作表演法之外（中、高年级也可以用此方法，但仅限于个别的词），一般是用语言解词，而讲解方式有分析、比较等。

有的教师，不论什么词，不分难易，不问学生的接受水平，在低、中、高各学段一律给词下定义，只是低年级不以书面形式，三年级就要求学生用笔记词的定义，五、六年级更要求学生书面注解了。这些做法是值得研究的。

4. 词的定义

给词是否下定义，应依据词的难易程度不同，学生的年级不同来确定。第一学段解释词义，还是不下定义好，应多举实例说明，或通过造句运用。因为他们的抽象思维不够发展，对词下定义，就是要求学生运用抽象思维去理解词义，这对他们说来，接受是较困难的。对第二、三学段的学生来说，不但可能而且需要概括词义，但是也应从具体词出发，区别对待。

第一种情况：有的词不适于下定义教学，更不必做书面注释。一是抽象概念的词。如"信念"、"政治"、"国家"等，概念抽象，含义较深，要求严格下定义，对小学生来说，理解更为困难。如有的教师讲"亲戚"一词，让学生按字典解释为"有血统关系和婚姻关系的人"。这样注解，学生反而更不明白，如果学生要问什么是"血统关系"和"婚姻关系"，教师又怎么能讲清楚呢！二是虚词。虚词是没有实在意义的词语，只有在句子中才能表达其语法意义，因此更不适于下定义。以上这些词的教学，可以通过例句说明，在不同的地方，多举事例，多次练习运用，逐步使学生领会其含义，掌握用法。

还可以通过比较、对照，加以区别体会，如"美丽"、"美好"、"美观"等词不必注解，最好是在具体语言环境中进行比较，区别异同。

第二种情况：有的词需要而且可以下定义，但不必做书面注释。比较难理解，但从字面上可以理解含义的词，如"出其不意"，只要学生知道"其"与"意"的意思，就会讲这个词。这类词，除了讲清词素的含义外，可以下定义，如可解释为"出于他的意料之外"，只要定义容易从字面上记忆，就不必做书面注释了。

第三种情况：有的词需要而且可以下定义和做书面注解。凡词义比较深奥，又不易记忆的。文言词或有文言词素的词，含义较深的成语等，都属这一类。如"宵遁"、"景仰"、"千钧一发"等，既要多举例说明，详细教学，还应做书面注解。

需要注解的词，还应研究在什么时候，由谁给注释。是教师讲出定义，还是讲完之后，由学生自己整理出定义，这也需要灵活掌握。一般不要讲完这个词就要求学生注解定义。应通过讲读课文，深入体会，口头检查，造句运用等活动之后，在学生真正具体理解了这个词的基础上，师生共同整理出定义。第二学段可以先由教师给注解，逐步培养学生自己注解。到第三学段可以学生注解为主，教师审阅订正。这样做的好处：其一，因为对词的注解，即对词义的概括，经过初步理解和结合课文体会运用之后，再概括词义，是由具体到抽象的过程，符合学生掌握知识的规律；其二，注解的目的在于帮助学生牢固地记忆词义，在理解的基础上，更便于记忆；其三，学生自己注解，可以培养学生查字典及独立解词与概括的能力。

5. 词语的巩固练习和积累

学生要确切、巩固地掌握一个词，必须经过从理解到运用，不断反复的过程。一般是开始把词拿出来解释，学生初步理解；再放到课文中结合内容进一步体会词义，理解内容；还要经过反复练习，深入领会词义，以达到熟练运用。这个过程是互相联系，逐步深化的。对词义领会越确切、透彻，运用才能准确，而练习机会越多，则对词义的领会越深刻。因此，在教学中，一面要注意解词的确切性；一面还要注意词的练习和运用。前者是学生掌握词语的基础，后者才是学生掌握词语的目的。

目前在教学中，词语练习是较以前重视，练习的方式也多种多样，如默词、填词、组词、辨词、造句等。尤其是注意了词的辨析练习，这就有利于克服乱用词语的毛病。但也有一些问题，主要是基本练习多于综合练习，巩固词的练习多于运用词的练习，例如，孤立地进行词义辨析多于在具体语言中的词义辨析。其实，进行适当的词义辨析是很必要的，这可以使学生确切地掌握词义，但过多地追求这种练习，而忽视词的运用就不妥了。因为有的学生尽管能把词义、近义、反义词列出一串，但在造句、作文中仍不会运用。

学生掌握一个词，由理解到运用是要经过一个把知识转化为技能的过程。因此，词语练习的目的有两个：一是为了加深理解；二是为了会运用。而后者是主要的。根据词语练习的目的，应有两类练习：一是加深词义语义的练习或称基本练习，就是把词拿出来练，如解词、辨词等。这种练习，主要是为加深词语的理解，并为运用打下基础。这种练习是必要的，但是只能达到第一个目的。二是运用词语的练习，或称综合运用练习，就是把词放在语言中练习，如填词、造句、在句子中辨词、用上某些词语写文章的片段等。这种练习，主要是为正确合理运用，并可进一步加深理解。如将这些词再放到具体语言中去辨认，不但学会用法，并能进一步理解。如再让学生造句运用，就会更快地达到运用的目的。

有的词是需要通过讲完一课书来达到会用的目的，而在不同的课时中所组织的练习的要求是有所不同的。例如，"憔悴"是个带有生字而又难理解的生词。有的教师在讲课文之前讲这个词，重点在解决两个字的音与形，并初步理解词义。又结合课文讲解，一面通过这个词揭示"在旧社会工人生活很清苦，吃不饱，劳动强度大，因而面色'憔悴'的思想内容"；一面反过来体会词义。在讲课文之前练习的要求，除了读准字音、默写正确之外，在词义上仅要求初步讲讲词义。而在讲读课文之后，练习的要求，就不仅要结合课文内容说明词义，还要求造句运用。从这个过程看，学生掌握一个词语，不能只练习一次，应多次练习，而在不同阶段的练习，应有不同的要求。此外，有的词通过学完一课书还不能达到会用，必须在经常的练习中，逐步掌握。因此还应注意词语的反复练习。

为了达到用词自如，还要丰富词汇，使之在运用时有所选择。要达到这个目的，除要求学生随时巩固所学的词语，尽量避免词语的回生之外，还应有目的地让学生积累词语。这一般有两种做法：一种是全部积累。凡学过的新词，全部按类（有的按词性分类）抄在词汇本上。这样做的作用：（1）通过抄写，可以巩固字词；（2）词汇积累多，用词方便，有助于提高写作能力；（3）便于统计一学期、一学年学过的词的数目。不过这种做法比较费时间。另一种做法是重点积累。凡难理解的词语，具有修辞作用的词语，积累下来。可以按写景、写物、写人（包括写人的外貌、动作、心理活动等）、说理等分类去记载。这样做，目的就是丰富学生的词汇，提高写作能力。这项工作应该与写作指导密切结合起来。后一种做法更切合学生的实际。

学生确切地掌握词语，是提高其运用语言能力的一个重要环节。但词语与字、句、篇章是分不开的。加强词语教学，并不等于削弱其他方面。在教学中字、词、句、篇章的讲解是密切结合的。当然，讲解词语应和字、句、篇章有分有合。总之，使学生既能把词从文章中拿出来理解，又能放进文章中运用，这才真正达到词语教学的目的要求。

（五）词语教学的方法

词语教学没有什么固定的模式和一成不变的方法，但也不是没有规律可循，有一些做法，已被证明是行之有效的。

1. 选择时机，精心设计

词汇教学要贯彻阅读教学的全过程，理解词义要与理解课文内容结合起来。同时要注意选择恰当的时机进行词义教学。一般说来，有三种处理的方式：讲读课文前、讲读课文中、讲读课文后。

（1）有的词语，学生不能从上、下文中领会它们的意思，而且不首先弄懂，可能成为讲读课文的"拦路虎"，应在讲读课文前"扫除"，如三年级上册《富饶的西沙群岛》中的"山崖、峡谷、珊瑚、龙虾"等，这些词语离开课文内容可以讲清，故可以放在讲读课文之前学习。

（2）大部分词语，应放在分析讲读课文的同时进行理解，让学生在具体的语境中体会它们的意义和所表达的思想。如三年级上册《富饶的西沙群岛》中的"海防前哨、五光十色、瑰丽、威武、绽开、蠕动、栖息"等词。

（3）还有的词语，在课文中是带总结性的，或者是起画龙点睛作用的，在讲读课文之后还应提出，这样才能加深对词语的理解，如三年级上册《富饶的西沙群岛》中的"富饶、风景优美、物产丰富"。小学教材中还有很多寓言、成语故事，如狐假虎威、惊弓之鸟、南辕北辙等，也属于这种情况。

2. 因词定法，区别对待

因为词语教学的重点是理解词义，所以要侧重指导学生理解词义。基本的方法有直观演示、结合课文、联系已知、比较辨析、分析词素法。

3. 整体观照，显现灵性

审视当前的词语教学，存在脱离语言环境教学词语，忽视在整体把握中理解词语的意思，课堂教学枯燥呆板、单调、无趣，疏忽了对词语丰富意蕴的开发。这样的词语教学，呆滞而缺乏生命活力。因此，笔者呼吁：在实际情境中理解词义，淡化脱离语言环境去解释词义。在实际教学中，应该融句段、字音、体验、情境、课文内容于一体，让词语理解成为学生言语表现的鲜活元素，让词语教学涌动智慧和灵性。

4. 比较体会，理解词语

（1）近义词比较。让学生在比较近义词的异同时，仔细分辨它们之间的细小差别，从而明确作者用词的准确性，体味词语背后作者的情感、态度、价值观。例如，三年级上册《富饶的西沙群岛》第二段中词语"五光十色"的教学设计：

A. 如果让你把描写海水的这段话缩成一个词，你选哪个词？（五光十色）

B. 表示颜色的词你还知道哪些？（五颜六色、五彩缤纷、绚丽多彩）

C. 那把"五光十色"换成"五颜六色"行不行？为什么？（可以换，因为两个词的意思一样。不能换，书上为什么不用"五颜六色"?）

D. 把两个词中表示数字的词去掉，比较一下这两个词有什么不同？（一个成了"颜色"，一个成了"光色"。水面是平静的，能反射太阳的光，所以不能换。）

E. 我们到商店，走到卖布匹的地方一看，那是____；到了卖珠宝的地方一看，那是____。

F. 请你想象海水的样子像蓝宝石，你再来读读课文……

这样的教学设计，不但让学生精准地把握了词语的意思，而且引导学生联系生活实际，看珠宝、看布匹的情景中，两个词语的微妙差别得以辨析，恰当好处。

（2）异词比较。不同的两个词语之间的比较，形成强烈的对比，很好地品味出文本的情感、突出主人公的思想境界。例如，六年级下册《跨越百年的美丽》一文中有"经过三年又九个月，他们终于在成吨的矿渣中提炼出了0.1克镭。"教学实录如下：

师：自由地读读这句话，看看你从这句话的数字中，体会到了什么？

生：我从"三年又九个月"中感受到居里夫人在对科学事业的坚定。

生：我从"成吨"，"0.1克"这个词中知道居里夫人要提炼的矿渣非常的多。

师：知道成吨有多少吗？——操场那样大！知道0.1克镭有多少吗？——它比我们圆珠笔笔尖还小。你把这两个词对比着读一读，看看从中体会到了什么？

生：居里夫人太厉害了，居然能把一个操场那样多的沥青矿渣提炼成圆珠笔笔尖那样小！

生：居里夫人是凭着她那种锲而不舍，为科学奉献出自己一切的精神去提炼的。

师：所以课文说这0.1克镭"融入了一个女子美丽的生命和不屈的信念"。

在上面的例子中，教师把一个句子中的两个词语"成吨"、"0.1克"放在整个语境中让学生理解和体会，就能让学生领会到居里夫人献身科学的伟大，感悟到她对真理锲而不舍的品质。

（3）同词异义。指同时一个词，用在不同的句子中所表示的意义不同。例如，课文《我的战友邱少云》中"烈火在他身上烧了半个多钟头才渐渐熄灭"一句,其中的"才"是表示战友焦急、痛苦的心情,而"从发起冲锋到战斗结束才 20 分钟"一句中的"才"则是表示时间短。教学时,教师可指导学生通过对比琢磨加以理解,从而知道作者因心境不同,运用相同的词所表达的感情色彩也不相同。这样,可使学生的认知水平从对词义的理解升华到对句子的理解、对中心的把握上来。

5. 联系实际,加强运用

小学生在现实生活中,通过自己的所见所闻已经接受了大量的信息。有一部分信息已与书面词语建立了对应联系,在生活实际中已理解掌握了这些词语。但更多的信息与书面词语并未建立联系。当学生在学习过程中遇到这类词语时,教师如果指导学生联系生活实际去理解,则可收到良好的效果。例如,"乳白"、"枣红"、"米黄"这些词语,可通过引导学生回忆平日所喝过的牛奶、所吃过的红枣、所见过的小米的颜色而不讲自明;而"回声"、"太空"、"槐米"等词,则可通过引导学生看相关的多媒体、图片、实物进行理解。

二、句子教学

句子是由词和词组构成的,能够表达完整意思的语言单位。要读懂一篇文章,必须先读通一个个句子。

(一) 句子教学的内容

1. 正确朗读句子

先让学生自由地充分地朗读,做到不加字、不漏字、不错字的把句子读正确。重点是训练长句子的朗读,注意句子的停顿。老师可以教学生在长句子中划停顿线、重音号。例如,"它们 | 披着黑衣服,挺着 | 白胸脯、圆滚滚的身子,张着 | 一对翅膀,傻乎乎地 | 站在那里,真有趣!"在不断读的实践中,引导学生学会确定句子停顿和重音,提高读句子的能力。

2. 理解句子的意思

要重视词义教学,抓住关键词语的理解,初步理解句意。把词语在句子中的意思深入浅出地讲清楚,讲准确,把使用范围交代明白。把语言文字转换为生动的画面,引导学生把学习字词同认识事物结合起来,建立起字词同事物的联系,不断积累字词所表达的事物的表象。

3. 建立句子概念

从一年级开始,就要有意识地引导学生学习用规范的句子表达意思。懂得完整的句子,在句的末尾要用上句号、问号、感叹号。懂得写物的句子常常用"什么是什么"、"什么怎么样"的句式,写人的句子,常常用"谁是什么"、"谁怎么样"的句式。

（二）重点教学的句子

1. 含义深刻的句子

例如，三年级下册《一个小村庄的故事》的结尾句："什么都没有了——所有靠斧头得到的一切，包括那些锋利的斧头。"意味深长，发人深省。又如，六年级上册《我的伯父鲁迅先生》一文中："你想，四周黑洞洞的，还不容易碰壁吗？"这句话含义深刻，学生不易理解，教师就应向学生交代鲁迅先生在旧中国，用他那只如匕首般锋利的笔猛烈抨击国民党反动派的黑暗统治，因而常常受到反动派的迫害。然后引导学生以这一时代背景为理解的突破点，再弄懂"黑洞洞"、"碰壁"的意思，也就不难理解全句的意思了。

2. 表现主题思想的句子

例如，三年级上册《矛和盾的集合》中的一句话："两只美丽的角差点儿送了我的命，可四条难看的腿却让我狮口逃生！"又如，三年级上册《狮子和鹿》中的一句话："谁善于把别人的长处集于一身，谁就会是胜利者。"这些都值得花时间和精力让学生感悟和品味。这不只是内容、主题的理解，也是一种人生的思考。

3. 内容和结构复杂的长句子

例如，三年级下册《燕子》文中有一句子："微风吹拂着千万条才展开带黄色的嫩叶的柳丝。"指导学生先用抓主干的方法"谁干什么"或"谁怎么样"来分析句子，知道这句主要写"微风吹拂柳丝"。然后要求学生再思考其他的词语在句子中有什么作用，"千万条"、"才展开带黄色的嫩叶"都说明"柳丝"是怎么样的，这样分析就容易学懂这个句子。

4. 具有表现力的句子

例如，五年级上册《慈母情深》中有一句话："背直起来了，我的母亲。转过身来了，我的母亲。褐色的口罩上方，一对眼神疲惫的眼睛吃惊地望着我，我的母亲……"关于"我的母亲"的三次"倒装"，具有强烈的表现力，既是特殊的语言表达方式，又表现出对慈母的一种特殊的、深沉的情感。

5. 学生难以理解的句子

例如，四年级上册《去年的树》一文中有两句话是学习的难点："鸟儿睁大眼睛，盯着灯火看了一会儿。""唱完了歌，鸟儿又对着灯火看了一会儿，就飞走了。"对第一句话的理解：是在鸟儿费尽周折，终于找到了自己的好朋友之时——虽然只是用自己的好朋友做的火柴点燃的灯火，鸟儿睁大眼睛，仿佛在说，"树朋友，我终于找到你了，我来给你唱歌了"。对第二句话的理解：鸟儿实现了自己的诺言，仿佛在说，"树朋友，我唱的歌你听见了吗？再见了朋友"。这句话饱含鸟对树无比的深情和留恋，使朋友间的深厚情谊跃然纸上。

6. 在文章结构上有特殊作用的句子

许多课文中有语言凝练统领全文的句子。教师如果帮助学生牵住这些句子，进行读、思、说、练，就能直达教学目标。如老舍先生写的《猫》（四年级上册），全文虽然句式多变，但是都围绕着首句"猫的性格实在有些古怪"展开的精彩描述。可以牵住首句设计学习过程：

（1）知"怪"——读课文，思考课文围绕首句写了哪些内容？如何分段？划出能概括每段大意的话。

（2）体"怪"——先思考作者从哪几个方面写出猫（或小猫）的每一古怪的性格？用不同符号标出。再换词思辨，比较推敲（如第 1 自然段的"乖、任凭、闭息凝视、一连、非……不可"等词，可用哪些词来代替，哪个好），具体理解"怪"，体会作者遣词造句的精妙。

（3）说"怪"——运用"……吧……可是……"的句式，凭借课文内容，说出猫的古怪性格。

（4）填"怪"——用填空的形式填出猫的"三怪"和小猫的"三怪"，进一步体会猫的可爱，感受作者对猫的喜爱之情。

（5）背"怪"——在感情朗读的基础上，结合填空题背出第 4 自然段。在具体操作时可扶放结合。这样设计，能起到"以一当十"的教学效果。

（三）重点句意的理解

1. 理解句子的三层意思

一是表层意思，即字面意思。二是句内意义，即句子的语境意义，这必须联系上下文理解。三是句外意义，言外之意。

2. 理解文中的句子与理解文中词语的关系

词语是组成句子的基本材料，因此，理解重点句子又要从理解句子中的关键词语入手。关键词语包括实词和虚词，实词表示内容，虚词表示语气，二者同等重要，不可偏废。如四年级下册课文《蝙蝠和雷达》中一句"科学家经过反复研究，终于揭（jiē）开了蝙蝠能在夜里飞行的秘密。""研究"、"秘密"、"反复"是关键的实词，而"终于"则是关键的虚词，缺乏任何一个词语，句子的含义都会发生变化。

3. 理解重要句子的方法

（1）从句子中的重要词语入手。如四年级下册《夜莺的歌声》中有一句：小孩不慌不忙地回答，"刚刚一开火，村子就着火，大家都喊：'野兽来了，野兽来了'——就都跑了。"理解这个句子，关键是抓住"野兽"一词，野兽当然是没有人性的，在这里暗指德国法西斯的野蛮和残暴。理解了这个词语，我们就理解了这个句子的意思是"小夜莺"痛斥德国侵略者。

（2）从分析句子在文中的位置入手——针对在文章中起结构作用的句子。

理解重要句子的含义，常需要查看它在文中的地位：如果是统领句，那么解释句意时要从后面的语段中梳理内容层次；如果是过渡句，就要密切关注上下文段的内容，准确理解它的内涵；如果是总结句，此时就需要上溯，寻找相关信息，确定答案要点。这种方法的本质，就是分析相关的语境。

（3）从分析句子的修辞手法入手——针对有特殊作用的句子。如四年级下册《一个中国孩子的呼声》中有三个这样的句子：①但是五十一年后的今天，和平之神并没有永驻人间。②今天，我们中国孩子虽然生活在和平环境中，但是世界并不太平，不少地区还弥漫着战争的硝烟，罪恶的子弹还威胁着娇嫩的"和平之花"。③让那已经能够听到脚步声的 21 世纪为战争敲响丧钟，让明天的世界真正成为充满阳光，鲜花和爱的人类家园！这三个句子使用的都是比喻的修辞手法，只要让学生找到了这些比喻句的喻体和本体，这些句子的含义就豁然明朗了。

另外还有其他方法，例如，联系上下文理解、联系生活实际理解、联系时代背景理解、抓主干理解句子、直观演示理解句子等。

三、篇章教学

篇章教学是指在学生能够理解词句、读懂自然段的基础上进行。《语文课程标准》规定："能初步把握文章的主要内容，体会文章标准的思想感情"（第二学段）；"在阅读中揣摩文章的表达顺序，体会作者的思想感情，初步领悟文章基本的表达方法"（第三学段）。由此可见，篇章教学包括 4 个内容：一是理清文章思路；二是把握课文的主要内容；三是了解课文的中心思想；四是体会课文的思想情感。这四个方面的内容，体现了篇的教学要求逐步提高的不同层次。在不同学段，应有所侧重地加以训练。其中前两项的教学主要在低中年级进行，后两项主要是在中高年级进行，也是中高年级阅读教学的重点。这四个方面的内容又是紧密联系、环环相扣的。所以篇章教学的内容在不同的学段虽然各有所侧重，但绝不能截然分开，孤立地进行，而要把它们有机地联系起来。

（一）理清文章思路

文章思路是指作者在理解和表达客观事物时思想的脉络。指导学生理清文章的思路，既能使学生对课文理解得更深透，又能让学生学习表达的方法。

指导学生分段是帮助学生理清文章思路的有效的方法。分段是把文章分成结构段（或称逻辑段、大段）。结构段在意思上比较完整，在文章中是相对独立的单位。划分段落有助于理清文章的层次结构，了解作者的思路，加深对文章内容的理解，还有助于逻辑思维能力的发展。分段的主要方法是归并临近的自然段为结构段，即把讲同一个意思的几个自然段合并为一个结构段。

此外，还有先找出中心段，再分段。这种分段方法适用于中心段比较明显的课文。还可从文章的整体入手划分段落。记事的记叙文，一般按事情的发生、发展和结果几个阶段来分段。一个阶段，一般是围绕一个意思说的，可划分为一段。分段，是理解课文内容的方法，也是一项重要的逻辑思维训练。训练学生分段，一定要让学生养成根据文章的内容进行具体分析的习惯，而不要用开头、中间、结尾这样的形式去套。这种通常所说的三段分法，不能说不对，但如果成为固定的模式，分段便失去了思维训练的意义。

分段训练主要是为了提高学生独立分段的能力，为了按划分的段落深入理解课文，而不是为了记住某篇文章该分几段的结论。所以在教学中，教师要多给学生提供练习分段的机会，使他们在实践中提高分段的能力。在学生给课文分段之后，教师要认真听取学生的发言，不仅要注意学生是怎样分段的，更要着重了解学生为什么这样分。教师要善于分析学生的思路，而不要用一种固定的答案去限制学生的思维。

（二）把握课文的主要内容

概括课文的主要内容，是读懂课文的重要标志。通过小学阶段的阅读教学，要使学生掌握两种概括课文主要内容的方法。

1. 归并段意的方法

即先给课文分段，归纳段落大意，再在深入理解每段内容的基础上把各段的段意连起来成为连贯的一段话，这一段话就是课文的主要内容。

2. 回答问题的方法

即按课文的思路顺次提出几个问题并根据课文的内容对问题做出回答，再把回答的要点归纳到一起。如阅读记叙文可以依次提出：事情发生在什么时候、什么地方？主要人物是谁？事情的起因是什么？经过是怎样的？有什么样的结果？回答了这些问题，也就抓住了课文的主要内容。

说明文或写景状物的文章，可以按文章叙述的几个方面提出问题，来概括课文的主要内容。

教师应根据课文的不同特点，指导学生运用不同的方法概括课文的主要内容，使学生在实践中学到概括课文主要内容的不同方法，并通过反复运用，逐步熟练，形成语文学习的能力。

学生概括课文主要内容，要防止两种倾向：一是过于简单，如概括三年级上册《陶罐和铁罐》的内容为"陶罐和铁罐的动人故事"，这不能说已经抓住了课文的主要内容。二是过于烦琐，概括时几乎是复述课文内容，这说明学生还不能分清主次，抓不住课文主要内容。出现这样的情况，要注意分析原因：是因为不知道怎样概括课文主要内容，还是对课文没有较准确的理解。教师应根据不同的情况，给以具体指导。

（三）理解课文中心

小学高年级的学生阅读一篇课文，仅仅能做到理清思路、概括主要内容是不够的，还要进一步把握课文的中心，也就是能够懂得作者的写作目的，了解作者通过课文的内容要表现什么，说明什么，歌颂什么，批评什么，表达什么样的思想感情。指导学生概括中心思想，培养学生概括中心思想的能力，是篇章教学的一个重点。

课文的中心是由课文的内容透露出来的，课文的内容是服从于中心的。课文的中心，有的明确说出来，有的暗含在课文之中。教师要根据课文的不同特点加以指导，使学生掌握一些概括中心思想的方法。

1. 抓课题

有的课文的标题点明了中心，如五年级下册《自己的花是让别人看的》，可以借助标题看出课文是赞颂"先人后己、一心为别人"的良好品质。

2. 抓重点（词、句或段）

有的课文中有点明中心的句子，就可以抓住重点语句来概括中心思想，如三年级上册《槐乡的孩子》一文中，有三句话："勤劳的槐乡孩子是不向爸爸妈妈伸手要钱的，他们上学的钱是用槐米换来的。""当缕缕炊烟从村中升起的时候，孩子们满载而归，田野里飘荡着他们快乐的歌声。""月落柳梢，劳累一天的孩子们带着甜蜜的微笑进入梦乡。"这三句话正是这篇课文要说明的中心：槐乡的孩子是勤劳、快乐和欢笑的孩子。

3. 通过对课文主要内容的分析来概括

如六年级上册《我的伯父鲁迅先生》，写了几件内容不同的事：在万国殡仪馆的礼堂里看到的情景，说明人民群众崇敬和爱戴鲁迅先生；读《水浒传》，说明鲁迅读书认真，而且注意教育孩子认真读书；谈"碰壁"，说明鲁迅痛恨旧社会，勇敢坚决地与反动派作斗争；救助车夫这件事和女佣阿三说的话，说明鲁迅对劳动人民的同情、关心。我们把这些思想内容联系起来，往深处想一想，就会发现：作者写这些事，是从几个不同的方面说明鲁迅爱憎分明，为别人想得多，为自己想得少的高尚品质，表达了作者敬爱伯父鲁迅先生的思想感情。这就是课文的中心思想。

（四）体会课文思想感情

教学中，应注意指导学生体会课文的思想感情，让学生在阅读中受到感染和陶冶，不仅要理解、读懂，而且要让学生动心动情，这是篇章教学中较高的要求。指导学生体会课文的思想感情的方法有：

1. 设身处地，身临其境

最重要的方法是培养学生在阅读的时候，把心放到课文中去，设身处地地像作者那样去想，仿佛自己身临其境。如学习五年级上册《"精彩极了"和

"糟糕透了"》一文，让学生仿佛置身于"矛盾"的情境之中，在赞赏、指责的交互中，就能初步感受到慈母、严父的不同爱意和不同的表达方式。

2. 联系实际，产生共鸣

启发学生联系自己的思想生活实际，使他们跟课文表达的思想感情产生共鸣。如教学四年级下册《全神贯注》一文，教师引导学生联系自己的生活体验想一想，自己做事是如何的粗心和大意，并进行对比式阅读，对画家"全神贯注"、"精益求精"的精神就会有更深的体会。

3. 感情朗读，加深体会

这也是体会课文思想感情的重要方法。通过有感情地朗读，既可以把体会到的思想感情表达出来，又可以进一步加深对课文思想感情的体会，所以在阅读中要尽可能多地安排学生有感情地朗读。

四、朗读教学

朗读的意义在于：理解语言、积累语言、发展语言。叶圣陶说："读文章，写文章，最好不要光用眼睛看，光凭用手写，还要用嘴念。读人家的东西，念出来，比光看容易吸收。有感情的文章，多念几遍更容易领会。"小学语文朗读训练的基本要求是：正确、流利、有感情。

1. 明确目标

每次读的训练，都应有明确的朗读目标：或要求读准字音，读懂词句；或要求弄清句与句、段与段之间的关系；或体会语气、语调、思想感情等。总之，要有明确的目标，不能为读而读。

2. 教给技巧

朗读技巧的掌握，有助于小学生朗读水平的提高。当然，对小学生，教师不能架空讲授朗读知识和技巧，也不必讲述语法停顿、结构停顿、感情停顿之类的名词术语，而应在实际朗读过程中让学生模仿体会。

3. 加强理解

朗读有助于理解课文内容。反过来，学生既要朗读好课文，又需要理解内容。理解和朗读是相辅相成的。因此，我们指导朗读就不能只从技巧上着眼，而应注意指导学生理解课文中的语言文字，体会思想感情，把指导朗读和指导理解有机地结合起来。

4. 讲究形式

对小学生进行朗读训练，还应讲究形式。因为小学生年龄小，注意力容易分散，采用多种形式，既可以激发学生的朗读兴趣，又可以加深对课文内容的理解。常用的形式有：个别读、自由读、齐读、范读、加动作有表情地读、轮读、配乐读等。

应注意的是，教学中不能单纯追求形式的多样化，我们应根据课文内容和教学的需要恰当地选用，特别是还应了解各种形式的优、缺点以及运用中的注意事项，这样才能充分发挥朗读的作用。

五、默读教学

默读是一种不出声的阅读。这种阅读方式，较之朗读，有它的优点：有利于理解课文、有利于提高速度、适应范围大。默读的基本要求是：一是要集中注意力，依靠视觉把文字反映到大脑阅读中心，不要用指读、唇读、数读，更不能出声；二是达到一定的速度，到第三学段阅读速度每分钟不少于300 字；三是注意默读的效果，能边读边想。默读训练的教学指导是：

（一）注意阶段过渡

一般来说，从二年级起，开始指导学生默读。学生刚刚学习默读时，绝大多数会不可避免地有嘴动和发出轻微声音的现象，速度当然很慢。这个阶段儿童仍不能直接从文字符号转变为意义，朗读的模式仍然起着不小的作用。直至三年级，有的学生虽不出声了，嘴唇也不动了，但喉头肌肉仍在作发声的活动。这是通常情况下很自然的一个阶段。随着年级的不断升高，教师要注意指导学生逐步扩大知觉单位，加快阅读速度，努力实现由有声朗读到无声默读的转变。

（二）明确默读要求

要让学生在无声的阅读中收到预期的效果，必须让学生带着明确的任务去读。例如，准备划分段落，归纳段意；或者总结全文，概括中心；或者理清思路，准备复述等。虽然，每一次默读的任务不应太繁杂，但必须有明确的任务要求，否则，学生容易出现目光不集中、神思不集中等毛病，无法达到默读的目的。

（三）严格控制时间

默读，应要求又静又快又好。静，即不出声，即"默"；快，即在最短的时间内，感知最多的文字；好，即能收到"理解"的最佳效果。其中，"快"的训练很重要。教师可采取"规定默读时间，完成默读任务"的办法，"逼"着学生在单位默读时间内提高默读效率。当然，这里规定的时间，并不是越短越好，而是比朗读的时间要少。

（四）培养良好习惯

要让学生在默读时收到学习效果，必须指导学生养成一些良好的默读习惯。例如，提倡学生多动笔，即要求学生在默读过程中圈圈点点，画画写写，帮助记忆，帮助思考，帮助理解。这是提高默读质量的一个重要方面。那种浮光掠影的默读，不做任何文字圈点的默读，任何精彩的文字和内容都有可能一掠而过，这是谈不上默读的质量的。

六、复述教学

复述，就是让学生用自己的话，把课文内容叙述出来。它可以促进学生对课文内容的理解；有利于培养学生的口头表达能力、记忆力、想象力和逻辑思维能力。其基本形式是：（1）详细复述。主要适用于低、中年级。（2）简要复述。适用于中、高年级。（3）创造性复述。一是改变顺序复述。将运用了倒叙、插叙的课文改为顺叙，如六年级下册《凡卡》。二是改变人称复述。把第二人称的改为第三人称，如五年级下册《再见了，亲人》；把第三人称的改为第一人称，如五年级上册《鲸》和《新型玻璃》等。三是改变体裁复述：如把记叙文《画风》（二年级下册）改为诗歌。（4）扩充内容复述。如一年级下册《小壁虎借尾巴》还可让学生仿照课文内容想象小壁虎向其他动物借尾巴，再把想象的情景复述出来。复述的指导策略是：

1. 明确划分界限

教学过程中，常容易出现这样几种情况：详细复述，学生把它变成了背诵；简略复述，学生把它变成了概括段意和中心；创造性复述，学生把它变成了没有根据的任意发挥。因此，教学过程中，教师要反复给学生讲清楚各种复述方式的要求。如第三种情况，教师应告诉学生，复述内容与课文内容有不可分割的内在联系，不能离开课文内容另外"创造"。

2. 认真做出示范

在复述训练刚开始的时候，或是每一种复述方式开始训练的时候，教师应给学生认真做出示范。

3. 加强辅助手段

如指导学生编列提纲，按提纲复述，也可以出示挂图，让学生看图复述。

第八章　习作教学

"素课论"提倡"习作本位"。认为在小学阶段，听、说、读、写都需要，读、写更必要，写最重要，主张把写挤进课堂，这里的"写"包括批注、抄写字词、写句子、片断训练、习作等。

小学的习作与中学的写作、成人写作、文学创作有共通之处，但又有所区别。小学的写作是一种练习性的写作活动，是在教师指导下进行的写作尝试，具有基础训练的性质。面向小学生这一群体，对其习作有特定的范围和要求。

一、习作教学目标

关于小学作文教学，《语文课程标准》将其定位为"写话"和"习作"。

在总目标中，课程标准这样要求："能具体明确、文从字顺地表述自己的意思。能根据日常生活需要，运用常见的表达方式写作。"

在具体目标中，课程标准分阶段提出了这样的要求：

（一）低年级：写话

1. 对写话有兴趣，写自己想说的话，写想象中的事物，写出自己对周围事物的认识和感想。

2. 在写话中乐于运用阅读和生活中学到的词语。

3. 根据表达的需要，学习使用逗号、句号、问号、感叹号。

（二）中年级：习作

1. 留心周围事物，乐于书面表达，增强习作的自信心。

2. 能不拘形式地写下见闻、感受和想象，注意表现自己觉得新奇有趣的、或印象最深、最受感动的内容。

3. 愿意将自己的习作读给人听，与他人分享习作的快乐。

4. 能用简短的书信便条进行书面交际。

5. 尝试在习作中运用自己平时积累的语言材料，特别是有新鲜感的词句。

6. 根据表达的需要，使用冒号、引号。

7. 学习修改习作中有明显错误的词句。

8. 课内习作每学年 16 次左右。

（三）高年级：习作

1. 懂得写作是为了自我表达和与人交流。

2. 养成留心观察周围事物的习惯，有意识地丰富自己的见闻，珍视个人的独特感受，积累习作素材。

3. 能写简单的纪实作文和想象作文，内容具体，感情真实。能根据习作内容表达的需要，分段表述。

4. 学写读书笔记和常见应用文。

5. 能根据表达需要，使用常用的标点符号。

6. 修改自己的习作，并主动与他人交换修改，做到语句通顺行款正确，书写规范、整洁。

7. 课内习作每学年 16 次左右。40 分钟能完成不少于 400 字的习作。

二、习作教学序列

为了克服习作教学中的随意性和盲目性，习作教学应该按照一定的序列进行，这已成为大家的共识。但是，究竟怎样的序列才算合理，才算科学，各人的看法和体会不一样。纵观 30 多年来我国小学作文教学的研究，人们对作文序列训练的探索不外乎以下三种：

（一）以文体为序的序列训练

现行语文教材中的作文训练，主要是按文体为序编排的。这主要根据《小学语文教学大纲》提出的"小学以写记叙文为主，也要会写常用的应用文"的要求，着力于记叙文序列的探索。这种训练就是将记叙文分成写人、记事、写景、状物 4 个小类，按照由浅入深、由易到难、螺旋上升的要求安排训练的层次。例如，写人的训练大致按照"写一段人物的外貌→通过一件事写人→通过几件事写人→抓住人物的外表，反映人物的内心世界"的程序进行的。这种序列训练，其优点是重点突出，符合小学生学习作文的认识规律。不足之处是现行教材在同一训练内容（如写人）的安排上，过于分散，不利于知识的迁移，同时由于过分突出记叙文的训练或对记叙文文体缺乏全面深刻的理解，使得习作教学文学化的倾向日趋严重。因此，探索新的文体序列势在必行。

（二）以语言知识为序的序列训练

这种训练是按照人们学习语言的一般规律来构建作文训练序列的。其类型主要有以下几种：

1. 作文训练三步走

中央教育科学研究所张田若同志率先总结了我国新中国成立后小学作文教学的经验，著文《作文训练三步走》，把小学作文训练概括为三步：第一步，口语训练（一年级）；第二步，写话训练（二年级）；第三步，作文训练（三至六年级）。与此相类似的是辽宁省锦州市教育学院的夏廷林、李俊哗提出的"三步阶段"训练序列。第一步是口语训练，设三个阶梯：先说一句完整的话；接着说几句连贯的话；最后是说一段连贯的话，表达一个完整的意思。第二步写话训练，分三个层次：一是记录口语；二是借助现成的材料写话；三是自己搜集材料写话。第三步书面作文训练，分三个阶段逐项进行：第一阶段放胆练笔，启蒙开篇；第二阶段分项训练，系统提高；第三阶段综合训练，全面达标。作文训练"三步走"序列，反映了小学作文教学"由扶到放到收"和"循序渐进，逐步提高"的训练过程，强调小学作文基本功训练，较好地体现了小学作文"从整体入手，分段训练，综合提高"的训练规律。

2. 作文训练四步走

山东省烟台市教研室李昌斌等从 1979 年起，从农村实际出发，经过 7 年多时间的艰难探索，提出了"一个中心两条线"的四步训练序列。把小学作文训练分为说话、写话、写片断、命题作文四个阶段，这是纵线；横线是阅读、观察、作文三结合。这两条线紧紧围绕一个中心：发展思维和发展语言。四步程序为：第一步（一年级）从说一句完整的话到说一段意思完整的话；第二步（二年级）从记录口语到自己搜集材料写话；第三步（三年级）进行段的训练；第四步（四、五、六年级）进行篇的训练（命题作文）。

以上两种典型的作文分步训练的优点在于：它们可以克服以往作文训练无计划、无序列的状况，对于广大农村学校来说，具有较高的参考价值。但是这个训练的"序"是否真正科学，低年级的作文训练是否一定要从说话、写话开始？是否可以进行"篇"的启蒙训练呢？"注音识字，提前读写"实验研究的成果，对这种训练序列提出了挑战。"注音识字，提前读写"的训练序列主张："开始就写成篇文章，先求完整再求扩展，再求浓缩和提高。"因此，以语言知识为序的训练，对如何根据不同类型学校、不同层次的学生确定词、句、段、篇的训练序列，是一个需要深入探讨的课题。

（三）以能力训练为序的序列训练

这种训练序列大致有这样三种类型：①"观察——思维——表达"三级训练序列；②"观察积累——构思表达——修改完善——评析提高"四级训练序列；③"审题——立意——选材——布局——表达"五级训练序列。以"能力"为序列来设计作文训练内容、项目和步骤，随着教育学、心理学、文章学等学科理论研究工作的不断深入，必将出现更多新的创造性成果。

以上 3 种训练序列，在进行具体的作文训练时，往往不是孤立进行的，而是相互借鉴、相互融合的。

就当前我国小学作文教学的实际而论，当务之急应集以上三种序列为一体，设计出一种使广大语文教师都能接受的，并便于运用的呈动态式的作文训练序列来。设计这种训练序列的基本思路似乎应该这样：作文教学的实质无非解决"写什么"和"怎样写"这两大问题。

"写什么"不外乎是让学生写自己熟悉的人和事、景和物、情和理。"怎样写"涉及写作上的各种技巧和能力，但大体上不外乎三种能力：①写作的基本能力（即审题、立意、选材、谋篇、修改等能力）；②思维的基本能力（观察、分析、综合、概括、抽象、想象、联想等能力）；③驾驭文体的基本能力（即掌握写人、记事、写景、状物及其他应用文体写作的基本规律）。如果以"写什么"为经，以"怎样写"为纬，把有关"怎样写"的三种基本能力所各自列出的若干训练项目有层次地编排起来，可形成一个纵横交织、循环加深、循序渐进的立体化、动态化的训练序列。

三、习作教学趋势

笔者在"素课论"指导下曾提出"习作百分理论"，认为习作的一百分主要贡献来源分配是：阅读 40%；生活 20%；思维 20%；写作技巧 20%。据此，可以作为习作训练的基本思路。当前的习作教学应特别注意如下趋势：

(一) 宽泛的视野

以"素课论"指导作文教学，习作教学应该做到四个关注，即关注自然，关注自我，关注社会，关注大师。

1. 关注自然

林语堂说："人有人趣，物有物趣，自然景物有天趣。"大自然本身就是一幅美丽的画卷，一支动人的乐曲，那青的山，绿的水，万紫千红的花草，五彩的云霞，鸣啼的百鸟，如筝如笛的山泉流瀑，绿肥红瘦的意韵，都带给学生直接的美的感官享受。因此，除了引导学生从书本上去发现美、感受美，还应经常把他们带到大自然中去，让他们体察自然美。作文要教育学生、引导学生投身自然的怀抱，跟大自然融为一体。大自然就是我们的家园，是我们的母亲，投入到他们的怀抱里就能丰富自己，就能发现自然是一个非常丰富的矿藏。关注自然而写作文，应当注意指导学生抒写作者个人的真实情感，写出灵性；要指导学生真正用自己的眼光观察，用自己的大脑思考，用自己的语言表述。这样，写出的文章才能"龙生九种"，神采各异，才能真正使作文这个百花园绚烂多姿，异彩纷呈。关注自然，需要感悟。由感悟而产生理性的思考，能使我们从更深的角度去认识事物，把握其本质，领悟其意蕴，提高自我的人生境界。观察的是景——风景、情景、场景；联想的是情——亲情、爱情、友情；感悟的是理——事理、情理、哲理。景、情、理合而为一，就是认识人生的真功夫。只有感悟，才能看到大江大河汹涌澎湃、一泻千里的壮丽景象而写出"君不见黄河之水天上来，奔流到海不复回"这千古传唱的诗句；只有感悟，才能看到西湖妩媚秀丽的美景而写出"欲把西湖比西子，淡妆浓抹总相宜"的佳作；只有感悟，才能会把静美的意境描绘出能给人以无尽的感慨和回味——"海上生明月，天涯共此时"……

2. 关注自我

写作文实际上是一种生命状态，"立人""立言"是相统一的。作文是一种生命运动，是一种对话活动。是学生发展自我、提升自我的一种自我修炼过程。写作理念就是为了和学生的生命发展、身心发展、情感发展相吻合，也能与他们从家庭走向学校、从学校走向社会这么一个人生历程相吻合，让他们在作文教学练习的全过程中"关注独特自我"，从而唤醒自我、调整自我、提升自我、解放自我。所谓关注自我，就是指导小学生观察和体验独特自我，就是在写作中，要勇于表现自己，展现自己的独特风采，如特殊的理想、特殊的喜好、特殊的生活。让学生把"个性化"的自己展现给大家，把自己的独特风貌栩栩如生地展现在读者面前。要让学生把自己的认识和体验真实自由地表现出来。使学生明白，感情和认识发自内心深处，就会给人以感染，引起共鸣；相反，矫揉造作，空话、废话、套话连篇，只能让人生厌。感情思想上的自由，不仅对写作有重要的意义，而且对个性的发展完善也有重大的影响。它不仅能培养学生诚实的人格，还能树立他们的自信心。要指导小学生珍惜自己的那个小小的心灵世界，相信自己的心灵是丰富的、生动的。引导小学生有直面自己的勇气，敢于正视自己的缺点，剖析自己。使学生在写作中真正"成为自己"，从而通过写作的练习来抒发人的真情实感，提升人的思想境界，塑造人的人格品质，积淀人的文化修养。

2006 年举办首届"冰心作文奖"，全国 5 万多篇中小学作文参评，浙江省诸暨市一年级学生七岁的骊思哲的作文《妈妈回来了》，全文 107 个字，获得该年度唯一的"冰心作文奖"。全文如下：

"前段时间，妈妈去杭州学习，去了好长时间，可能有一个月吧。今天，妈妈终于从杭州回来了，我非常高兴！因为妈妈的怀抱很暖和，因为妈妈回来了，爸爸的生日就能过得更好，因为妈妈在家里会给我读书……妈妈不在家的时候，我很想她，想妈妈的感觉，是一种想哭的感觉。"获奖的主要依据是道出了小作者个人的真情实感。

3. 关注社会

社会是人生的舞台，是人际关系的总和。人与人之间的交流、交往，人和人之间的和睦相处，尊重他人，理解他人，尊重自己，珍惜生命，关爱他人，这些都是我们社会中所强调的主题。现在有一种倾向，过于沉迷于称赞自己身边的琐事，过于把学生的眼界内敛到自己的悲欢，不关注身外，不关注社会，不关注他人，不关注大家思考的大问题，这就变得很小气，很短视，很猥琐，从自我迷失走向自我迷恋。我们要培养学生关注社会，关注他人，做一个大气凛然，才气沛然的人。关注社会，要引导学生关注新生事物，要引导学生用激情去拥抱生活、用真情和真诚去感悟人生！以科学的发展观指导作文，提示我们在作文教学中，应该积极引导学生呼唤人间真情，弘扬民族美德，提倡社会公德，呼吁奉献爱心，倡导人们之间的相互理解和尊重，建立平等互助友爱的人际关系等。要引导小学生从学校生活的狭窄圈子中跳出来，通过多种媒体，如广播影视、书刊、网络等，全面了解和认识社会；通过多种活动，如写观察日记、搞热点讨论、进行时事分析、时文赏析、听学术报告等，对社会热点进行全面深入的思考。要引导学生运用视觉、听觉、嗅觉以及其他一切感受去关注现实、关注社会，获得对现实生活的认识。应该积极引导学生，不仅要观察社会热点，更要观察这其中的形形色色的人，尤其是那些平凡的俗人。不仅要观察分析改革开放给我们国家带来的巨大变化，更要关注那些在改革潮流中苦苦挣扎、努力拼搏奋进的平凡人；通过观察人们的言谈举止、音容笑貌、穿着打扮、兴趣爱好、性格情趣等，来形象地描述和展示他们丰富多彩的精神世界，来折射社会、反映现实；要学会从多角度、多元化地观察生活，关注现实，透过现实看本质，从感性认识到理性认识；要会"横看成岭侧成峰"，更要会"识得庐山真面目"；要认真做好观察记录，把自己的所见所闻随时记下来，日积月累，就会储备丰富的材料，写作时，就会感到有写不完的事、说不完的话。

关注社会生活，要把作文的着力点放在开阔学生作文思路和启发学生自由表达上。要开阔学生的作文思路，引导学生摆脱思维定势的束缚，激活学生的求异思维。例如，同一活动，引导学生多角度拟题；同一题目，引导学生多种立意；同一中心，引导学生采用多种体裁表达，等等。如一次春季运动会，笔者就设计了通知、海报、表扬稿、小新闻、喜报、感谢信等多种样式的系列练习。总之，要启发学生自由表达，让学生自主选择表达的内容，写真话，说实话，抒真情；要让学生根据表达的需要，自主选择表达的方式，或记叙、或说明、或抒情，积极引导学生走进生活、体验生活、描绘生活、创新生活。用五官去观察，用大脑去综合，用心去体验，用笔去描绘。为学生营造宽松的思维与写作环境，减轻学生对作文的心理负担。

4. 关注大师

学生跟大师对话，关注大师，就是对自己的一种关照，对自身的一种提升。向大师学习，我们未必能够成为大师，但有了这种精神底蕴，有了这种灵魂的拷问，我们就可以慢慢地摆脱小气。如果说前面的关注自然，关注社会，关注自我是面向鲜活的现状，那么关注大师就更多地融汇了历史跟现实，甚至跟未来。他们可以教我们穿透时空，教我们顶天立地地做人。

习作教学应牢固树立以人为本、促进学生和谐均衡发展的理念，关注

"人性"的教育。关注大师，从历史上来看，不管是韩愈、柳宗元的"文以载道"，还是李梦阳等七子的"独抒性灵"，古人都注重作文写出人性的真实的一面（无论社会的人，还是个体的人），写出人性的美丽。尽管古人在不同时代提出的作文标准大相径庭，但其都是从"人"的某一特性出发，或褒、或贬，不一而足，将"社会的人"、"立体的人"用笔刻画出来展示，让读者思索，让读者品味，给人以启迪。而现在的某些作文，由于过分地突出政治，强调技巧，钟情浮艳的伪饰，因此，"假"、"大"、"空"的文章，也常常被"主题、材料、结构……"等墨绳衡量的尺长寸短，使评判的小作者战战兢兢，到后来一写作文便如履薄冰。张志公先生认为，作文教学要"本末分清，主次分清。清楚活泼的思想和结结实实的基本功，是主要的；方法技巧之类是末，是次要的，本末倒置是不行的"。作文教学应逐本舍末，把每次的作文都演绎成对学生进行"人性"的教育。这样，随着长时间的潜移默化，丢失或隐匿的"人性"便会回归，学生的作文便会有了真情实感，有了思想，有了灵性。对于作文训练，如果能真正地从生活出发，坚持以"育人"为本，培养学生良好的"人性"，那么，学生就不会怕作文，写出的作文也就不会千篇一律，无病呻吟了。应当把每一次作文都看成是撒播美好的"人性"，耕耘善良的德行，培育思维的良好机会。倘能如此，那么，作文苑囿、人间乾坤将会月朗风清，芳草遍地；人类文明将健康地向前发展，学生的作文便会楚楚感人。（武宏钧）

（二）大量的积累

作文材料积累是一个很宽泛的概念。它好比良庖之中的各种原料，厨房中有了林林总总的原料储藏和品类齐全的作料供给，高明的厨师才能轻松自如、游刃有余地做出令常人眼花缭乱、啧啧称奇的美味佳肴。试想，仓储空空如也，佐料山穷水尽，任是手段再高明的厨师不也会陷入无米之炊的巧妇般的窘境吗？因此，要使小学生成为结构和组织语言文字的"烹饪高手"，生活中悉心做好积累材料的工作就显得尤为重要。实际上，小学生从入学学习语文开始，就已经开始了有意识的写作积累。先是对字的积累，再是对词的积累，直至句、段、篇的积累。一个学生写的作文，不管是好是糟，他都在写的过程中运用了自己积累的字、词、句等内容。积累得多的学生往往语言丰富，作文生动优美，作文结构合理，构思也巧妙。而积累得少的学生写的作文往往显得苍白简单。如果一个学生腹中空空，要让他把作文写好，就如同"巧妇难为无米之炊"一样。所以，指导小学生把作文写好的基础就是进行大量的、科学的材料积累，要指导小学生养成爱积累、会积累的良好习惯。

1. 明确积累的范围

积累是写作的基础，积累越厚实，写作就越有基础，文章就越能根深叶茂开奇葩。没有积累，胸无点墨，怎么也写不出作文来。写作积累有四个方面：

一是生活材料的积累。材料是写作之源。写作材料主要来源于社会生活。在活生生的现实中有很多美的事物，学生要学会时时处处留心周围各种各样的事物，熟悉形形色色的社会现象，不断扩大自己的生活领域，捕捉生活热点，在生活中多留心多思考，有意识地捕捉有意义的事，有趣的人，并随手记下。这样，发现多了，记录多了，积累也就多了。

二是习作语言的积累。学生需要积累些什么，才会对他们的写作有帮助。这是首先必须认识清楚的问题。一般来说，好的词汇、优美的句子、精彩的段落、优秀的文章，还有歇后语、谚语，名人名言、古诗等都是积累的对象。一个小学生如果满腹好词佳句，在写作的时候就能顺手拈来，为我所用。一个小学生读过、背过大量的文章，在写作的时候就会在潜移默化中把别人的文章结构及构思与自己的创新相结合，创作出更加优秀的作品。阅读和听取是获取写作语言材料的另一途径。对于生活范围较小，生活经历有限的小学生来说，从这一源头获取材料最为广泛。阅读书籍报刊，听取奇闻轶事，可以使他们获得许多无法亲身接触到的材料。在习作教学中，要指导小学生养成勤于阅读的习惯。通过留心生活，精于阅读，学生材料积累多了，便不再会出现无话可说的状况，而是泼洒成文。语言是文章这所房子的砖瓦，要培养小学生有意识地积累语言，通过读书看报，碰到富有表现力的字词句；听广播看电视，甚至听别人说话，得到的美妙言语，都要记下来。平时碰到的成语、歇后语、名言警句等，只要自认为生动美妙的，就要积累。这样，积沙成塔，集腋成裘，从而逐步建立自己的语言词典。同时，生活中碰到的生字词，要查字典。经过积累，语言丰富了，写作文时自然就能左右逢源。

三是情感体验的积累。文章不是无情物，字字句句吐衷肠。写作者只有将自己的情感体验，自己的真情、深情、纯情、至情（如对师长的敬爱，对同学的友爱，对弱者的同情，对坏人的憎恶等）付诸写作对象，文章才能情真意切，字字动心。可见，要写好作文，必须有情感的积淀。而事实上，情感积累丰富了，写作时人的七情就能自然流淌，进入一种情不能已的境界，写出的文章就会生动感人。

四是精妙写法的积累。大凡优秀的作品，本身就告诉我们，文章该怎么写，不该怎么写。通过熟读、多读各大家的作品，达到心领神会的程度，自然学到作文的方法和技巧。阅读多了，积累多了，再用于写作实践，必能提高写作水平。

2. 把握积累的阶梯

作文积累无小事，一枝一叶总关情。指导小学生作文积累，要根据学生的认知规律合理地分层次：

（1）第一学段要积累大量的词语。除了量的积累，还要求运用积累的大部分词语造句。一年级的时候，可以要求学生将词语抄写在积累本上，然后用词语口头说句子。注意每句话一定要说正确、说通顺。二年级的学生不仅要将新掌握的词语抄写在积累本上，还要用这个词写句子。在把每句话写正确、通顺的基础上力求写具体、写生动。甚至可以将积累的几个词语同时用在一个句子里面。一、二年级的学生除了积累大量的词语外，还可以让其背诵大量的古诗。不要求孩子都能理解其意思，只要将那些朗朗上口的诗句熟背于心就可以了。

（2）第二学段要重点进行词语的积累。与第一学段所不同的是，这个年龄层次的学生有了一定的理解能力。可要求他们积累的词语以成语、谚语、歇后语为主，尤其是多积累成语。同样要求能用上积累的词语写出优美生动的句子。能力强的学生可以让其写一段话。除此之外，在每次积累的时候还必须要求背诵好的句子，并将所背的句子默写在积累本上。

（3）第三学段应以观察和阅读为主。观察是一种采集式的积累方法，是获取习作材料的重要途径之一。学生在有意无意与社会、学校、家庭相互融合的过程中，正在逐渐观察生活，积累习作素材。所以，在习作教学中要把生活引入课堂，让学生在一定的活动化的情境中再现生活，借以实践体验，升华为理性知识。同时也要把课堂延伸到社会。在社会生活中能触动灵魂的事物总是有特色的：到野外去领略自然风光，亲近大自然；到社区去体察世态人情，拉近与现实生活的距离；通过观察来获得准确的、详细的、具体的写作材料，感受生活的真谛。所以，应该经常鼓励学生善做生活的有心人，学会把那些打动自己心扉的事物记录下来，生活的"源头活水"被激活并将取之不尽，用之不竭。要指导学生养成留心观察日常生活的习惯，勤于观察，善于观察，掌握观察的方法，养成观察的习惯，学会记录观察笔记等。还可指导小学生阅读大量的优秀文章。将好的段落记录下来，并在段落上圈圈画画，标注出好的词语和句子。让学生把会背诵的古诗默写下来，并要求理解意思，感受诗的意境。

3. 指导积累的方法

小学生所学的知识较为浅显，课堂上，课本上的积累是非常有限的，要想写好作文就需要积累许多材料。因此，必须加强积累的方法指导。

（1）背诵积累。指导学生熟读背诵教材中优秀篇章、精彩片断、优美语句，能使学生从中得到较多的语言储备，是积累作文材料的有效方法。学生读而不背，作文时就会感到笔力不足，词语贫乏。因此，教师应充分利用小学年龄段是一生中记忆的最佳时期这一特点，对学生加强背诵指导，强化记忆，帮助他们积累起终生受用不尽的作文材料。一般说来，教学每册教材，教师要做到：①选择一些写人、叙事、绘景、状物的优秀课文，让学生整理背诵掌握全篇。②对于不便全篇背诵的课文，可选择其中的片断，指导学生背诵。并要他们抄录在自己的小本子上，利用课余饭后，一早一晚，进行吟诵、品味、内化。③指导学生摘录课文中的佳句，在理解的基础上牢记。这样，学生不仅能从中熟悉各种各样的句式、段式、篇章结构方法，了解句与句、句与段、段与段、段与篇之间的联系，巩固学习成果，而且便于把书本里的东西变为自己的东西，作文时想用某些句式、段式结构方法，也就如探囊取物了。

（2）生活积累。生活好比源泉，文章犹如溪水，泉源丰盈溪水才能长流不竭。只有勤于观察生活，才能畅通生活的"活水"。帮助学生积累生活，是学生作文之溪长流不竭的重要前提。因此，教师要：①指导观察，让学生运用教材中学到的观察方法，观察自然，观察社会，观察生活，留心身边的事情，从中捕捉和积累作文材料，提高观察分析事物、认识自然和社会的能力。②组织多种形式的活动，如参观、旅游、劳动、科技活动等，每次活动都要有目的。活动前要有准备，活动中要细心指导学生感受生活，活动后要帮助学生认真回顾总结。③引导学生通过电视、电影、广播等视听途径积累材料。经常有目的、有选择地组织学生看爱国影片、儿童节目、《新闻联播》《人与自然》等，以扩大学生的见闻，丰富学生的生活。④鼓励学生勤动笔，及时做些记录，坚持写观察日记，做好文字积累。

（3）阅读积累。教师要指导学生从课外阅读中搜集和积累材料，鼓励他们自学阅读，随时摘录，坚持写读书笔记，养成良好的阅读习惯。教师还要指导学生把材料分类，如按内容分成写人、记事、写景、状物等。阅读的积累应该把读、背、记、理解有机地结合在一起。最好的积累方法就是用心地阅读。而阅读的对象绝不仅仅局限于作文书。要培养学生广泛的阅读兴趣。各类书籍，各类文章都要去看。教会学生在每次阅读的时候做到：一是边读边画。画出好的词句、画出欣赏的地方，画出有趣吸引自己的地方。二是边读边记。将好的词句，段落摘抄在积累本上。三是有针对性地背、记。当学生为了某篇作文而发愁、无从下笔的时候。我们与其手把手地教他一句句地写，不如让他自己想办法，可以要求他找到大量的相关作文和资料，让他认真阅读。并将好的东西背下来、记录在本子上。之后，再让他写作。可以让其模仿，但不许翻阅书和积累本，更不能对着例文抄写。这种方法更适合于作文功底较差的孩子。一方面可以帮助他写完作文；另外一方面培养他自己写作文的好习惯。最重要的是在完成作文时，之前积累的东西已经内化成了自己的东西。

（4）观察笔记。积累周围事物的素材，应教给学生观察的方法，找准观察的对象，选准观察角度。观察周围的人和事、景和物，立足点不同，经观察对象主体"消化加工"后，建立起来的表象也就不同。"平时学来急时用"，留心课堂、家庭和社会的一切动向，将有关的或重要的内容记下来，这将是作文时能顺手拈来的好素材。积累其实无时不在、无处不在。平时听别人说话、看电视、外出旅游都可以吸收到不少好的词汇、句子和写作素材。俗话说：好脑袋不如烂笔头。要教会学生将这些素材记在心中，及时地记录下来。另外，要求学生准备好积累本是必需的。用于积累的本子质量要好，有一定的厚度，最好是硬皮，易于保存。要求学生将用完的积累本一定要保存好。对于孩子来说这可是一笔财富。最重要的是，在不停地积累的同时，还要教会学生及时地复习。隔一段时间就翻看一下以前记录的内容，以达到巩固的效果。日记具有鲜明的目的和个性色彩，是一种最主要的积累方法，也是一种有效的练笔方式。小学生校内校外的生活丰富多彩，生活中的喜、怒、哀、乐都是日记的一笔大财富，但是小学生往往对生活观察不细，思考不深，体验不真，所以对他们尤其是生活日记的写作要求就不能太高，以免挫伤他们习作的兴趣。在日记的指导教学中，应该鼓励学生想写什么就写什么，想怎么写就怎么写，只要富有童趣，只要能自由地把自己的见闻，感受和想象真实地写出来就行。批改时，遵循多就少改，坚持高分原则。渐渐地小学生把写日记当成是一件快乐有趣的事儿去做了，而且越写越认真了。此外，还应安排学生日记交流的机会，便于相互之间的学习、借鉴，强化了他们的表达愿望，他们甚至还懂得了共同分享快乐，分担忧愁，无形中也增强了集体的凝聚力。

（三）求异的思维

命题作文普遍存在模式化的现象，千人一面，千篇一律，不利于学生习作水平的提高。培养和训练学生求异思维能力，无疑是一种可行的解决办法，具体做法是：

1. 同一题目，取不同的材

由于学生对生活中原有感知的事物，会随着空间的变化和时间的推移，除了印象特别深刻的以外，其他的将会日趋模糊、淡忘、消失。要让学生能够有话可说而不雷同，就应该开拓其取材思路。

如在指导学生写"我学会了——"这个题目时，通过引导，让学生知道家里的事可以写，学校的事可以写，劳动方面的可以写，学习方面的也可以写。同一方面也可以选不同的内容来写。例如，从体育方面想到跳绳、打乒乓球、踢足球、下军棋等；从节日中想到吹气球、包饺子、包粽子等；从不同的季节中想到游泳、做冰棒、堆雪人等。这样，可以让学生思维的触角伸向不同的方位，使文章能够表达不同的内容。

此外，更重要的是教师在教给学生取材方法的同时，要教给学生思维的方法。如发散思维、侧向思维、逆向思维等。教师有意识地教给学生思维的方法，这对于培养学生的思维能力，写出不同的作文，是不无裨益的。

2. 同一活动，立不同的意

对于写游览、参观一类的文章，学生往往容易跳进某种思维模式，习惯于记叙游览途中看到的赏心悦目的美景，给人千人一面的感觉。要改变这种现象，教师在指导写作的过程中，应有意识地指导学生如何确立中心。因为不同的中心可表达不同的思想感情，让学生带着感情投入写作，文章就富有了个性。例如，杭州学生在游了西湖的玉皇山后，教师指导习作时，先从确立不同的中心入手，让学生从多种不同的角度去选材。在教师的指导下，学生确立了以下几个中心。

活动　材料　中心

登山途中看到赏心悦目的景物 热爱杭州城或对西湖的赞美

登山途中的感受 做任何事要获得成功，必须脚踏实地地努力。

登山途中的好人好事 同学之间团结友爱

即使是同一活动，同一材料，因立意不同，文章也各具风采。例如，教师指导秋游玉皇山时，要求学生抓住登山途中看到的某一景物去细微描述，不仅要写出外在的美，还要写出内在的美。

活动 登山途中看到的景物 中心

松柏依然苍翠 要做一个意志坚强的人

山野美丽如画 赞美五彩缤纷的秋天

果园里果实累累 一分耕耘一分收获

学生把游玉皇山这一活动作为思维对象，根据不同的材料，不同的景物，经过分析、推理得出不同的思维结果。古人说："情动而辞发"，不同的思想感情也就表达了不同的中心思想，带着感情投入写作，写作也就各具特色了。

3. 同一内容，用不同的表达

叶圣陶先生主张学生的作文"先求平实，后求文采"。对于小学生来说，教师不能对他们提过高的表达要求，只要学生在语句通顺的基础上尽量用上不同的句式，或者启发他改变一下思考的角度写出不同的话，就可以了。

句子是语言的基本结构单位。教师指导学生写话时，可选用不同类型的句式来表情达意。虽然意思大致相同，但表达形式各异，其效果也就不同。例如，"一个同学来迟了"。可以表达：①你来迟了。②啊哟，你怎么来得这么晚。③你有什么重要的事？④你来得太早了吧。⑤你这个人做什么事都磨磨蹭蹭，再晚来一步就看不见我了。不同的思维形式就把不同的思维内容表达出来了。

针对学生开头雷同的情况，在指导时，教师可以引导学生借助于模仿，发展自己理解、表达事物的能力，写出不同形式的开头。例如，同样写运动会内容的，可以让学生说说课文的几种开头方法，然后让学生进行仿写，并让学生变换角度去思考，学生就可以写出不同的开头，可以把交代时间、地点、人物、事情当开头；也可以截取运动会上最精彩的镜头；还可以采用回忆的方式开头等。这样，既能使学生由机械仿写转向灵活仿写，又训练了学生的思维能力。同样，结尾也可以采用多种方法，如首尾呼应法、启发式结尾法，言有尽而意无穷结尾法等。

总之，引导学生进行一题多作的训练，既能提高学生审题、立意、谋篇布局等作文能力，使学生走出作文模式化的误区，又能有意识地培养学生求异思维的能力，何乐而不为？

(四) 多样的评改

传统的作文批改，一般是：老师指导，学生作文，老师批改，然后发回去要求学生看批语，期望学生的写作能力能得到一次提高。其实大部分学生只是看一下得分，往书包里一塞就了事了。这种作文批改方法既耗时又耗精力，且吃力不讨好。为了改进上述情况，在教学实践中应坚持用多种方式评改学生作文，以更有利于学生写作能力的提高。

目前，我国的习作教学研究正方兴未艾，呈现出一派欣欣向荣的景象。江苏省特级教师管建刚、浙江省小学语文教学界老前辈、特级教师杨一青、张化万，特级教师柴冬青、施燕红、施民贵、张祖庆，教坛新秀王立峰、张林华，都对习作教学做出了可贵的探索，取得了丰硕成果。展望未来，我们可以欣慰地看到我国的小学习作教学研究正向着以下令人兴奋的方向发展：

第一，从研究方法上来看，由"经验性研究"向"学理性研究"的方向发展。近几年来，许多作文教改课题的研究都是运用教育实验法的基本原理和方法，对所研究的课题进行科学的设计，做到定量研究与定性研究相结合，以期建立起具有中国特色的习作教学新体系。

第二，由"微观研究"向"宏观研究"的方向发展。以往对习作教学的研究，主要停留在对习作教学方法、习作课堂教学结构、习作训练序列等微观研究上。近几年的研究已涉及"习作教学与人的发展""习作教学与素养教育""习作教学与语文教育"等宏观问题，相信在此基础上，今后的习作教学研究将会走上一个新的发展阶段。

第三，由"单一性"向"多样化"的方向发展。面对改革开放的新时代，面对五彩缤纷的新生活，小学习作教学正从命题作文训练的单一性模式中解脱出来。在写作题材多元化（如音响作文、艺术作文、科技作文、寻美作文、动漫作文等)、表现体例多式化（如活页作文、接龙作文、编集作文、实用作文、通信作文等)、训练方法多样化（如多角度作文法、游戏作文法、幻想作文法、自由作文法等)、教学功能多用化（如快速作文、推测作文、连续观察作文、创造性作文）等方面正在开拓新的训练空间。这种多样化与现代生活的快节奏、高效率、多元性相呼应，它为未来的中国小学习作教学开辟了广阔的前景。

第四，由"封闭式"向"开放式"的方向发展。习作教学正以教师为中心、课本为中心的封闭式教学向开放式的方向发展。开放式作文强调：向生活开放，变"要我写"为"我要写"；向思路开放，着力培养学生的思维能力；向口语开放，学生从语到文，从说到写，从练口到练手，从出口成章到下笔成文，体现说写结合；向学生开放，着眼学生作文能力的培养。

第五，由"应试作文"向"注重实用"的方向发展。随着经济、社交、文化活动的日益频繁，"生活见闻交际作文"也应运而生。例如，经营承包，要签订合同；推销产品，要做广告、撰写总结和新闻报道等。这些凭"应试作文"教学是不能奏效的，因此，"注重实用"，面向学生的生活实际和社会生活的实际，成为今后习作教学改革的一大趋势。

第三部分
素朴的语文教学过程

语文教学过程是目标和内容、预设和生成、过程和方法、理趣和情趣等多种关系相协调的活动。完成这个过程需要具备三种基本能力：文本解读能力、教学设计能力和课堂执行能力。这是"素课"的三大基本功。

第九章　文本解读

"素课"提倡简约，但简约不是简单。它是在深入解读文本的基础上精心设计的结果。语文课堂的活动是围绕文本的解读展开的，文本是语文教学之本。文本解读是语文课堂教学设计和课堂教学实施的基础。只有深入解读文本，教学设计才会有新意，课堂教学才会简而有效。

一、文本解读的基本内容

一般来说，文本解读的基本内容主要有以下几方面：

（一）课标的解读

《语文课程标准》（简称"课标"）是国家规定的指导语文教学的纲领性文件，反映了国家对语文教学的总体要求，它既是编写语文教材的依据，也是文本解读的依据。从广义上说，文本解读要对课标进行系统而深入的学习、理解，全面领会课标的理念、总体目标、学段要求及教学策略。有关课标的解读已有专著阐述，这里不再赘述。

（二）教材的解读

现在小学语文教材最大的编排特点是"专题组元"。人教版语文课程教材一年级上册编排了 20 篇课文，分作 4 个单元。从一年级下册开始，以专题组织单元，以整合的方式组织教材内容，把知识、能力、方法、情感融为一体。一年级下册至五年级下册共有 70 个专题。依照"九年一贯，整体设计"的思路，从纵向上看，各册专题相互联系，主题的设置上体现延续与发展的特点，根据不同年龄阶段学生的认知特点，遵循小学语文学习的规律，安排了由低到高循环往复、螺旋上升的训练序列。专题可整合为七大类：（1）胸怀祖国、放眼世界。（2）良好品质、伴我成长。（3）童年生活、丰富多彩。（4）热爱生命、感受真情。（5）博览群书、学习语言。（6）热爱自然、保护环境。（7）走近科学、勇于探索。

每个专题又有许多具体的内容，它们是有机联系的，但又是分散在各个年级段中的。在教学中，要从整体上把握，兼顾各年段教学的任务。

语文教材是语文文本解读的重要内容。在整体观指导下解读教材，对语文教学设计和实施具有重要意义。如果说课文解读是一种微观解读，那么，教材解读就是一种宏观解读，其主要内容有：

1. 理解一册教材的体系

文本解读不能囿于一篇课文的解读，应对整册教材系统把握。教师只有在教学前认真揣摩编者对本册教材、单元、课文、练习的编排用意，掌握教材的编排形式和组合特点，在具体的教学活动中才能做到心中有本，整体设计，灵活处理。

2. 掌握一个单元的教学目标

教材的每个单元由4~5篇课文组成。每个单元有一个明显的专题，课文有记叙文、诗歌、故事、说明文等之分，又有精读课文、略读课文、选读课文之别，但单元的教学目标是大致统一规定的。掌握单元的教学目标，有助于实施一个单元的整合教学。人教材小学语文五年级上册第八单元的主题是"走近毛泽东"，共有4篇课文：《七律·长征》、《开国大典》、《青山处处埋忠骨》、《毛泽东在花山》，并安排了两个练习：口语交际《我爱看的影视作品》和习作。其教学的知识目标是人物描写和场面描写。

3. 领会课文与课文之间的关系

每篇课文都有各自的教学目标和教学特点，但是一个单元中的课文与课文之间是有联系的，教师应注意这种联系性，把握单元教学的整体构架。

（三）背景的解读

了解课文的背景，熟悉作者写作的有关信息，有助于更完整、更深入地解读文本。背景的解读包括：(1)写作的时代背景。(2)写作的动机、心情、轶事。(3)作者的其他文章。(4)作者对写作意图的阐述。(5)别人对这篇文章的评论等。

例如，四年级上册《古诗两首》之一是唐代大诗人李白的诗《黄鹤楼送孟浩然之广陵》："故人西辞黄鹤楼，烟花三月下扬州。孤帆远影碧空尽，唯见长江天际流。"一些书籍和老师把后面两句解释为："孤零零的一片船帆逐渐远去，越来越小的影子消失在碧蓝的天中，只看见无穷无尽的长江水，滔滔流向天边。"

"孤帆"是江面上只有孤零零的一片帆吗？结合当时的时代背景理解：我们大约可以知道，江南三月，万物复苏，一年之计开始；黄金水道，九省通衢，商旅之人熙熙攘攘；烟花之地，人来人往，繁华犹如都市。这样的大商埠，江面上难道会仅仅只有一只船、一片船帆吗？显然是不可能的。

再结合作者的心情来理解：江面上千帆竞发，可是他心中只想着老朋友，眼里就只看见老朋友的船帆。因此，"孤帆"是诗人心中的孤帆，而不是现实的孤帆。在千万船帆之中，只见"孤帆"，可见作者临江送别，怅惘依依，帆已尽而心不离。对老朋友离别的怅惘，在烟花三月的江南美景之中，更如长江之水，滔滔不绝。

借助写作的时代背景，再深入体会作者的心情，进而品味语言，才能够把这首诗读懂、读好。由此可见，如果适当了解一些作者写作的时代背景、作者的身世际遇，对理解课文是有帮助的。当然，只了解时代背景并不完全可靠，因为课文毕竟不等同于作者自己的经历。但是，了解一些作者当时写作的情况，对于文本解读肯定是有帮助的。

（四）人物的解读

解读文本，要十分关注人。关注人心，由此去理解、感受语言，这样理解和感受才是具体而富有情感的，这样理解、感受的语言才是有生命的活生生的语言。文本解读中的"人"包括写文章的人和文中写到的人。

1. 写文章的人（作者）

每篇文章都是作者想要表达的意蕴的载体。这种意蕴可以是一种情绪、情感、情操，也可以是一种理解、理念、观点；可以是一种直白，也可以是一种婉曲；可以是对事物的认识，也可以是对人生的感悟；可以是一己有限的心得，也可以是济世博大的胸怀……熟悉作者，可以帮助我们深刻地理解文本，更好地与文本对话，与作者对话。孟子说："读其书，颂其诗，不知其人，可乎？是以知人论世也。"所以，如果不了解作者就无法把握"作者之思"和"文本之志"。

"作者是谁？他（她）究竟想告诉我们什么？"这是语文教师拿到教材文本，在进行解读时，首先要发出的究问。

例如，老舍是著名的现代作家，他的《猫》（四年级上册）、《草原》（五年级下册）、《养花》（六年级下册）等多个作品被选入小学语文教材。但是，有些老师对这位"人民艺术家"的生平或避而不谈，或一带而过，甚至连"老舍"的名字也读不准确（"舍"字读第三声）。一位老师上课伊始介绍了老舍名字的由来：老舍原名舒庆春，上学后自己改名为"舒舍予"，后两个字实际上是"舒"字的分解。"舍予"有忘我的含义。1926 年他发表小说《老张的哲学》时，在"舍予"前面加上"老"，后面去掉"予"，用上"老舍"这一笔名。这里的"老"不是老少之老，而是"永远"、"一贯"之义。"老舍"则是永远舍弃自我。老舍的一生，名副其实，他忘我写作，忘记了个人的名利，写下了《茶馆》、《龙须沟》、《骆驼祥子》等不朽名著。这样的教学，津津有味，妙趣横生，与教学内容浑然一体。

2. 文中写到的人（角色）

文中写到的人有主角和配角之分。寓言、神话故事等课文中的角色则用动物名、虚拟名代之（如：普罗米修斯）。人物解读包括两个方面，一是人物所处的环境，包括自然环境和社会环境。二是人物自身的表现，包括语言、动作、外貌、神态以及内心活动等。请欣赏著名特级教师王崧舟老师对四年级下册选读课文《小珊迪》中主人翁"小珊迪"的解读：

读到课题的第一反应，这是一篇写人的文章。课题叫"小珊迪"，但让人颇感奇怪的是，作者在行文中，却从未出现"小珊迪"的字眼，只出现了"珊迪"，整篇课文一共出现了 6 次。为什么唯独在课题中出现一个"小"字？可以这样理解：第一，珊迪的确是个小孩，这是从年龄上说。第二，珊迪的身体相当弱小，这不仅是一个生理的问题，更是一个生活的问题。第三，珊迪的地位相当渺小，他是穷人、是孤儿，是生活在社会最底层、最容易被人瞧不起的人。第四，以上三层意思恰恰可以用来反衬珊迪形象的高大、精神的高尚、灵魂的高贵。珊迪不小，不但不小，相反他很大，他的形象、精神、灵魂是伟大的。

（五）课文的解读

文本解读最主要的是课文解读。文本解读的规定，一定只能由课文所包含的意蕴生成，持之有据。这个"据"，就是课文的本来、本源和本质。

课文解读就是要解读课文的文、道、质。"文"就是文本表现或反映客观事物的语言文字，"道"就是文本的思想内容，"质"就是连接"文"与"道"的成文法则，表达方式。就一篇课文而言，必须从文入手悟道，从质入手解析文，再从道入手把握文，从文入手把握质。具体地说，看一篇课文就是要它用什么样的语言文字反映了什么样的事实，用什么样的结构体现了什么样的思路，用什么样的材料证明了什么样的观点，表达了作者什么样的思想感情。然后再回过头来，看课文为了说明观点或表达情感，用了怎样的结构，用了怎样的语言，为什么要采用这样的结构、这样的语言。概括地说就是："循文思质，因文释道，因道悟文"。下面再从四个方面对课文的解读内容进行具体说明：

1. 文体的把握

文体，指的是文本体裁，是文本的类型。小学语文课文的主要文体有记叙文、说明文、诗歌、谜语、童话故事、寓言故事、神话故事、文言文等。文本的类型决定着语文教学目标的确定和教学策略的选择。如果不注意文本的体裁，不注意文本呈现的特点，我们对教材的取舍和决定教学起点、重难点就偏离应有的方向，使教学偏离正常的航向，偏之过重，重之偏远。三年级下册《太阳》这篇文章，体裁上属于科普类说明文，前半部分说明了太阳的特征（大、热、远），后半部分说明了太阳与人们生活的关系。在解读和教学"太阳的特征"时，应充分关注说明文的文体特点，特别是说明文的语言表达特点：用了数据、比喻、打比方等说明的方法。记得有一位老师在上这一节课的时候，把教学的着力点放在了对太阳特征的具体介绍上，组织学生大量的搜集相关的资料，讨论交流，口头表达，然后指导学生述说太阳的特征。这样教学设计，就把语文课变相地上成常识课了。说明文放在语文课本里，主要不是常识性知识的介绍，重要的价值取向应该是说明的方法、语言的表达。笔者建议在学生初步了解太阳的特征后，重点理解说明的方法、语言的表达特点，再设计一个片断的习作训练加强巩固："请用数据、比喻、打比方等说明事物的方法介绍今天上课的教室。"把学生的视野从说明太阳的特征引向说明事物的方法。所以，根据不同的文体类型，设计不同的教学思路，能显现出文章风格和教学特色。

2. 内容的梳理

对课文中的事件、情节、段落大意等进行系统整理，对课文涉及的常识性知识、历史性知识、军事性知识等进行初步解释。如一年级下册《司马光》中的复姓"司马"；二年级下册《日月潭》中的湖名"日月潭"；五年级下册《杨氏之子》中的"杨氏"；六年级上册《詹天佑》中的"京张铁路"、"中部凿井法"、"人字形线路"等都需要加以说明；使学生了解有关内容。对这类知识正确理解不可少，但不能花时过多，不必拔高要求。

3. 语言的品味

包括语言知识和语言能力。前者包括字、词、句、段、篇，后者包括听、说、读、写、书（写字），这些是语文文本的根本。特别是词句，它们是文本内容的承载物，是基础中的基础。例如，四年级下册《黄河是怎样变化的》一文中有很多词语与文章的内容和中心意思有密切关系，如：

第一、二自然段：摇篮、大吃一惊、决口、改道、多灾多难、祸河

第三、四自然段：流域、媲美、茂密、肥沃、生息繁衍、折腾、叫苦不迭、忧患

第五、六自然段：含沙量、河床、悬河、侵蚀、崩塌、开垦、植被、流失、垦荒、频繁

第七自然段：关键、随心所欲、治理、资源、恢复、不折不扣、数管齐下

以上词语逐个理解并不难，但联系起来构建一个语言"词串"就不容易了。语文教学要有整体意识和组合策略，如果把它们连接起来学习，发现规律，就可以找到作者用词的匠心，体会出作者借用这些词语所蕴涵的态度和情感。

4. 文意的理解

任何一篇课文都是有"意"之作，"文意"在课文中具有决定性意义。文本解读，要有"立意"意识，力求达到文与意的有机统一。例如，三年级下册《一个小村庄的故事》第一自然段："山谷中，早先有过一个美丽的小村庄。山上的森林郁郁葱葱，村前河水清澈见底，天空湛蓝深远，空气清新甜润……"很多老师在教学这一段的时候，把基调定在很美好的感觉上。但是，如果仔细解读就会发现，这样处理是不对的。因为有四个字被忽略掉了——

"早先有过"。这是一个非常重要的词，它把整个文本的"文意"基调确定了。它一开始就告诉你，这些东西是过去的，现在已经没有了。我们再来读天蓝水清时，会产生的就是一种悲凉的怀念，而不是享受。

二、文本解读的思维方法

文本解读误区不少，例如，主观曲解、凭空分析、死扣课文、迷恋权威等，导致文本不少的浅读、误读。当前对文本的解读又出现了两种倾向：一种认为应尊重原本的文本价值，要站在历史的角度审视文本。另一种认为，历史是发展的，文本的解读是读者个性阅读的过程，可以突破历史的界限，用现代意识或生活观来重新审视教材文本。这是由两种不同的思维方法形成的。所以，有必要对文本解读的思维方法进行阐述。

(一) 诠释学层面

诠释学（hermeneutics），又称"解释学"、"阐释学"、"释义学"。广义的诠释学指的是对于文本之意义的理解和解释的理论。它涉及哲学、语言学、文学、文献学、历史学、宗教、艺术、神话学、人类学、文化学、社会学、法学等学科，反映了当代人文科学研究领域的各门学科之间相互交流、渗透和融合的趋势。诠释学是一门边缘学科，又是一种新的研究方法。古诗、文言文中的"注释"就是一种典型的诠释。小学语文文本解读的诠释现象主要有：

1. 释义

语言的模糊性，形成对文本语义理解的多样性和不确定性。汉字的字义往往有字面义、字中义、字外义之分，需要加以诠释。例如，"美"字再平凡不过，似乎不必解释。其实不然。"美"的字面义为：羊大为"美"，而字中义为：美好的"美"、美丽的"美"，字外义则是："美得你！臭美！"这不但不美，反而很丑了。诠释会引发对词义的多维理解，不但无害，反而有利于对词义的正确把握。倡导在上下文的语言环境中理解词义，字不离词，词不离句，句不离段，段不离篇，这是词语释义较为有效的策略。

2. 明理

对于语文文本，需要解释其含义，明白其道理。特别是对一些写作年代已久的课文，更需要深入诠释。因为对同一个文本，不同时代、不同读者的解读会有不同意义。例如，山东省著名特级教师张伟执教五年级下册《再见了，亲人》时，先让学生讨论，什么样的人是亲人？志愿军为什么把朝鲜人民当亲人？这一个层面学生都会理解。张老师又提出，亲人是双方的，那么我们再看看，志愿军是不是朝鲜人民的亲人？这是去寻找隐藏在文字背后的东西。他还进行第三层推进：课文写的是抗美援朝时期，经历血与火的考验，志愿军和朝鲜人民结下了骨肉亲情。在今天和平时期，还有没有这样的亲情？最后得出的结论是"只要人人拥有爱心，处处都有亲人"。试想一下，这个结论，跟作者写作的本意相差甚远也！张老师这样的解读有没有道理？有，他是对《再见了，亲人》进行了一个当代解读。现在读这篇文章，如果学生还只是读出"朝鲜人民和志愿军是亲人"，教育价值已经不是很大了。张老师的当代解读却读出了对今天的学生有教育价值的东西。

3. 诠疑

语文文本或多或少有些疑义、疑难，更有必要仔细考量，释义问难。浙江著名特级教师王崧舟对四年级下册《鱼游到了纸上》的课题，是这样深入诠释的：

鱼游到了哪里？纸上。竟有这样的事儿？可能吗？不可能。

谁游到了纸上？鱼。可能吗？不可能。

鱼怎么到了纸上？游，游到了纸上。鱼竟然会游到纸上？可能吗？不可能。

是的，不管怎么问、怎么想，鱼游到纸上都是不可能的，都是不正常的呀！

其实，只要改一个字，就什么问题也没有了，就完完全全的正常了。把"游"字改成"画"字。真改吗？不改？为什么？为什么不能改？这就得诠释文本了。

第一次读题目，学生读到"游"字时，眼睛突然为之一亮。鱼竟然游到了纸上，你信吗？按照常理，鱼只能游在哪里？只能游在水里。但题目偏偏就这样写了，这可能吗？不可能，不可能却偏要写，这叫违背常理。好处是什么呢？能够引发读者的种种猜想和思考，让人产生急于读下去的欲望。

明明是不可能的事儿，作者却写得这般明确、这般明了，用意何在呢？进一步追问，是鱼游到了纸上还是别的什么游到了纸上？游到纸上的只是鱼吗？还有什么也随着鱼一起游到了纸上？也游到了每一个读者的心上？

（二）语言学角度

我国传统的文本解读，基本上是孟子的"以意逆志"的文本解读方法，就是从文章的字面意思，倒上去追溯作者的写作意图。这种方法有一定的意义，但是它容易产生一个误区，就是"得意忘言"、"得意忘形"，把文学作品的语言、形象忘了，追寻的往往只是道德教训。而解读语文文本，应该站在语言的立场，用语言的头脑思考语文文本问题，充分挖掘文本中的各种语言现象，进行深入的语言分析。这叫"潜心会文"。

江苏著名特级教师于永正在执教二年级下册《草》时，善于引导学生品字析词，在领悟汉字的人文内涵中感受语言文字的韵味。如教"一岁一枯荣"

的"荣"字时，于老师出示"荣"字的甲骨文，问学生"春天来了，山坡上长什么？山坡下长什么？""坡上坡下都是草木，当然是一片茂盛的景色。"学生理解得十分容易。教"春风吹又生"的"生"字时，教师先遮住"土"，又遮住"撇"，"像什么呀？""一棵草从土里长出来。""那为什么是'春风吹又生'而不是'春风吹又长'呢？""因为生的意思就是从土里往上长。"这样的解读既让学生记住了字形，又理解了词义。这样的引领"语文味"十足，韵味无穷。

在"潜心会文"的观照下，要辩证处理好文本语言的内容与形式的关系，并把文本解读的重点逐步从语言内容转向语言表达形式。五年级下册《冬阳·童年·骆驼队》中有一句"夏天过去，秋天过去，冬天又来了，骆驼队又来了，童年却一去不还了。"仔细读会发现，前面两句话是多余的。它可以直接说"冬天又来了，骆驼队又来了"。但是加上这两句后，读起来味道就大不一样：时光流逝，一去不再复返。像这种句子看起来很普通，但读着读着，我们的心就慢慢跟作者融合了。文本中有的地方好像是冗余信息，但是在整篇文学作品中，冗余信息会带给我们很多信息和想象。

（三）美学观念

文本解读过程不仅是一个认知过程，同时还是一个审美过程。小学语文文本内容荟萃了古今中外的名篇佳作，从不同侧面、不同角度反映了不同时代、不同民族、不同国度的审美情趣、审美要求和审美理念，蕴涵着丰富、广泛的美学内容。

1. 美是一种多样

更多的时候，美是无法用言语描述的，因为美的类型太多种了，对美的评价也太多样了。小学语文教学不仅要让学生体会到"杨柳岸晓风残月"之宁静的美；还要让他们感受到"两岸猿声啼不住，轻舟已过万重山"之激人豪放的美。既有"千里冰封，万里雪飘"、"山舞银蛇，原驰蜡象"的寒冬北国原野，促人奋起。又有"江南草长，杂花生树，群莺乱飞"的暮春江南大地，引人欢歌。美的丰富性和多样性，为文本解读中美的赏析提供了广泛的基础。

2. 美是一种和谐

"和谐是美"，这是一个永恒的美学命题，早在古希腊毕达哥拉斯学派就用数学和声学的观点验证了该命题的正确性。语文文本中的对称、流畅、完整、和谐，便是一种美。文学语言的韵律和谐，尤其在诗歌中表现得更为强烈。诗歌的语言要求节奏鲜明，朗朗上口，悦耳动听。以五年级上册所选诗歌为例，有古诗词三首《泊船瓜洲》、《秋思》、《长相思》，有现代诗歌《最后一分钟》、《七律·长征》，还有选读课文中的词歌《斗笠》，都是文质兼美的诗文。例如，毛泽东的诗《七律·长征》中高昂嘹亮，催人奋进的诗句："红军不怕远征难，万水千山只等闲。五岭逶迤腾细浪，乌蒙磅礴走泥丸。金沙水拍云崖暖，大渡桥横铁索寒。更喜岷山千里雪，三军过后尽开颜。"教师要指导学生反复吟诵，品味诗歌韵律的和谐之美。

散文常以生动的语言取胜，而生动优美的语言总是靠优美的句式表现出来。有的句式对称，讲究工整美；有的句式参差，讲究错落美……例如，四年级下册《桂林山水》中是这样描写漓江的水的："漓江的水真静啊，静得让你感觉不到它在流动；漓江的水真清啊，清得可以看见江底的沙石；漓江的水真绿啊，绿得仿佛那是一块无瑕的翡翠。"作者成功地运用了排比句式，使得语句对称工整。教学这类词句时，教师应指导学生反复细品词句，体味其中美的韵味。

3. 美是一种变化

突出、波折、距离、对比、残缺也是一种美。这在雕塑美神"维纳斯"身上表现得尤为明显。文本解读如果能读出文本的一波三折，能读出文本的正反对比，变化之美也就产生了。教学六年级上册《月光曲》一文时，为帮助学生领略语言文字的生动优美，在朗读第九自然段时，指导学生抓住"水天相接"、"波光粼粼"、"霎时间"、"一缕一缕"、"波涛汹涌"等词句，让学生想象并练说，引导学生有感情地朗读这段话，从而体会到海面由平静到波涛汹涌、乐曲由舒缓到高亢激昂。既要找"喜"，也要掘"悲"，从而产生美的体验。又如，解读六年级下册《卖火柴的小女孩》这篇童话，要让学生学习"对比感受"的方法，通过创造性地想象美好的幻景和离我们现在很遥远的那个年代，将美好的幻景与残酷的现实对比，从整体上把握卖火柴的小女孩在大年夜冻死的悲惨现实，深刻感受故事的悲剧本质。用教材中挖掘到的"悲"，让学生产生新的体验，有了新的创造，这何尝不是教材中另一种形式的美——"悲"美？谁说悲不是另一种形式的美呢？

（四）心理学

西方体验心理学认为，一个文本是作者的一种体验，解读一个文本就是体验作者的体验，体验作者体验过的世界，是一种体验中的体验。而且，读者的解读体验对文本意义有着建构作用，文本的意义只有在读者的解读体验中才能生成。所以，解读即体验，体验即意义，体验是读者与文本产生情感交流、心灵沟通而进行对话的基本方式，是将文本从静态的物质符号中解放出来而还原为鲜活生命的唯一可能的途径。

这里所说的"体验"，是指文本解读中读者对文本世界超越一般经验、认识之上的那种独特的深层领悟和活生生的感应境界。只有切入这种解读体验的"领悟"和"感应"，才可能有文本解读的建构性。在文本解读过程中，深层的体验意味着消解，消解"此在"与"彼在"的鸿沟，把两个彼此隔绝的世界豁然贯通起来，使读者从现实世界飘然跨入超然的艺术世界。体验更意味着生成，它将此与彼在两个世界融合，构成一个新世界的诞生，使读者在沉迷的瞬间感悟到文本世界的真义，发现生命世界的奥秘。

所以，从根本上来说，文本解读的不是那个文本，而是你自己，是自己的体验和情感。心中有的，眼中才有；心中没有的，眼中始终没有。其实，每个人自己就是一个文本。你这个文本越丰满越深刻，你去读那个文本的时候，你才会读得越丰满越深刻。从这个意义上说，文本是你自己美丽的倒影。

（五）文化学视野

语文文本包含各个时代的优秀作品，许多文本是人类文明的经典，分别反映着那些时代的文化特征。所以，文本不仅具有工具意义，而且文本还负载文化信息，具有文化意义。文本解读不仅仅是一个知识理解的过程，也是一个文化交流、文化传递的过程。

1. 显性文化

文化类型多样，有中西文化之分，有儒家文化、佛教文化、道教文化之别。特别是中华传统文化，它千姿百态，包罗万象，底蕴深厚，源远流长。针对小学生的年龄特点、接受能力，根据语文课程性质和特点，人教版义务教育课程标准小学语文实验教科书从汉语言文化、文学、艺术与文化交流、名人故事、风景名胜、节日民俗等方面，反映中华传统文化。这些都是教材明确规定的文化类课文，理应更多地发挥其文化教育功能。

对于一般阅读类文本的文化特质，可以从两个方面来理解：一是"基于语言文字本身的文化"，即语言文字的动人韵律、美妙的字形、朴素或华丽的辞采、积淀于语言文字本身的深刻的文化内涵等。二是"基于语言文字所负载的文化"。如对祖国的忠贞、对民族的热爱、对山川的赞美、对他人的热情、对全人类的博爱、对社会的责任、对集体的热忱、对母亲的报答、对爱情的真诚，等等。这些文化内容是显而易见的，在文本解读时应给予关注，在教学中积极加以利用。

还有最重要的一点是，弘扬文化不应该仅仅局限在某些课文或者某些环节，尽管具体体现在每一个教学内容里的文化蕴涵有多寡厚薄及表现方式的不同，但我们对中华文化的阐发应该贯穿整个语文教学计划和教学的全过程。文本解读要梳理和研究不同文体中中华文化的表现形式和内在蕴涵，并探求从文化视角去阐发这些形式和蕴涵。

2. 隐性文化

语文教材特别是那些文质兼美的经典性课文都是人类优秀文化的结晶，但许多文本的文化内涵有其隐蔽性。如果看不到它的文化特点，不能充分挖掘它的文化意蕴，语文教材的功能和价值就无法得到充分体现。

从文化视角考察和阐释文本，就是要在课文的题解、注释、分析、比较和讨论等整个阐释系统中把课文的解读重心转移到文化观念与文化教育上来。在文化传统、思想道德、民族心理、思维方式和价值观念等方面更深层次上寻求文化的审视点，阐扬课文中的文化意蕴，传承文本的文化特质，进而挖掘作品内在的思想和趣味。如解读《阿Q正传》一文，从政治的角度考察，得出的结论是，阿Q与赵太爷属于两个阶级，二者是压迫与被压迫的关系，其间的对立与冲突十分尖锐。显然，这种解读易于形成公式化。如果从文化的角度阐述，就会发现，阿Q与赵太爷文化心理上的内在一致性：阿Q同样具有"主子性"，也决不放弃统治别人、凌辱别人的机会，而赵太爷失意的时候也是奴性十足。实质上，阿Q与赵太爷具有同样的封建性和劣根性等农民心理。鲁迅抨击的正是民族的这种劣根性，即失意时逆来顺受，甘于屈辱，得势时则以强凌弱，在兽面前显示出"羊"性，在"羊"面前显示出兽性，唯独缺少个性和主体性。如此解读，教师站在文化的制高点，以文化的眼光审视文本，透过语言文字管窥文本的文化背景，并以此为基点比较分析，则文本背景得到扩大化，文本内涵得到文化化，学生的学习基点就得到放大，感悟的层次得到深沉。师生便能在灵动的语文课堂中充分张扬文化意味，在文化浸润中获得生命成长。

人文类课文的解读是这样，科普类课文的解读也是如此。人类在创造世界、解释自然的过程中，也会反映出人文性的价值趋向和情感信仰。因此，一些科普类的说明文，只要孜孜叩问，同样也会彰显其内在的文化追求。如三年级下册《太阳》一文，首先讲了太阳的特征（很远、很大、很热）；其次讲了太阳和人类的关系。这些主要是单纯的知识和技能，只要加以训练，学生便能掌握。除此之外，蕴涵在文章中的文化应该怎样去追求呢？不妨这样来设计：让学生查阅有关太阳的资料，充分利用优秀的传统文化资源，讲述后羿射日、夸父逐日、精卫填海等神话故事，感悟到如果没有太阳，地球上将到处是黑暗，到处是寒冷，没有风、雪、雨、露，没有花、草、鸟、兽，自然也不会有人，从而感激给世界送来光明和温暖的太阳，感受这个美丽可爱的世界。

所以说，教师对文本的解读必须具有开阔的文化视野，并以其为背景固本寻源，对每一篇文章都做出丰厚、融通、开放的解读。这样的解读，不仅是对文化的深入、顺应和皈依，而且还能让课堂教学思接千载，丰富灵动，使学生自然而然地产生对文化的虔诚和向往。

（六）哲学高度

从哲学高度上说，文本解读只有"眼睛"在场的解读是无效的，只有

"头脑"在场的解读是低效的,唯有"生命"在场的解读才是真正高效的。从哲学高度解读文本需要把握好众多关系,其中最基本的是主体与客体、深入与浅出、整体与细节这三个关系。

1. 主体与客体

文本解读有两种价值观:一种是尽可能地去还原作者创作的主观意图;而另一种是尽可能地寻找文本对我们生存的意义。第一种价值观是指向"物"的,是朝外面看的;第二种价值观是指向"我"的,是朝里面看的。站在当代人本主义哲学、存在主义哲学的角度来看,显然第二种阅读价值观更有意义。所以,从根本上说,读文本是读自己,读文本是为了自己,这样的文本解读才有意义。

德国哲学家伽达默尔指出:文本作者的意图是当代人不可能"客观"地完全再现的,文本的"原意"也是不可能完全恢复的。读者和作者之间的"时间间距"是不可能克服的,也是不应当克服的。理解是从文本中接受有意义的东西,并把它们"解释"成自己理解客体的方式。小学生与作者更是有间距,有时间、空间上的距离。现在小学生读杜甫的《茅屋为秋风所破歌》,杜甫离他们有一千三百多年,这么大的一个时间间距,小学生能不能克服?杜甫的茅屋他们可以想象,但是杜甫的茅屋到底是怎么样的,杜甫在这个茅屋里的心境如何,他们是不可能深入地感受到的。文本解读不需要孜孜以求地去追寻作者写作的本意,我们完全可以从文本中读出对自己有意义的东西。这可能是对文本解读观念的一个重大颠覆。这样,在文本解读的时候,我们的思想就可以解放。如果说传统的教材分析更多的是"六经注我",那么文本解读就是"我注六经"。所有的文本解读,都有一个主语存在,这个主语就是"我"。不能把这个主体丢掉,是"我"在进行文本解读,最后解读出来的一定是"我"的东西。

文本解读要尊重学生的独特体验,这后面折射出来的就是人本主义这个理念。最近兴起"史学热",不禁使人想起两句话:"一切历史都是当代史"、"一切解读都是误读"。现在的小学生去阅读以前的文本,始终是带着一种现在的心态、情感,跟"小孩子"当前的经验联系在一起,很自然就带有了现代的气息。

所以说,文本解读,需要与学生这个主体对话,感受学生之感受。文本解读的最终目标是引导学生阅读文本,而"阅读是学生的个性化行为,不应以教师的分析代替学生的阅读实践"。这就要求教师要珍视学生的感受,充分考虑学生的生活体验和对事物的认识态度和方法。我们既不能把学生的读书收获当做是对文本的理解,全然不顾文本的价值取向;又不能一意孤行,理所当然地把教师的认识强加于学生。从学生主体的角度解读文本,有利于课堂上及时、有效地引导和调控，使学生能及时调整自己与作者的对话，更正确、全面、深入地理解文本的意义。例如，二年级上册成语故事《坐井观天》的寓意对教师来说，是浅显明了的。但对于生活经验不足的小学生却不容易理解。如果课前不充分考虑学生的感受，课堂上就很难把握这些知识生成。

2. 深入与浅出

从哲学角度看，文本解读是一种理性思维，讲究深入、深刻和深远。而小学语文课堂则是一种很感性的活动，要求形象、感悟和诗意。而且教师和学生对文本的理解又是深浅不同、宽窄有异的。文本解读的"深"和"浅"有四种不同的组合：深入深出、浅入浅出、浅入深出、深入浅出。只有"深入浅出"，才是文本解读的正确方向。也只有"深入浅出"，小学语文课堂才是高效率的。

3. 整体与细节

文本解读是一个宏观的、系统的工程，需要有哲学意识，把对教材的整体把握和细节解读二者有机结合起来，追求整体最优化。解读一册、一组或一篇教材，都要考虑册与册、组与组、篇与篇之间的编排位置和相互之间的联系，把每一部分教材都看成是整套教材的有机组成部分，弄清它在整套教材体系中的地位和作用。细读虽然要抓词抓句、抓表达方式，但还是需要在整体理解的基础上进行。否则很容易抓住一句话，一两个词，片言只语，断章取义，也就无法对学生一些独特的理解作出判断。对文本的整体把握是很重要的，整体决定解读的成败。细读是在整体观指导下的深入，细节体现的是精彩的瞬间。在文本细读的时候，要防止"只见树木，不见森林"。

请看对五年级上册《鲸》一文的整体解读。这是一篇常识性说明文，介绍了鲸的形体特点、进化过程、种类和生活习性等方面的知识。文章既展现了一幅幅关于鲸的生动画面，也向学生开启了一扇探索动物世界的科学之门。这篇课文层次分明，条理清晰，每个自然段基本上讲了一个意思：

第 1 自然段讲鲸特别大；

第 2 自然段讲鲸是哺乳动物，不是鱼；

第 3 自然段讲鲸的种类；

第 4 自然段讲鲸怎样进食；

第 5 自然段讲鲸用肺呼吸；

第 6 自然段讲鲸如何睡觉；

第 7 自然段讲鲸的生长特点。

概括起来说，第 4 自然段至第 7 自然段分别从四个方面介绍了鲸的生活习性。

文本内部的组织结构清晰了，才可以品味语言和表达方式的精妙。这篇课文语言简练准确、平实质朴又不乏生动形象，是表达上的一大特点。作者运用列数字、举例子、作比较、打比方等多种说明方法，通俗、生动、准确地对鲸的特点加以说明，融知识性与趣味性于一体，增强了文章的可读性。课文首先拿鲸和人们熟悉的象作比较，使我们形象地了解到，鲸比象还要"大得多"。接着，用翔实的数字来说明鲸的体重，以此来说明鲸的"大"。然后，又以我国捕获的一头鲸为例，再次列举具体数字，具体生动地说明鲸的确很大。作者在介绍鲸吃食物以及鲸的生长时，又一次运用列数字的方法加以准确说明；在介绍鲸的呼吸时，用"花园里的喷泉"来比喻鲸呼吸时喷出来的气体形成的水柱，这种打比方的方法，使说明更清楚，也更形象，便于读者理解。

三、文本解读的主要策略

（一）走近文本

文本解读是对文本逐步走近的过程，从陌生感到亲和力再到创新性。

首先，要善待文本。这犹如观察的视线，对文本的正确态度应该是"平视"，不是"仰视"，也不是"俯视"。文本是小学语文教学的主要凭借，应多一些文本解读，少些架空分析、少些课外文献、少些音响资料、少些课中游戏。

其次，要细读文本。老子曾说："天下难事，必做于易；天下大事，必做于细。"他精辟地指出了要想成就一番大事业，必须从简单的事情做起，必须从细微处入手。文本解读要想取得理想的效果，必须遵循"面—线—点"的线索，从细微处入手。特别是对文本的特点、重点、难点、突破点、空白点等要细细品味，慢慢欣赏。正如朱光潜先生在《谈美》中所说："慢慢走，欣赏啊！"例如，在解读三年级上册《槐乡的孩子》一文中"孩子们满载而归，田野里飘荡着他们快乐的歌声"一句时，为什么用"飘荡"而不用"响起"？"飘荡"一词把孩子们的快乐、炊烟的缥缈、田野的静谧凸显得淋漓尽致，而"响起"一词就显得平铺直白。字斟句酌，蕴涵品味，人与文已融为一体。

（二）读透文本

文本解读要经历一个反复读透的过程：从"读通"到"读厚"再到"读薄"最后达到"读准"。下面是文本读透的四个策略：

1. 整体地读

只有整体地读，才能整体观照，"前提"引导，居高临下，全局在胸，真正读透文本。有的老师经常有意无意地把读"森林"和读"树木"混为一谈，细节有余，整体不足。例如，读四年级下册寓言《扁鹊治病》一文时，读出了"扁鹊和蔡桓公的对话"，依据的只是故事的情节。而如果读"森林"，基于整个故事主题来把握，读出的就是扁鹊的"医术精湛"。作为一个文本的主导倾向，是通过"森林"反映出来的，还是通过"树木"反映出来的？这是不言而喻的。还有一种情况，就是都是整体观照，但解读中也会出现不同的价值取向。这时就要进行"前提性论证"。例如，六年级下册《凡卡》一文，基于社会学的解读，你读出的是对罪恶社会制度的控诉。但如果基于儿童本位学的解读，你读出的就是在非人生活下儿童还具有的一种童真童趣。这时就需要进行前提性论证。哪个前提更具有时代意义，我们就取哪个。所以，文本解读不但要考虑价值本身，而且要考虑这个价值是在什么前提下得出来的。又如，古往今来，离情别意，让多少文人墨客为之肝肠寸断，写下了多少千古传唱的不朽之作。江苏著名特级教师孙双金在《赠汪伦》、《黄鹤楼送孟浩然之广陵》、《别董大》、《渭城曲》教学中，始终贯穿感情的主线，将四首古诗放在古诗文的送别文化中展开教学，使此文本与彼"文本"之间纵横交错，血脉相成……这是文本整体解读的一个典范。

2. 细腻地读

叶圣陶先生在他的《语文教育二十韵》里说，"一字未宜忽，语语悟其神"。也就是在文本解读时，不要把一个字轻易地放过去，作者为什么用这个字、这个词、这种句式而不用别的？要细细体会它的神韵所在。这样，文本解读就会丰满起来，不会变成一个空洞的、说教的东西。

三年级下册《可贵的沉默》的题目的中心词是什么？是"沉默"还是"可贵"。文本中"沉默"这个词出现了6次。这6个"沉默"意思一样吗？内涵一样吗？有一句说"沉默了足足一分钟"，还有一句说"这一片沉默给了我多大的享受啊"，两个"沉默"有没有区别？前一个"沉默"是从时间角度说的，这一分钟，是让每一个孩子自我觉醒的过程。后一个"沉默"是从空间角度来讲的，因为每一个孩子都在沉默。只有这样去推敲、咀嚼，文本解读才能扎根在语言本身，扎根在孩子心里。

3. 反复地读

文本解读是"慢"的艺术，只有对文本反复地读，才能透彻地理解和把握文本的内在本质。读《阿Q正传》不同遍数得到的效果是不同的：第一遍，我们会笑得肚子痛；第二遍才咂出一点不是笑的成分；第三遍，鄙视阿Q的为人；第四遍，鄙视化为深思的眼泪；第五遍，阿Q还是阿Q；第六遍，阿Q向自己走来。

又如，阅读《鸬鹚》一文时，学生提出："我为鸬鹚感到不平，这辛辛苦苦的劳动所得，却被渔人白白地拿走了。而渔人只捡些小鱼施舍给它，鸬鹚太可怜了。"教师首先肯定这位学生敢于大胆发表意见，然后反问道："这位渔人真的很懒吗？请你们认真地读课文，联系课文中的有关语句来谈谈自己的看法。"学生通过深入地研读文本，从课文描写渔人"站"、"抹"、"抓"、"挤"、"抛"等紧张劳动的语句中体会到渔人的勤劳与辛苦。但先前那位学生还是坚持己见："我还是觉得鸬鹚可怜。渔人再辛苦也有休息的时间，而鸬鹚却得随时听渔人发布捕鱼的命令。"面对这位固执的学生，教师笑着问："真是这样吗？假如现在老师给你们每人一条小渔船，再给你们几十只鸬鹚，过几个小时，你们能悠悠地捕来一大堆鱼吗？请大家反复读一读课文，要特别关注描写鸬鹚和渔人的有关语句。"通过再次研读课文，学生都认识到渔人现在的悠悠是基于平时对鸬鹚的训练和长期的劳动经验，从而对文本表达的劳动美也就有了更深的理解和领悟。

4. 形象地读

文艺理论有一个重要的观念，叫做"形象大于思想"。读文学作品，不要简单地抽象思想，重要的是读出形象来。这种"形象"就是：如临其境，如见其人，如闻其声。现在许多文本解读的终极目标往往就是一个概念。四年级上册《跨越海峡的生命桥》一文要形成什么思想？爱心。其实，解读这篇课文不能空讲"爱"，要多解读典型的画面：杭州病床上的小钱，台湾医院病床上的青年，抽取骨髓，骨髓移植手术……就让这样一幅幅画面永远留在学生的头脑里，激发学生永远记住两岸同胞的血脉亲情。六年级上册《大瀑布的葬礼》也是一样，不要光讲爱护地球、维护生态平衡，而是要让学生想象大瀑布以前和现在的不同景象以及巴西总统主持的葬礼情境，把这些情境、画面刻在学生心里。语文文本的解读与《品德与生活》、《品德与社会》的区别就在这里。

（三）超越文本

西方文论认为，文本仅是一个图式化结构，是一个开放的系统，有许多未定点和空白，可以接纳通过读者想象和填充使之具体化的不同解读。我国的古代文论也包容着"诗无达诂"、"见仁见智"等多元解读之说。同时，接受理论、建构主义理论等强调的读者体验、经验、个性、创造等教育新理念的强势介入，冲溃了教师"一言堂"的堤坝。文本多元阐释的可能性和读者的差异性共同高扬了超越文本的旗帜。

1. 这是由语文文本的形象性决定的

形象是感性的东西，一个具体的艺术形象，往往包含多层含义。感性的形象使得文本意义中存在着诸多不确定性，这就为鼓励学生文本理解中的新见、创见提供了空间。于是，对文本的解读出现了"仁者见仁，智者见智"的现象。教学二年级上册《坐井观天》一文时，一位老师以"青蛙跳出井口了"为题，让学生们根据课文内容进行想象。学生们经过思考和讨论，大多数学生的看法是青蛙跳出井口后开阔了眼界，但有一个同学却说："青蛙从井里跳出来，它到外面看了看，觉得还是井里好，它又跳回了井里。"当时，老师、同学都不理解。当晚，这位老师在灯下批改学生们续写的故事时，他被震撼了。这位同学是这样写的：

青蛙跳出井口，来到一条小河边，它累了，想去喝口水。突然，它听到一声大吼："不要喝，水里有毒！"果然，水上漂着不少死鱼。它抬头一看，原来不远处有一只老青蛙在对它说话。它刚要说声"谢谢"，就听到一声惨叫，一柄钢叉已刺穿了那只老青蛙的身子，那只老青蛙在痛苦地挣扎着。青蛙吓呆了，这外面的世界太可怕了，它急忙跳回井里，它心里想，还是井里好，井里安全啊！这位同学的观点是与他脑海中浮现的特定的"形象"联系在一起的。

2. 这是由小学生的生活背景决定的

学生的生活是文本解读的背景。由于学生生活经历和感受的不同，他们对生活的视角也会不同，对教材的解读也往往是多元的。四年级上册《给予是快乐的》，全文内容浅显易懂，但却在字里行间洋溢着感人至深的人间真情。教学时，有一位老师组织学生讨论一个问题："保罗、男孩、弟弟三人谁是给予者？谁最快乐？"结果学生的讨论结果出乎意料：他们认为三个人都在给予，都在给予中获得了快乐：保罗开着新车带男孩和弟弟兜风，他为自己能给别人带去快乐而快乐；男孩尽到了自己的责任，对残疾的弟弟实现了自己的诺言，他也是快乐的；而男孩和弟弟给了保罗体验助人之乐的机会，他们也在给予，也应该是快乐的。第三种见解令人耳目一新，是我们不曾想到的。是啊，弱者同样也可以给予强者快乐！这使得文本的"给予是快乐的"这一主题更加丰实和深刻。

所以，教师不仅要考虑把文本教给学生，还要设身处地站在"学生立场"上，用学生的心灵去亲近文本，用学生的眼睛去发现文本中属于学生文化创造的那些特质。学生也有自己的生活世界，他们会用自己世界里的规则去度量文本的各个方面；学生有自己的思维语言，他们会用这种语言去解读文本的各种问题；学生有自己的表达方式，他们会用这种表达方式去呈现文本中属于他们的发现。

当然，我们尊重学生的独特感受，但并不意味着可以让学生漫无边际地随意发挥。在阅读《三打白骨精》一文时。老师问学生，在这个故事中你最佩服谁？多数学生说佩服孙悟空，可有一个学生却站起来说佩服白骨精。白骨精足智多谋，屡败屡战，锲而不舍，有坚强的意志。这个感受太独特了。他的解读有没有意义？首先要肯定他，这是属于他自己的一种解读。但是，这个学生感受到的意义，是否是文本的主导倾向？肯定不是。白骨精是害人精，这是大前提，是一种价值判断。这个学生说出的那些"优点"，都是在这个大前提下的。在"害人精"这个大前提下，你就不能说它"足智多谋"，只能叫"阴谋诡计"、"诡计多端"。这种是非不能含糊。

3. 这是由全息解读的特点决定的

文本解读是一种"全息"解读，要把握文本承载的三重意义：一是文本的作者意义，即作者试图通过文本要表达的意义。这层意义是阅读时要把握的基本意义，即尽可能准确地弄清楚作者试图要表达的思想。二是文本的社会意义，一个特定的文本，一旦作为一个自足的存在，它就不再受作者思想的绝对约束，它会在流传过程中形成它特定的意义，这就是文本的社会意义。这种社会意义不是某一个具体人所赋予的意义，而是在大跨度的时间过程中不知不觉地形成的。像很多古诗名句，我们使用时常常会承载着许多与作者原意风马牛不相及的新的意义。例如，"但愿人长久，千里共婵娟"，苏轼表达的是兄弟之情，思念之情，现在人们绝大多数不再用它表达兄弟情谊，也不一定是表达思念，而常常是表达男女之间的爱慕。三是读者意义，"一千个读者就有一千个林黛玉"，"一千个读者就有一千个哈姆雷特"，就是一个代表性的说法。当然，要我们对每一个文本的三重意义都认识得十分清楚，是苛求的，甚至也根本不可能，但一个语文教师，如果不能清醒地认识"全息"解读的重要性，则是不应该的。

所以，翻开一篇课文，常常会有多种不同的声音同时存在，一种是文本的声音；另一种是读者的声音。作为课文的文本，还渗入了编者的声音，这些都构成了多元解读的基础。文本解读也就成了与作者、编者和读者不断对话的思维活动。所以，在文本解读的策略上，发生了由过去按照教参的"定论"强制灌输的"一元解读"到现在倡导在教师、学生、作者、编者、文本对话的基础上的"多元解读"的变化。

关于文本解读的多样性可能，批评家巴尔特曾断言：作者死了。这意味着"读者"的诞生。因此，我们接触的文本不是"特定文本"，也不是"待定文本"，而是"可以不断增补和超越的文本"。

第十章　教学设计

"素课"的教学设计是用设计技术有效地解决课堂问题的过程。课堂教学设计要处理好的主要矛盾是：(1)教师教与学生学的矛盾。(2)预设和生成的矛盾。(3)知识技能教学与情感态度价值观教育的矛盾。(4)课程标准与教材、课程资源之间的矛盾。(5)教学内容与教学过程、教学方式的矛盾。通过分析，这些矛盾在教学过程中不是简单的对立关系，而是相互促进、辩证统一的整合关系。"素课"不是不要设计，而是要精心设计，创造性地运用教学设计技术具体解决以上矛盾。

一、教学设计的内容

（一）教学目标的设计

课堂教学始终是围绕教学目标进行的。教学目标设计的依据是课程标准的要求和教材的内容，以及学生发展的实际。据此可以把教学目标划分成三个维度：知识与能力目标、过程与方法目标、情感态度与价值观目标。

在这三个维度目标中，"知识与能力"是基础，是课堂教学的核心，它通过"过程与方法、情感态度与价值观目标"的实现过程而最终实现；"过程与方法"是课堂教学的操作系统，它渗透在"知识与能力"目标的实现中，没有"过程和方法"目标，所倡导的"自主、合作、探究"等学习方式也就难以落实；"情感态度与价值观"是课堂教学的动力系统，它伴随"知识与能力"、"过程与方法"目标的实现而实现。没有"情感态度与价值观"目标，语文教学就会缺失人文性。由此可见，三个维度目标虽各具内涵，但又相互渗透，融为一体。

但是，这三个方面的目标，在实际教学中不可能并重，也就是说要根据教材特点各有侧重，一般来说知能目标要重些。知能目标指的是识字与学词、积累与运用，朗读与背诵、听说与练笔、思维与想象等。方法目标指的是读书方法、观察方法、自学方法、写作方法等。情感目标指的是教材渗透出来的价值观念、师生之间的沟通，个性的体验，以及行为习惯等。从理论上说，目标分类很复杂，但在操作上不必求全。教学目标应该简单化、具体化、有可操作性。虽然有些目标没有明确提出来，但却可以渗透到教学过程之中。例如，获取知识必然隐含着方法与过程问题。所以，教学目标不要过大、过繁，表述明白就可以。语文教学目标，既有具体的，也有模糊的；既有近期的，也有长远的；既有预设的，也有生成的。

小学语文教学目标分为"总体目标""单元目标"、"课文目标"、"课时目标"，这是一个局部细化和具体化的过程。教师在制定教学目标时，只有从"总体目标"入手，清楚"单元目标"，聚焦"课文目标"和"课时目标"，并在目标制定时充分关注学生的学情，才能使目标得以明确和落实。

（二）教学流程的设计

课堂教学应不应该有流程，一段时间以来，众说纷纭。有人认为，语文教学应以学生为主体，教学过程有很大生成性，所以不应该有完整的流程，更反对教学模式化。但笔者认为，教学有法，教无定法，贵在得法，妙在导法。课堂教学如果没有预设的流程，也就成了断线的风筝。俗话说"成事在天，谋事在人"，这谋划者就是教师。没有科学的谋划，也就不可能有高效的教学。因此合理安排教学流程是非常重要的。

根据现代教学理论，教学流程结构有三种。即："导学"结构、"学导"结构、"双主"结构。

一是"导学"结构。它的特点是强调教师为主导，也就是问题的设计、活动的开展、生成的体验、练习的设计都是教师引领的，学生是在教师圈定的范围内完成学习任务。每个步骤要完成哪些任务，用多少时间，教师都有周密的计划。

二是"学导"结构。它的特点是强调学生为主体，也就是纯粹的以学论教，例如，问题由学生提出，方法由学生选择，练习由学生设计，体验由学生生成，教师的作用就点拨、引导和评价。

三是"双主"结构。它的特点是强调教师与学生的都是主体。教师与学生始终都是以平等、商量的口吻建构学习内容或过程。教师靠人格的力量获得平等中的首席。

三种教学结构各有其利弊。在教学设计的时候，我们要根据教材的内容与学生的年龄特点，选择不同的方式。例如，第一学段的语文课堂教学，选择"学导"结构显然就不适应。另外，识字教学、口语交际、阅读教学、习作教学等，都有明显的差别。理想的教学流程，应该是三种方式的交错运用。例如，就一篇课文教学来说，识字阶段采用的学导式，阅读阶段采用导学式，拓展阶段采用双主式，总之，学习任务不同，选择的教学方式也不同。

根据笔者和杭州市崇文实验学校副校长、特级教师虞大明的课堂观察和思考，"素课"中教学流程的设计应有以下要求：

1. 整体领先，细节优化

一篇课文的教学设计，必定是执教者的课标研读、执教理念、文章把握等多种能力的综合体现。语文教学程序的设计贵在整体领先。

"一千个读者必定有一千个哈姆雷特。"由于文学作品主题和表现对象呈现出的多义性，同一个文本，不同的执教者会因不同的阅历背景、解读角度得出不同的文章主旨。而一篇文章一旦进入教材体系，就将凸显出它的教学价值。由于涵盖了字词句篇、"语修逻文"等多种因素，文本便凸显出诸多的教学点。而执教者对一篇文本主旨的把握是否准确、深入、独到，对教学点的确定是否准确、适切，将直接决定着课堂教学的成败。在整体解读文本、把握课堂设计主线的时候，应该充分关注以下几点：

（1）提炼文章的中心点。如四年级上册《巨人的花园》一文，很多老师对这篇被誉为"完美之作"的王尔德作品喜爱有加，但有些教师在主旨的把握中或陷于模糊，或陷于重复，如"快乐要与人分享"。而有一位老师从文本中有形的"墙"联想到巨人心中的"心墙"，提炼出一个极富新意的中心："幸福，就是拆除心墙"，这无疑给学生打开了一个崭新的心灵之窗。

（2）确定语言教学点。一篇有着诸多教学落点的文章，除了要根据本文的文本特点，课程标准中的学期目标、单元目标、本课目标确定教学落脚点外，还应该根据本班学生水平确定本节课的语言教学的突破口。如六年级上册《山中访友》一文有着大量的比喻句，根据各级目标，更根据学生实际，可以把整节课的语言教学点设定为：欣赏大量形象、生动的比喻句，在品鉴中揣摩比喻句的高下，运用感悟到的技法写一段景物，用上生动、新颖的比喻句。

（3）实现言意并举的品读点。在阅读任何一篇文本之时，都应抱着"言意并举"的理念去品读、设计。当然，有些文本对当下的孩子来说，可能找不出一个很好的"言意并举"的品读点，那么在设计时可以灵活处置，偏重一方。

在相当长的一段时间里，语文教学存在着"情感有余，思辨不足"的倾向，课堂上经常出现情感泛滥的现象，这对学生的全面发展是弊大于利的。因此，教师在钻研文章时还应引导学生理性地解读文本。杭州市天长小学蒋军晶老师在执教五年级上册《地震中的父与子》一文时，他从"情"与"理"的高度解读文本，根据课文设计了三种结局——父子团圆、儿子已死、引发爆炸——引发了学生冷静、理智的思考，打开了孩子们宽阔的视野。

2. 感知在先，理解在后

感知是指客观事物通过感觉器官在人脑中的直接反映。理解是逐步认识事物的联系、关系直至认识其本质、规律的一种思维活动。"感知在先，理解在后"是由人的阅读心理决定的。在心理活动中，先有感知，再有理解。只有充分的感知，才有准确的理解。因此，在教学程序的设计中，必须有足够的时间让学生充分感知。在阅读感知中，应特别注意培养学生的整体性感知，珍视学生的个性化感知。

（1）整体性感知。所谓"整体感知"就是在感知过程中把一篇课文当做一个整体来感知，而并不是在学生初步接触文本的时候，教师便引导学生从某个局部开始进行琐碎咀嚼。当然，学生在感知过程中可以把整篇课文当做一个整体，也可以把文章的字词句段、"语修逻文"，甚至作者的思维、情感、审美等各方面各当做一个整体。重要的是，教师没有刻意地把学生的感知引向某个单一的方面。这样的感知将有助于学生对整体的把握能力，同时，他们的感知也更宽泛、更自由、更活泼，更易发现文章中动人的因素。

（2）个性化感知。阅读的主体是学生。可是很长时间以来，教师或强调阅读技法，或将自己的心得强加于学生，这种不从接受者的角度引导学生阅读的教学造成了主体错位，以致让学生迷失了自己，丧失了阅读的渴望。

在学生充分感知的背景下，教师即可引导学生转入对文章字词句篇等局部的理解。在珍视学生独特感受的理念指导下，引导学生通过比较、品评、搜集、分析、联想、推理等，在感性的基础上对文章进行较为理性的把握，最后再回到文章整体的理解、把握，从而获得对文章意义和布局谋篇、遣词造句的深层领悟。

3. 口语领先，读写跟上

语文教学的主要任务，就是指导学生正确理解和运用祖国语言文字。这里所说的祖国语言文字，包含着口头语言和书面语言。

毋庸置疑，初入学儿童普遍存在着口头语言超前、书面语言滞后的状况。这是语言的发展、儿童的生活、教育等一系列因素造成的。从语言的发展来看，书面语是在口语的基础上产生的，是口语的加工形式。口语是第一性的，书面语是第二性的。从儿童的发展来看，从婴儿降生起，耳边就开始伴随着口头语言，在有意、无意的学习中，他们的口头语言得到了长足的发展。而书面语言则必须要等到读书认字后才能正式接触。

因此，语文教学肩负着一个重要使命，在儿童已有口语发展的基础上，通过学习语文，通过大量的读写，促进儿童口头语言和书面语言同步协调发展，让孩子的语言逐渐向逻辑严密、条理清晰、结构紧凑、用词精准的书面语言发展，同时提高口头语言的品位。

4. 学生先行，教师后置

语文教学过程，从根本意义上来说是学生作为认识的主体，在教师指导下有目的地获取知识，建构意义的过程。"满堂灌"之所以为语文教学所不取，是因为它取消了学生自主能动地感知、思考、探索的过程。现代教育的特征是高扬人的主体性，追求人的全面发展，充分发挥每一个人的主观能动性，让每一个学生主动地学，个性化地学。

"学生先行，教师后置"的关键在于课堂中有没有学生具体的活动。教师的讲解可多可少，学生的活动不可或缺。

（三）教学活动的设计

语文学科不同于其他学科，它不仅蕴涵着深厚的人文精神和文化底蕴，还具有独特的学科性质，即工具性、综合性、基础性。所以语文学科的本质任务就是要让学生通过阅读的学习，感知语言、理解语言、鉴赏语言、运用和发展语言，激发学生对祖国语言的热爱；通过学习，指导学生学习语文知识、培养语文能力、创造能力，提高认识水平，发展个性。为此，在阅读教学的活动设计中，要充分考虑到它的上述特点，才能保证活动的有效性。语文教学活动形式多样，错综复杂，例如，听说读写、观察、想象、思维等都属于教学活动，但是，课堂教学主要看师生的互动过程是怎么样的，教师是否保障了学习者的主体地位，使学生积极主动地占有活动过程。

（四）多媒体的设计

教学媒体的运用要注意"传统"与"现代"优化组合。这里要提出"混合学习"（Blending Learning）的理念。就是要把传统学习方式的优势和数字化或网络化学习（E-Learning）的优势结合起来。也就是说，既要发挥教师引导、启发、监控教学过程的主导作用，又要充分体现学生作为学习过程主体的主动性、积极性与创造性。只有将二者结合起来，使二者优势互补，才能获得最佳的学习效果。

那么，对于多媒体的运用如何来"混合"呢？例如，学习生字时，教师首先应该通过板书进行一笔一画的演示，跟随学生的反应将笔画书写过程中的注意事项进行强调，学生则边听老师讲解边模仿，这种学习过程是教学机器不可比拟的。因为它不仅使学生一笔一画地学会了生字，而且感受到老师的关切与耐心，感受到了话语的温暖。人文关怀就在老师的字里行间、一举一动中体现出来。而对于数字化或网络化教学媒体的运用，则在生字学习的后期阶段发挥作用。学生通过生字学习软件可巩固他们所学生字的笔画、笔顺、读音等，反馈及时而且直观形象，增加了学生的学习兴趣，同时也减轻了教师的繁重劳动。

每一种媒体都有其长处，没有哪一种媒体适合所有的教学情境。现代教学媒体是先进的，有着许多传统媒体所无法比拟的优点：它生动形象，表现力强，用途广；可以通过图、文、声、像等多层次、多角度呈现教学内容，创设立体的教学空间；利用视听感官的共同刺激，强化学生对教学内容的理解和识记。但它却不是万能的，如果用计算机模拟实验，虽也直观省时，但却剥夺了学生亲自动手的机会，削弱了对他们成功或失败的情感体验。学生的思维将被机器和技术所控制，他们在这样的教学氛围中逐渐失去个性与好奇，成为缺乏批判性和创新意识的"单面人"。因此，我们不能忽视传统教学媒体如板书、语言、身体动作、眼神表情给学生的情感刺激，这种体验是冷冰冰的"人造物"无法替代的。只有把现代媒体和传统媒体妥善结合、协调运用，才能扬己之长，避己之短，达到理想的教学效果。在当前条件下，设计多媒体辅助教学要注意以下三点：

1. 采用新型教学模式

运用现代教育技术优化语文学习过程，是教育现代化的目标之一，而运用新型教学模式是实现这一目标的基本举措。新《课程标准》要求教师要突破传统教育观念，摒弃以教师、书本和课堂为中心的"三中心论"，真正树立以学生为主体，教师为主导的现代教育思想。在新型教育模式下，教学系统中，要素间的关系，要进行如下四个转换：教师由讲授者变为学生学习的指导者、组织者；学生由接受者，变为主动学习者；媒体从演示工具变为学生认识的工具；教学过程从传统的分析讲授转变为学生发现问题、探究问题的过程。

新型教学模式下要求教育技术的运用，既要能激发学生学习的兴趣，又要努力创造学习者可参与的环境。但有一些教师认为只要教育手段先进了，课堂教学中运用了多媒体辅助教学，教育思想便也先进了，于是许多教师在语文教学中，只是把多媒体作为讲解、演示教学内容的工具。现代教学理论下教学媒体的性质已经发生了根本的转变，多媒体的应用应该是学生进行发现、探究、认识社会，接受新信息，并最终完成进行意义建构的工具，是学生学习的帮手，而不再是教师讲授演示的工具。这种在多媒体辅助教学的外衣内，进行着的传统模式的翻版，教师依然是讲解的中心，学生依然是被动的接受者。

2. 讲究教学实际效果

和传统教学模式相比，多媒体辅助教学有着明显的优点：有利于个别教育，可以做到因材施教，可以提高学生学习的主动性、积极性，有利于发展学生的智能。但是并不是所有的课都非要有多媒体辅助教学，才能取得教学实际效果。有些教师一味花时间制作课件，忽略了教学过程中的一个重要的环节——备课，他们错误地认为制作课件的过程便是备课的过程，殊不知，备课是寻找、搜索、构造，备选教学方法的过程，同时也是一个检验、评价，挑选满意的教学方案的过程。可以说，备课是整个教学过程的总策划和总设计。用制作课件代替备课，教学实际效果无疑得不到保障。有些教师片面追求多媒体辅助教学，甚至形成"无多媒体不成公开课"的局面，而其所用的所谓多媒体课件，只是简单的文字加图片，是用图片完全能够实现的。这种大材小用多媒体现象是不可取的。

3. 体现学科教学规律

众所周知，各学科教学都有其自身的规律。有了多媒体辅助教学的现代手段，还要不要花时间让学生多读书呢？语文教学就是要培养学生听、说、读、写的能力。古人云"书读百遍，其义自见"，一方面，学生由初读、再读、细读、精读、美读、熟读的顺序，体现了学生以读为主的主动读书，由不懂到懂，再到美读品味，最后到熟读成诵的过程；另一方面，学生由寻疑、释疑、解析、入情、品味、熟读成诵的顺序，体现了学生主动从提出问题到分析问题、解决问题，以至于入情品味，熟读成诵的过程。总之，要让学生充分地读，在读中有所感悟，在读中培养语感，在读中受到思想、情感的熏陶。

有的教师认为，多媒体课件集声音、图像、文字等多种信息于一体，极大程度地满足了学生的视听等感官需要，激发了学生对多媒体课的极大兴趣。于是在课件中集中了大量声音、图像、信息，并在课堂上充分运用，使课堂上学生读书的时间越来越少，由此许多教师感慨，这种只注重多媒体课件的多种信息的融合已越来越不像语文课。这种不注重学科规律，"蜻蜓点水"式的教学，也是没有实效的。

二、教学细节的设计

"素课"的基本观点是整体决定成败，细节体现精彩。在整体设计的同时要注意细节设计。教学设计的细节很多，这里只对导语、问题、情境、作业、板书的设计做一点探讨，希望能起抛砖引玉的作用。

（一）导语要新

导语是一节课的"开山斧"。一则好的导语可使学生的情趣油然而生，从而使学生带着强烈的求知欲学习课文。导语设计的总要求是新颖别致、引人入胜。

一位教师教学四年级下册《乡下人家》一课时，是这样设计导语的：

师：每个人都有自己的家乡，家乡在每个人的眼里都是无比美丽的。谁愿意为大家介绍一下自己的家乡？（请城市的孩子和曾在农村生活过的孩子分别介绍）

师：许多同学都没去过农村，今天老师满足大家的要求，咱们到一个美丽的乡下人家去做客，想不想去？（揭示课题）

很多名师在课堂教学的开始，总会流露和表达出某种情调和趣味，无疑会大大增强课堂教学的现场效应。例如，有的讲一段"闲话"，有的说一段故事，有的设一处情境，还有的摆一种姿势等。导语设计一般有"四法"、"五式"：

"四法"：即以中心命题的课文，适宜"开门见山，直接释题"（如一年级上册《四季》、《阳光》、《影子》、《雨点儿》等）；那些节选的文章，则需要"交代出处，简介作者"（如五年级下册的大部分课文：《冬阳·童年·骆驼队》、《晏子使楚》、《半截蜡烛》、《再见了，亲人》、《金色的鱼钩》、《将相和》、《草船借箭》、《景阳冈》、《猴王出世》、《人物描写一组》、《金钱的魔力》等）；成语故事、童话、寓言一类的课文，可以在导言中"提示中心，说明道理"（如一年级下册的大部分课文：《春雨的色彩》、《棉鞋里的阳光》、《月亮的心愿》、《美丽的小路》、《小壁虎借尾巴》、《四个太阳》、《乌鸦喝水》、《两只小狮子》、《棉花姑娘》、《小蝌蚪找妈妈》、《咕咚》、《小猴子下山》等）；诗歌一类的课文，可以在导言中介绍诗歌等有关文学常识（如五年级上册《长相思》、《最后一分钟》、《七律·长征》、《百泉村》等）。

"五式"：即谈话式、复习式、悬念式、提问式、渲染式等。导语设计无论采用什么方式、方法，都应该鲜明而有启发性，简洁而富有艺术性。

（二）问题要巧

陶行知先生有这样一首诗《每事问》："发明千千万，起点在一问。禽兽不如人，过在不会问。智者问的巧，愚者问的笨。人力胜天工，只在每事问。"这首诗充分肯定了提问的价值。要使学生"巧"提问，教师必须首先"巧"设问。

抓住一句，巧设问题，串联一篇。有的课文有画龙点睛之笔，这种句子容量大，常能起到提纲挈领、统领一段或一篇主要内容的作用。例如，六年级下册《凡卡》一文，可抓住中心句"我没指望了，我的生活连狗都不如"设计问题进行读议。为什么几次三番写狗？"连狗都不如"有何表现？（爷身边的狗：主人爱；富人家的狗：宠物）突出凡卡的悲哀。有的可以巧设问题，突破一词，教活一课；有的也可以巧设问题，精学一段，带会几段；有的还可以巧设问题，强化一处，辐射全文。

如何做到"巧"设问题？一是要以能激发师生互动与共鸣为原则设计提问；二是要以紧扣教学重点为基点精选关键提问；三是要以课堂教学需要为根据把握提问时机；四是要以拓展学生思维为目的预留想象空间。同时还要注重在问中求新、诱发想象、引发争论，采取正向设问、反向设问、侧向设问和多向设问等多种设问方式。

（三）情境要活

营造教学情境是实施新课程有效课堂教学的平台和环境。在课堂教学中创设什么样的教学情境，教师在教学设计中要事先做好规划和预设。

请看一位一年级教师设计的"参观生字王国，寻找生字宝宝"的一个片断：

师：狮子大王热情邀请我们走进它的生字王国，去认识它的生字宝宝。（课件：参观生字王国，寻找生字宝宝）

师：这些生字宝宝都戴着拼音帽子，利用这些帽子，我们来认识它们吧。

生：（借助拼音拼读）东南西北、前后左右、大小多少、男女老少。

师：生字宝宝很淘气，摘下帽子让你瞧。（去掉拼音）

（学生先试读，一名同学做"小老师"带领大家读，检查读）

师：生字宝宝很顽皮，它们跨着大步跑，重新排队要你找。（打乱课文对生字的排列顺序，学生积极认读生字）

生：老师，怎么有两个"少"？

生：这两个"少"的声调不一样，一个是三声，一个是四声。

生：就像一个小朋友取了两个名字！

师：（板书："少"的两个读音）像这样有两个读音的一个字叫多音字，以后我们还要学到很多多音字。

师：生字宝宝又跑到桃子里面去了（出示桃子形状的生字卡片）要是你能读出这个字，想办法记住这个字，再用这个字组词或说一句话，大桃子就奖给你！

生："东"是东方的东、东北的东，东北虎很凶猛。我数数笔画就记住它了。

师：好的，大桃子奖给你。

生："老"，老人，我们要尊敬老人。

……

小学低年级重要的是识字教学，重点应放在掌握识字方法、提高识字能力上。老师首先把所有生字置于一个大语境中（生字王国），然后采用注音读、指读、变化顺序读等多种形式，引导学生熟练认识生字，用自己习惯的方法记忆生字。

设计情境，包括创设平等民主的教学情境、激活学生思维火花的思维情境、引导学生在参与中学习的活动情境、为学生提供现代学习平台的媒体情境和再现现实生活情境等。情境设计要注重根据不同的教学内容、教学对象，体现灵活性、启发性和互动性。

（四）作业要趣

作业设计是教学设计的重要一环。作业设计得好，既有利于学生巩固知识，又有利于培养学生的学习能力。好的作业设计一个非常重要的衡量标准就是具有针对性和趣味性。

北师大版小语教材一年级下册《春天的手》的作业设计：

师：这节课我们认识了这么多的字，而且把春天带进了我们的教室。瞧！这就是春姑娘给大家留下的作业。请小朋友选择一条自己喜欢完成的作业。（课件出示作业）

①搜集并背一背有关春天的诗句。

②唱一唱赞美春天的歌。

③画一画你看到的春天。

小学生的行为方式受情绪影响很大，对感兴趣的事情会做得更有劲。兴趣性的作业设计正是迎合了小学生的这种心理。本案例中教师让学生根据自己的兴趣爱好选择喜欢的作业，就能使学生乐于做作业，更能促进学生个性的发展。趣味性作业的设计包括预习作业、课堂作业、家庭作业和自主作业等多个方面，可以采用阅读性作业、图画制作性作业、观察性作业和调查性作业等多种形式。无论设计什么内容、什么形式的作业，都应有利于精讲精练，做到轻负高效；有利于激发学生兴趣，做到喜闻乐见；有利于放飞学生思维，引领学生进行语文实践。

（五）板书要精

语文教学的板书，就是运用简洁、明确、醒目的文字、符号、图表等，在黑板上提纲挈领地再现语文教学的内容。板书是语文教学最基本的直观教学手段，既便于教师处理教材、组织教学，又利于训练学生的分析、概括能力和笔记能力。精美的板书，还能给学生以美感，激发他们学习语文的浓厚兴趣。无论现代教学手段多么先进，都不能代替教师的板书特别是语文教师的板书。对语文教学板书设计的基本要求是"精"，其具体表现为概括的准确性、计划的精密性、思路的条理性、内容的启发性、形式的生动性和书写的示范性。

下面是六年级下册选读课文《养花》一课的板书设计：

养花目的　养什么花　怎样养花　需要劳动　享受成果　也有伤心
高尚的乐趣

《养花》的作者老舍先生就养花实践中切身体会到的种种乐趣，分别从六个方面来进行说明。板书中每个词组都是每一方面的概括语，都是每一段的段眼。抓住这些段眼，投放到板书中，既包罗了文章的全部含义，又给人以简洁、明朗的感觉。

"板书"是教师的"微型教案"，因为它是教师在教学设计中精心构思的艺术结晶，是学生感知信息的视觉渠道，是发展学生学习能力的桥梁和工具。只要教师勤于钻研、不断总结、勇于创新，就会发现板书设计是形式多样、千姿百态、精致特别、美不胜收的。板书设计的主要模式有摘要式、图表式、直观式、问题式、分析式、线条式、图示式、对称式、情节式等。

三、教学设计的关系

（一）科学与人文的关系

直面当前的语文教学现状，可以发现，"唯理性教学模式"较为突出，把充满人性之美和生活趣味的语文教学变成机械枯燥的应试训练，使本来诗意的、审美的、人文的语文教学向标准化、抽象化、机械化转化，从而丧失了语文教学的人文色彩，不利于语文教学的改革和发展。语文教学如果抽掉人文内涵，只训练知识与技能，就会使语文教学失去生命而暗淡无光；同样，脱离科学知识空讲人文性，也会背离语文教学的基本特征。科学性和人文性的有机结合，是推进语文教学发展的基本原则。

1. 挖掘课文的人文资源

教材中的篇篇课文都蕴涵着丰富多彩的文化内容，无不富有人文精神，无不包括人性的激情、人品的精华、人类的亲疏、人情的意蕴、人世的沧桑、人生的价值。教材中的课文，反映了作者的生命，搏动着作者的心灵，蕴涵着丰富的人类文化精髓。

（1）课文描写了文化沉积的"物"。语文课文有世界上最古老的"赵州桥"（三年级上册《赵州桥》），有令人惊叹的"万里长城"（四年级上册《长城》），有雄伟壮丽的"颐和园"（四年级上册《颐和园》）和气势宏大的"秦始皇兵马俑"（四年级上册《秦兵马俑》），有中西合璧的"香港"（三年级上册《东方之珠》），还有具有现代文化色彩的"新型的玻璃"（五年级上册《新型玻璃》）、"电脑"（三年级下册《果园机器人》、四年级上册《电脑住宅》、五年级下册《电子计算机与多媒体》）等。

（2）课文记叙了有文化色彩的"事"。如一年级下册《司马光》《称象》、二年级上册《坐井观天》《窗前的气球》、二年级下册《我不是最弱的》《画风》《画家和牧童》《蜜蜂引路》、三年级上册《找骆驼》《矛和盾的集合》《陶罐和铁罐》《狮子和鹿》、三年级下册《燕子专列》《惊弓之鸟》《检阅》《七颗钻石》《妈妈的账单》、四年级下册《触摸春天》《永生的眼睛》《生命 生命》《鱼游到了纸上》、五年级上册《钓鱼的启示》《通往广场的路不止一条》《落花生》《"精彩极了"和"糟糕透了"》、五年级下册《晏子使楚》《半截蜡烛》《桥》《梦想的力量》《将相和》《草船借箭》、六年级上册《北京的春节》《藏戏》等。尤其是文学经典，集语言学、美学、哲学为一体，是民族人文精神的神奇之所在，是人文素养长效的增养剂。

（3）课文歌颂了人格魅力的"人"。如革命领袖列宁、毛泽东、周恩来、邓小平，革命英雄鲁迅，发明家爱迪生，科学家牛顿、詹天佑、钱学森，革命战士黄继光、狼牙山五壮士、小英雄雨来，民族英雄文成公主，国际友人白求恩，智慧大师诸葛亮，神话英雄普罗米修斯等。

（4）课文揭示了哲学启蒙的"理"。语文教学要根据课文的内容，通俗地揭示其中所包含的哲学思想，使学生受到辩证唯物主义的启蒙教育。①普遍联系。例如，四年级下册《大自然的启示》、六年级上册《跑进家来的松鼠》揭示了自然界中客观存在着动物、植物和人类之间普遍的联系。又从哲学高度说明了更为重要的道理：保护自然，保护环境，保护野生动植物，就是保护人类自身。②运动变化。例如，二年级上册《我是什么》说明了事物是不断变化的，变化又是以一定条件为转移的。二年级下册《玲玲的画》说明了坏事在一定条件下会变成好事。四年级下册《黄河是怎样变化的》描述了黄河的演变历史。一年级下册《小蝌蚪找妈妈》揭示了青蛙由小到大的变化过程。③实践检验。例如，四年级下册《两个铁球同时着地》通过科学家伽利略的故事，说明不能迷信权威和书本，要敢于向权威挑战。④共性和个性的关系。例如，一年级下册《棉花姑娘》，燕子、啄木鸟、青蛙都不能捉棉花上的蚜虫，只有七星瓢虫很快把棉花身上的蚜虫吃掉了。这是七星瓢虫不同于其他动物的、特有的本领。

2. 探究课文的人文内涵

语言不仅仅是工具，而且还是人的生命活动、心灵活动。人在语言中生活，在语言中思考，在语言中沟通，在语言中提升。特别是汉语，它是一种意合性的语言，呈现一种以形示意的文化形态。在语言的积累和感悟中领会课文的人文底蕴。

（1）在语言积累中丰富人文知识。语言中有人文底蕴，精彩的语言中人文底蕴更为丰富。在语文教学中，对精彩的语言现象必须让学生多读、多背、多写，让学生在积累语言中培养人文意识。如五年级上册《落花生》一文的背诵，既积累了借物喻理的语言表达，又丰富了人生哲理。

（2）在语言感悟中弘扬人文精神。语言中的人文底蕴，是蕴涵在字里行间的。这些意蕴要用心去感悟，领会语言背后的形象，进而穿透形象而领略其背后的意义。如五年级下册《晏子使楚》《草船借箭》、六年级上册《山中访友》《伯牙绝弦》等课文通过对语言的感悟，体会出人生智慧。随着语言的积累，就能逐步形成强烈的人文意识。其人文精神是渐进的，沉淀的。

（3）在语言品读中体会人文情怀。良好的朗读，不仅可以帮助学生加深理解课文内容，领会文章表达的思想感情，而且还可以再现作品形象，使学生与作者之间产生情感、理念上的共鸣。例如，五年级下册《再见了，亲人》一文中有这么一段话："小金花，你不要哭了，擦干眼泪，再给我们唱个《捣米谣》吧！怎么？心里难过，唱不出来？你一向是个刚强的孩子啊。"简短的话语用上了多种标点符号，蕴涵着志愿军战士与朝鲜人民难分难舍的感情，展现了依依惜别的动人场面。通过朗读引导学生理解标点符号的含蓄之意后，还可反复品读，进入意境。对逗号要读得短促，表示对小金花的安慰；对感叹号要降低语调，拉长语气，有请求之意；读问号时升高语调，体现急切之情；最后的句号要读得重些，表达对小金花的鼓励。在对课文的反复品读中，学生自然会体会到志愿军战士与朝鲜人民的鱼水之情。

（4）在语言训练中强化人文意蕴。例如，教学四年级下册《生命 生命》后，一位老师提出要求：“我想请同学们把你对生命的感悟化作标点符号。如果让你给题目加上标点，你会怎样加？”学生热情高涨，情致盎然，有的说加感叹号，有的说加问号，有的说加省略号，并各自说出了对所加标点符号的理解。这时老师又提出第二个问题：“既然加上标点符号能够表达不同的内容和感情，而作者为什么没有加标点呢？”（老师把学生加上的标点符号擦掉）学生纷纷发表不加标点的几种可能性。最后老师进行了小结：“你看看，作者多么体谅我们学习者呀，她想给我们留一个很大的空间，让我们使劲儿地放飞自己的思想，使劲儿发挥自己的聪明才智，进行充分的想象。其实，还有一个原因呢，就是文章的题目是不加标点的。”这个设计，既是对课文内容的梳理和概括，又是对语言文字表达形式的一种很好的感悟、训练和内化。

（二）预设与生成的关系

所谓“预设”就是紧紧围绕教学目标、任务，预先对课堂环节，教学过程等做一系列展望性的设计。很明显“预设”带有教师以教材教，以个人主观教的色彩。“生成”，就是在教学过程中关注学生兴趣，学习状况，并根据学情，课堂环境等对原有教学程序进行调整，进而灵活地据情施教，以期达到教学效益的最优化。预设与生成是对立的统一。课堂教学如果完全尊重预设的程序教学，必然导致教师死教书，不利于学生的个性发展。课堂教学如果过于强调生成，则不能圆满地完成教学任务，导致语文教学烦琐累赘。课堂教学受教学时间的控制，讲究教学的时效性，所以课堂教学不能解决所有的生成问题。因此，课堂教学的有所生成，是为了完成教学目标与任务的生成，一切不利于学生语文素养的发展的“生成”，教师要慎重地把握。

语文“生成性”教学必将激活语文课堂教学的活力。在目前的语文教学中还存在按课文情节和语言顺序串进的预设性、程式化现象，诸如死抠教案讲课、从头至尾面面俱到、字词句段平均用力、一问一答低效劳动等。这种程式化的教学费时多、收效微，日益暴露出它的弊端。为了提高语文教学的效率，应该树立生成意识，在生成中求速度，在生成中求质量，在生成中求发展。应运而生的动态生成思想，对增进语文教学的活力起了积极作用。减少课堂教学的“预设性”，增加课堂教学的“生成性”，是小学语文课堂教学发展的当务之急。

运动、变化、发展，是辩证唯物主义哲学的基本命题，也应是语文课堂教学基本的思维方法。传统的、相对静止的课堂教学，本身没有错。然而，它因循守旧、机械单一，容易使语文教学陷入一种僵化的状态。俗话说“流水不腐”，中医理论称“通则不痛”，语文教学也是如此，唯有动态，只有变化，才能使语文教学充满生机和活力。使学生“活”起来，让课堂“动”起来，就能使语文课堂教学充满生机和活力。关注学生学习的动态，关注语文课堂的变化。

1. 和谐——动态生成的"温床"

课堂上营造一种和谐的氛围，学生感到宽松、坦然、自由、愉悦，没有任何形式的压抑和强制，在这种氛围中，学生有着强烈的自主意识，他们可以自由自在地思考、探究，无所顾忌地发表自己的见解，大胆果断而自主地决策和实践。学习就成为学生的自觉需要，成为他们生活中不可缺少的一部分。例如，教学一年级上册《小熊住山洞》一文时，学生读到"一年又一年，它们没有砍树造房子，一直住在山洞里"时，突然一个学生说道："爸爸带我旅游时去过山洞，里面很黑又很闷，住在里面很难受的。"我面对学生的困惑，来个推波助澜说："是啊，那么黑那么闷的山洞里小熊一家怎么能住了一年又一年而不砍树造房子呢？"于是引出了下面精彩的话题："因为树是有生命的，砍了树，它的生命也就没有了。""因为砍了树，树林里的动物失去了家园就无法在这里生存下去了。"我接过话题：所以，动物们都送来了一束束鲜花，这时它们会说些什么？同学们经过思考，纷纷举起了小手："没有砍树，秋天的树上结满了果子，就不用担心饿肚子了。""有了树，在别人欺负我的时候，我就躲在树后面，别人看不见我，我就可以安全地生活在这里了。""森林里满是树，树制造了许多的氧气，我们能呼吸到新鲜空气，健康的生活在这里，多舒服啊！"……这时课堂上洋溢着的不仅仅是师与生，生与生之间的和谐，就连自然与人类之间也达到了高度的和谐——和平共处，相互依存。

2. 生活——动态生成的"源泉"

一个人自呱呱坠地到长大有为，在语言发展的过程中，其思维、认知、情感、语言、词汇的源泉，乃是生活。生活对语言的感受、认知、学习、发展，是活生生的，最具魅力与渗透力的，语文课堂教学与生活联系起来，学生就会学得活泼、生动。

例如，当学生已经学习了音节 Ye 后，在教学带 ie 的音节时，老师说："小朋友，Ye 还有个双胞胎弟弟叫韵母 ie。这个韵母弟弟可机灵了，它常常跟我们捉迷藏，它藏到哪里去了呢？我们从教室里、身边、家里或其他地方找找看。"教室里出现了片刻的安宁后，学生踊跃发言："老师我找到它了，它藏在书包里的写字本上，'写'的音节里有 ie。""它藏在我的身上，你看，我的身上别着校徽，脚上穿着鞋子，'别'和'鞋'里都有 ie。""我在写字课上也找到了它，王老师教我写撇，'撇'中也有 ie。""老师，我在奶奶家找到了它，奶奶家的院子里种着'铁树'，'铁'字里有 ie。""我在一件事情里找到了 ie，有一次，我铅笔断了，同桌程程借给我一支笔，我说：谢谢你。这件事里'借'、'谢'两个字里都有'ie'。""我也在一件事情里找到了它，有一次，我跟爸爸上山打柴，一只猎狗吐出舌头，向我跑来，我吓得拼命叫爸爸，爸爸说：孩子，别怕，蹲下去拿起石头就会吓走它。我赶紧蹲下去捡起石头，猎狗真的被吓跑了。'别'、'猎'都有 ie。"……以上案例把抽象的音节放在具体的生活情境中，赋予静止的音节以生命意义，这不仅能引起儿童的注意力和学习兴趣，促进了课堂教学的动态生成，更关键的是在强化音节教学的同时，又能够发展孩子的语言智慧，同时使学生学会生活、学会做人、学会处事。

3. 经验——动态生成的"粮仓"

经验世界是学生个体世界的重要组成部分，是学生从已知走向新知的桥梁，是主动探究的中介。学习是一个从量变到质变的积累过程，这个过程是学生经验世界这个"粮仓"走向丰盈的过程，如果学生经验世界的"粮仓"是满满的，就可以随时兑换语言丰富的内涵。例如，老师在教学一年级上册《雪孩子》中"化"字的时候，从"化"字的意思说起，紧紧按学生对"化了"就是没有了的理解，让他们生活中什么东西，由于什么缘故"化了"，变没有了："我家厨房里妈妈烧菜用的白糖，时间长了，白糖变成了糖水了，就是白糖化了。""我吃糖块时，放在嘴巴里，糖块慢慢地变小了，这也是化了。""我家附近有个黄金加工店，那工匠把金块放到火上烧一会儿，就变成了水，这就是金子化了。"……"化了"这一抽象的、静止的语言符号，由于教师激活了学生的经验世界，学生以自己的已有经验，兑换新知获得新的体验，促进了学生更细致地触摸、拥抱、诠释语言的丰富内涵，在兑换的过程中，经验世界的"粮仓"又得到了丰富。

4. 探究——动态生成的"钥匙"

探究，是学生在学习实践中获取知识、方法、情感体验的过程。探究，能够唤醒学生沉睡的潜能，激活封存的记忆，开启幽闭的心智，放飞囚禁的情愫。例如，一年级上册《识字5 口耳目》的教学时。老师把"口、耳、目"的象形字让小朋友猜一猜这些是什么？由于学生不认识象形字，老师告诉学生这些是我们的祖先在没有发明字的情况下，按照事物的样子画下来的"字"——我们叫它象形字后，让学生说说看了这些图不像图，字不像字的"字"有什么感觉？学生说："这些字很有意思，不用学就能猜出它是什么字。""这些字不好，太难写了，写字也像画画一样。这些字笔画很多，很容易写错。写起来又很浪费时间。"……老师充分肯定同学们的意见后，让学生比较古时候的字和现在的字有什么不一样，你能发现什么？学生通过学习小组的讨论、归纳：（1）现在的字笔画简单多了，写起来也好写，又不花太多时间；（2）现在的字四四方方的，写起来很漂亮。（3）古时候的字和现在的字一样都很像实物的样子。如："鸟"字中的"撇"是它的嘴巴，"点"是它的眼睛，"竖折折钩"是它的身体，"横"是它的尾巴。

（三）主体与主导的关系

从哲学的角度看，主体性指的是人作为主体在与客体的对象活动关系中表现出来的能动属性。它既强调主体对客体的主导、支配地位，又重视客体的重要性，认为客体是主体性的根据和前提。主体性发展水平一方面表现为主体意识；另一方面表现为主体能力。主体性教学指的是在充分发挥学生主体的前提下，以教师激励和指导学生自主学习为手段，以精心设计的学生主体活动为形式，以促进学生主体性发展为目标的一种新的教学理念。主体性教学是当今教育时代的呼唤，具有鲜明的时代特征和深远的语文教学意义。

从某种意义上说教师与学生都是课堂教学的主体，而教师应该是主体的"首席"，那么"首席"的作用就在于"主导"。主导表现在对教材内容的选择、教学目标的制定、教学流程的安排、教学结构的调整、教学过程的点拨、突发事件的处理等方面；学生的主体表现在对问题的探究、对方法的讨论、对知识的积累、对情感的表达等方面。在教学过程中，没有了教师的主导，也体现不了学生的主体。那种"以学生为主体"的放任自流的课堂要不得。因此教学设计不可忽视教师的主导作用。

（四）课内与课外的关系

所谓"课内"指的是教材中所呈现的教学内容，但学生在解读教材时，仅凭教材的内容，有的不能很好地理解，这就需要借助课外知识加以弥补。另外教材中有价值的问题，也应该向课外延伸拓展。正所谓"课内打基础，课外求发展"。然而拓展什么，怎么拓展，这需要深入的研究。拓展的关键是找准"拓展点"，建立课内与课外的联系。拓展不能远离教学目标，拓展内容应该是有利于对课内问题的解决和语文素养的形成。那种偏离了语文学习，而把拓展放在与语文学习无关的其他方面都是不合适的。

在小学语文教学中，由课内与课外的阅读构成语文阅读教学的整体。课堂教学侧重于规范性，课外阅读侧重于灵活性，两者相互独立又相互促进。课外阅读既不完全是"课堂教学的延伸、继续与发展"，也不等同于"第二课堂"，课外阅读是指学生在课外的各种独立的阅读活动。它是课外语文学习活动中最重要、最普遍、最经常的形式，是学生课外阅读能力形成的必不可少的组成部分。大量的、有效的课外阅读对于开拓学生视野、发展学生智力、提高学生素养及学生健康个性的养成都具有极为重要的意义。

课内打基础，课外求发展。大语文教育观关照下的语文教学应注重培养学生课外阅读兴趣和习惯，让学生从广阔的课外阅读中汲取营养，这是使语文教学更开放、更充满生机活力的一条捷径。其具体表现在：

1. 教学空间的开放

课外阅读突破了传统课堂教学中空间的局限性，从课内走向课外。

2. 学习方式的开放

在课堂教学中，学习的主要方式是接受老师讲解和完成老师布置的作业。而在课外阅读时，个性化的自主活动成了学生重要的学习生活方式。

3. 教学方式的开放

在课堂教学中，教师要依据教材教学标准实施教学，完成大纲规定的教学任务。而在课外阅读时，教师可以依据自主制定的阅读目标序列进行设计、组织和指导，方式灵活开放，更趋于生活休闲化。

下面是方兰对三年级上册略读课《槐乡的孩子》的板块设计教案，由汪潮教授点评。

略读目标：

1. 了解略读课文的学习特点。

2. 初步学习常用的略读方式：整体读、默读和速读。

3. 培养学生独立阅读能力。（1）整体读懂课文内容，初步感受劳动是辛苦的同时又是快乐的，树立热爱劳动的观念。（2）快速读懂重点词句，体会这些词句表情达意的作用。

「点评1：本文是人教版小学语文教材第一次出现的略读课文。本课根据略读课文的教学要求与三年级学生语文学习特点设计了三个具体教学目标，明确略读课文具体的学习方法，较好地体现了课文的类型特点，增强了阅读教学目标的指向性。目标设置直接指向学习特点、略读方法、独立阅读能力，简约、明了、准确。」

略读时间：一课时

略读过程：

一、导读：了解略读特点

导入：学习《我们的学校》、《金色的草地》、《爬天都峰》这几篇课文，我们感受到在学校上学、在草地上玩耍、去野外登山的快乐。这节课，我们将走进槐乡，看看那里的孩子有什么样的快乐。出示课题：4＊槐乡的孩子

1. 略读课文有什么特点？

（1）翻阅，了解特点。

通过读题、引导观察发现，这篇课文的课题与以往的课题多了"＊"，让学生明白有这样标记的课文归为略读课文，而类似已学的课文《我们的学校》、《金色的草地》、《爬天都峰》等归为精读课文。

（2）比较，进一步了解特点。

学生通过与精读课文比较发现——

略读课文：课文前面设有学习提示（导语）、课后没有识字写字的学习要求，也没有提问、语言学习等练习。

「点评2：这一环节的设计，关注学生学习的起点和特点。学生初次接触略读课文，理应在了解课文学习特点上多花精力和时间。通过"翻阅"、"比较"等环节，使学生初步了解了略读课文的特点和学习要求。」

2. 略读课文该怎样学习呢？

（1）单元学习方法回顾。

（2）自由读"学习提示"

师生交流归纳：

根据"学习提示"，运用前面几篇精读课文学习的方法：自己自主读书、思考、讨论、交流，解决问题并提出新的疑惑，教师给予点拨与引领并检查读书效果。

「点评3：略读课文教学应体现"单元组文"的设计思想，把握好课文在整个单元中的位置。略读课文是精读课文的有机延伸，是将精读学习所习得的方法进行实践运用。这里引领学生回顾"单元学习方法"、阅读"学习提示"，使学生明确学习要领，得法在先并迁移运用，有利于培养学生自主阅读的能力。」

二、全读：初步感知内容

1. 随意读课文，读后交流

> 阅读提示：
> 自读全文，遇到不认识的字暂时跳过，让自己的阅读性情与感受随着文字自然流淌。

2. 初次交流：（1）用一句话或一个词说说读后的感受。（2）课文主要讲了一件什么事？

3. 默读课文

要求：（1）画出不认识的字，借助拼音或查字典读准字音，读通课文；

（2）边读边思考：你是从课文哪些语句中体会到槐乡孩子的快乐的？用笔划一划。

（3）标出自己不懂的地方，准备寻求帮助。

> 阅读提示：
> 默读时不动唇，不出声，不指读，边读边想并动笔。

4. 再次交流：（1）难读的词句；（2）质疑解惑。

「点评 4：默读是略读课文教学的基本方式。默读时要求边读边思考边动笔，一是有益于学生良好阅读习惯的养成；二是有利于其默读能力的提高。根据三年级学生的读书心理特点，鼓励学生阅读后交流，或交流读后感，或交流不懂的问题。在交流中相互学习，在交流中分享阅读的乐趣，在交流中讨论解决疑难问题。这是此环节设计的亮点所在。」

三、细读：体会重点语句

1. 速读课文

要求：快速读课文，读后交流分享你觉得最能体现槐乡孩子劳动快乐的语句。

> 阅读提示：
> 快速读文，用眼睛读，不要用声音读；整句话整段文字读，不要一个字一个词读；注意力集中，眼停次数要少。

2. 交流分享

预设：

（1）槐乡的孩子可不怕热，他们背着水葫芦，带着干粮，没等云雀开口歌唱黎明，就已经爬到小山上了。

①找出文中描写八月天气"热"的句子：鸡热得耷拉着翅膀；狗热得吐出舌头；蝉热得不知如何是好，在树上不停地叫着"知了"、"知了"。槐乡的孩子可不怕热……

a. 同桌（一读一演）演读体会天气热的程度。

b. 分角色朗读体会对比表达的作用。

c. 练习运用对比手法写句子。

_____，_____，_____，可（而）_____。

②从哪些词语读出槐乡孩子的勤劳与不怕苦？

（不怕、背着、带着、没等、已经）

（2）男孩常常是爬到树上，用长长的钩刀一下又一下地削着槐米。一簇簇槐米落下来。女孩有的弯腰捡着，两条辫子像蜻蜓的翅膀，上下飞舞着；有的往篮里塞着槐米，头一点一点的，像觅食的小鸭子。

①读读圈圈：从哪些词语感受采槐米的快乐？（抓住表示动作的词：爬、削、落、捡、塞）

②结合插图朗读，体会比喻手法语言描写的生动有趣。

③分角色诵读句子。

「点评 5：略读课文一般一文一课时，因此不能求全求深，应进行整体式处理和长文短教式处理。"略"其略，"精"其精，"略"中求"精"。抓住一

135

点，一课一得即可。此教学片断，在学生交流分享的过程中抓住关键语段、词句进行朗读、理解、感悟和情感提升，关注语言表达形式的习得，实现了工具性与人文性的有机统一。」

四、延读：提炼阅读方法

1. 提炼方法

通过学习，我们从文章的字里行间充分感受到槐乡孩子在辛苦的劳动中那种种不同于我们的童年快乐，更为重要的是，在这节课里，学习第一篇略读课文，同学们能有更多时间运用本单元已学的课文学法，自主读书、交流与分享，并且初步学习了整体读、速读、默读等读书方法。

出示：

> 全读：自读全文，遇到不认识的字暂时跳过，让自己的阅读性情与感受随着文字自然流淌。速读：快速读文，用眼睛读，不要用声音读；整句话整段文字读，不要一个字一个词读；注意力集中，眼停次数要少。默读：不指读、不动唇、不出声，边读边想边动笔。

在今后的阅读学习过程中，灵活运用这些方法，学会独立阅读，增强自主读书能力。

2. 课外延伸阅读：《花园中的城堡》（选自《乘着阅读的翅膀》三年级）

「点评6：略读课文的教学重在略读方法的训练。将精读课文中学到的方法，在略读课文中加以练习与提高。因此，引导学生进一步总结提炼读书方法显得很重要。学生在练习中掌握了方法，以便在今后自主阅读中迁移运用，提高独立阅读的能力。」

[总评]

《语文课程标准》指出："略读课文重在略读方法的指导，在阅读实践中，逐步培养学生的略读能力。"略读课文的教学应依据整体思想，进行长文短教式处理。设计应以大板块、大框架的设计为主，教学流程不宜过细、过精，要给学生留出整块的自主阅读空间。活动的设计应以练习设计为主，尽可能多地让学生在自主的言语实践中获得略读能力的提升。

1. 略读课是培养学生略读能力的课

略读能力包括整体阅读的能力、自主获取信息、全面概括大意的能力、快速理解内容的能力、理解重点词句的能力、学习迁移能力等。例如，本课教学第二、三板块，引导学生两次全读，一是随意读全文，整体感知课文内容，关注学生原生态阅读和阅读兴趣，训练学生概括课文大意的能力；二是默读全文，发现、思考并解决问题，以培养学生良好的读书习惯。在基本理解内容的基础上，适时安排学生快速阅读，并予以速读方法的指导与提示，并根据学生的交流分享，进行重点阅读与理解，把更多的读书时间留给学生，体现略读课文的课程功能："应用"和"训练"阅读习惯，提高自主阅读能力。

2. 略读课是培养学生独立阅读的课

略读课定位于培养学生半独立阅读能力。在教学时应抓住大问题放下小问题，把更多的时间、机会让位给学生独立阅读、提问和思考。本课教学紧紧抓住"你是从课文哪些语句中体会到槐乡孩子的快乐的？"这个问题，指导学生运用多种阅读方法，自主读文、交流讨论与分享，让学生在充分读书、思考、交流的过程中培养独立阅读能力。所以，略读课的基本策略是：教须略，学应丰。

3. 略读课是培养学生略读方法的课

课堂上应以学生的自主地整体读、速读、默读等为主。本课在教学策略上突出读书方法的指导与提示，课始的导读中渗透"读整本书的理念与方法"；课中重在指导训练，意在让学生学会略读，在阅读中循序渐进地提高读书能力。

4. 略读课是从课内阅读走向课外阅读的课

应加强单元联系，沟通课内外阅读，适度向课外拓展和延伸，最终实现向课外完全独立阅读的过渡。本课课结，在师生共同总结提炼阅读方法之后，将阅读训练予以适度拓展补充，既强化方法的练习，又能增强学生的阅读兴趣，可谓一举两得。

第十一章　教学策略

"清水出芙蓉，天然去雕饰"，我们是用这样的诗句形容"素课"，素课自有一种自然天成的大美，是一种必然的语文教学的回归，它是在多媒体泛滥，课堂被网络、图画、音乐、游戏等包装得过度臃肿的情况下应运而生的产物。课有课理、课感，不同的课有不同的理念和策略。"素课"自然也有其自身的课堂教学策略，以反映其教学"大美"的特点。

一、素色：追求自然朴素的课感

人有精神之气色，课有理念之课感。一堂好的课，首先要有一种好的课感。清淡的素色和浓艳的彩色是课感的两极。尽管课堂上的"彩色"不能少，但它只是起点缀作用。从本质上说，语文课堂应当追寻更多的朴素无华的素色。老子曾说过："万物莫与朴素争美，"意思是说朴素在世间万物中具有第一重要的位置。

（一）素色的课堂气氛

课堂气氛指的是洋溢于课堂环境中的情调和气息。一般说来，热烈、活泼的课堂气氛能激发学习的积极性，启发学生思维，久而久之，会使学生置于身临其境，欲罢不能的学习境界。这就是欢快的课堂气氛对学生学习的积极作用。

热烈、活泼的课堂气氛固然有助于学习，然而，学习是一种极其复杂的心理活动，需要积极的思维和艰巨的努力。课堂教学中不可能永远处于一种轻松的境界。这必然要求比较肃静的课堂气氛。这样，寂静的课堂气氛就显得十分必要了。教室里由热烈转为寂静，并不意味着学习高潮已经过去，相反，恰恰说明学生的学习向更高的境界发展。学生的高明见解，往往产生在沉寂之后。在小学课堂教学中，如果教师能留出一些"空白"（静场），也有利于培养学生的主动学习和增强学习效果。这是因为：（1）从思维的角度看，静场的"空白"阶段是学生静心思索的孕育期，容易使学生激起思维的涟漪，荡起想象的浪花。（2）从记忆的角度看，课堂上留出空白，学生的记忆受到前摄抑制和后摄抑制的影响较少，学习内容容易记忆。（3）从心理卫生的角度看，课中留点"空白"，学生可以从中得到积极的休息，以消除心理疲劳，避免"分心"现象，提高学习积极性。所以，前苏联教育家苏霍姆林斯基说过："教室里静悄悄，学生集中思索，要珍惜这样的时刻。"在教学观察中发现，教师追求热烈的课堂气氛较多，这对培养学生的学习积极性固然是必要的。但是，教师留给学生静思的时间较少。课堂中表面上的生动活泼，容易形成学习知识中的虚假积极性。在小学语文课堂教学中，教师要巧妙安排，一会儿把学生引向热烈的讨论，一会儿让学生进入深沉的思索。讨论时，课堂上生动活泼；沉思时，课堂上鸦雀无声。这样，就形成了最佳的课堂教学气氛，使学生的学习过程始终处于积极的状态之中。

（二）素色的师生角色

素色语文，是一种自然而平淡的师生交流。教师说的，没有半句夸张，没有一点虚假，没有一句迎合和讨好学生，更没有哄骗和威吓。学生说的，也都是自己最想说的和最想问的。课堂教学要强化学生的"三自"，让学生的学习自然一些、自由一些、自主一些。当然，这样的课堂效率也自然高一些。

（三）素色的教学内容

众所周知，语文学习内容具有很强的综合性，可以说语文课堂无所不包，无所不能。但是，在有限的课堂教学时间里只能安排有限的教学内容。这就是语文课堂教学的一大矛盾。对此，"简约大师"于永正老师在总结、反思自己的教学经验时感慨地说："快五十多岁了才明白，教语文其实很简单，就是让学生识字、写字、读书、作文。就是读读写写，写写读读。"

（四）素色的教学过程

素色语文，不哗众取宠，不刻意雕饰，但又拒绝平庸。做"素课"，就是要展示平常上课的基本理念、基本风格、基本环节和基本状态。素色语文，一切要以学生的基础、学情的变化而运动：学生们时而静思默想，时而动情诵读，时而互动交流，时而奋笔疾书。

（五）素色的教学方式

素色语文要告别"造作"，不留"做课"的痕迹，真正站在学生的角度，从学生学习的规律入手采用素色的教学方式，以学生真正学会和培养学生会学为最终目标。"素色语文"追求的是：教学方式是素色淡雅的，教学思想却是深沉丰富的。曾记得有一位作家说过："什么是大师？大师就是那些下最深的工夫研究，用最浅显的方式表达研究成果。"想起一句世界教育名言："听到的，忘记了；看到的，记住了；做过的，理解了。""做"（语言实践）就是一种朴素而有效的教学方式。从使用课外教学资源的方式看，"素色语文"的要求是：可用可不用的不用；可少用的不多用；而在关键处反反复复用。

二、素面：直接与文本素面相见

"素面"者，陌生也。语文学习之始，对学习内容应该是陌生而有趣的；语文学习之中，对学习内容也应该是直面而深入的。为此，阐述三个关键词：

（一）原始状态

"素色语文"非常关注学生的原始学习状态，并以此作为教学设计和实施的出发点。原始学习状态指的是学生在语文学习时表现出来的一种最初态度，它是语文学习积极性表现的最初指标。原始状态一般分为积极的学习状态和消极的学习状态两种，它们都潜移默化地影响语文学习的过程和结果。积极的学习状态表现为学生在学习时既有信心又有兴趣，心理始终处于主动、进取的状态。语文学习中强调学习习惯、学习方法、学习效率，虽有成效，但还是不够的，还应随时把学习状态调整到最佳水平，体现一种积极的学习状态。消极的状态表现为学习时情绪紧张、厌倦、烦躁，心理处于被动应付的状态。不及时消除这种消极的学习状态，它将在对学生知识的掌握、能力的培养中起阻碍作用。

在一般情况下，学生的学习状态通过课堂上的言论和行为表现出来。学生的目光有神还是呆滞，行动热情还是怠倦，讲话响亮有力还是吞吐乏力，注意力集中还是分散，以及课堂气氛活泼还是紧张，等等，都是了解学生学习状态的重要方面。所以，瑞士教育家裴斯泰洛齐指出："任何良好的教育，都要求有像父母一般的眼睛，每天每时每刻都能从孩子的眼睛里、小嘴上、脸颊上，很准确地看出孩子心理状态的各种变化。"

我们把学生在课堂上的原始学习状态概括为四种情形：（1）外静内静。学生坐立端正，外表平静，但心不在焉，不能进行积极地思维；（2）外动内静。学生坐立不安，甚至搞小动作，而且注意力不集中，不积极思维；（3）外动内动。学生坐立不安，又七嘴八舌，议论纷纷；（4）外静内动。学生端正静坐，鸦雀无声，而又积极思考，展开想象。第四种情形是小学语文课堂教学的最佳模式。

（二）潜心会文

课文是语文教学的主要凭借，凭借课文是语文教学的基本要求，也是"素色语文"的重要依据。简约的"素色语文"是直面课文，潜心会文的。

学习语文，应该站在语言的立场，用语言的头脑思考语文教学问题，挖掘文本中的各种语言现象，进行深入地对语言的感受、理解、巩固、应用等一系列活动。这叫"潜心会文"。

例如，上四年级上册《五彩池》一课时，一位学生面对五彩池的美景脱口而出："老师，五彩池可以游泳吗?"这是课堂的不和谐音符，该如何处置?方法有五：一是不予理睬；二是简单批评；三是留作课外查资料；四是正确引导；五是回到课文。一位老师采用了第五种方法，取得了良好的教学效果。老师说："是啊，这么美的五彩池如果真的可以游泳就好了，那我也很想去游泳。能不能游泳取决于很多因素的，例如，水池的位置、大小、深浅、水温、安全等，大家再读读课文，然后讨论一下。"课堂里热闹非凡。尽管最终讨论出"不能游泳"的结论，但大家都全力地去课文中寻找答案。这个调整的技巧在于把解决问题与学习课文有机地结合起来了。

（三）课堂时空

有一则故事：一天深夜，一位物理学家看到实验室的灯还亮着，走进去一看，是他的学生。物理学家问："你晚上干什么？"学生回答："老师，我在做实验。"老师又问："你白天干什么？"答："我白天也在做实验。"谁知物理学家勃然大怒："我问你，一天到晚做实验，你用什么时间来思考？"原以为要受到称赞的学生，竟受到导师的严厉批评，似乎不近情理，可细细思量，又很有道理。这是不是会引发我们对"课堂空间"的进一步思考。

从美学角度看。按照"接受美学"的观点，优秀作品是一个艺术"空框"，有广阔的想象余地。只有"确定性"和"不确定性"的关系存在，才产生美感。常言道："距离产生美"。画家作画，总留空白，创造想象的余地；音乐家演奏，常有静场，此处无声胜有声；作家写文，总会穿越时空，文有尽而意无穷。"踏花归来马蹄香"、"蛙声十里出山泉"，这里的"马蹄香"、"蛙声十里"正是由于空白带来的"别有洞天"的美学效果。语文课本中的文章有些词句往往含而不露，意在言外。文中的"留白"艺术手法，并非空而无物，它给学生留下无尽的思索和无限想象，从而形成一种"张力"的美感。

从哲学意义看。"鹏之徙于南冥也，水击三千里，抟扶摇而上者九万里，去以六月息者也。"（《庄子》）意思是说：鲲鹏的奋飞，依赖于浩瀚的南冥、辽阔的天空和巨大的天风。所以，庄子认为，"虚静恬淡"为万物之"本"。这说明了空间对事物发展的重要意义。人的发展需要空间，学生也需要"成长空间"、"发展空间"，而这是以"课堂空间"为基础的。其实，创设和拓展教学空间，实际上也就是在创设和拓展学生的成长空间和发展空间。这是一种辩证唯物主义的思维方式。

"素色语文"不能机械地理解为简单语文，其实它是以教学时空为转移的。学习效果是随着时间和空间的性质、数量和比例发生变化的。时空不仅仅是物质的，它还有特定的社会文化、教育意义。课堂教学时空的不同设计往往反映不同的教学理念和教学效益。

1. 课堂教学时间

教育理论和教育实践迫切需要证明的是课堂教学的时间多少与课堂教学效率的高低之间的关系。"素色语文"对教学时间提出了要求：时间对教学内容来说必须是充裕的；时间对师生的身心发展来说必须是适宜的；时间对教学效果来说必须是有效的。

2. 课堂物理空间

课堂物理空间中的各种要素、位置及其结构制约着课堂教学的效益。大凡要素清晰、位置恰当、结构合理的物理空间，都有利于增加课堂教学效益。反之，则不然。

3. 课堂思维空间

课堂教学是师生、生生之间的一种思维产生、变化、交流的活动。问题从思维开始，效益来源于思维。我们很难想象，一个缺乏思维的课堂会成为高效益的课堂。思维是维系课堂教学、教益的一个重要助力器。"素色语文"应大力推进发散思维、逆向思维、直觉思维的培养，以提升思维的品质。

4. 课堂情感空间

情感是课堂教学的调节者。"素色语文"不是"无情物"，其实素课不"素"，它是流淌情感的，课堂的情感是丰富多彩而又充满生命力的。课堂因情感而激荡，因情感而高效，也因情感而美丽。而且，素课的情感流淌是自然的：如水，顺势而流；如潮，因海浪而激荡。

5. 语言学习空间

紧扣语言，潜心会文，体会语言委婉含蓄之处，理解语言风格、遣词造句、语言表达的特点，准确把握语言的表现力，体会其中的魅力所在。例如，五年级上册《慈母情深》写儿子去工厂找母亲时有一段对话：

母亲大声问："你来干什么？"

"我……"

"有事快说，别耽误妈干活！"

"我……要钱……"

我本已不想说出"要钱"两个字，可是竟然说出来了！

"要钱干什么？"

"买书……"

"多少钱？"

"一元五角……"

这段话中的标点、语气有特点，有灵性，语言表达淋漓尽致，很值得品味。母亲的话干脆利索，语言短促，让我们感受到母亲的干练、劳累和敬业。而"我"则句句留下省略号，反映了欲言又止、犹豫不决的矛盾心理。

三、素读：对课文高频反复地读

通俗理解"素读"法，是指一种纯粹的读，一种"不求甚解"的读，一种声音琅琅、音韵和谐、抑扬顿挫的读，一种"唱歌"一样的读，一种来来回回、反反复复地着眼于通篇的读。

（一）陌生地读

"素色语文"认为，初读课文，不宜建立在熟练的基础之上。"素色语文"不主张课前过多的预习和准备，而强调学生读书的"陌生感"，使学生产生"原初体验"，留下美好的"第一印象"。原初体验，就是摒弃前人阅读的心理定势，如对背景的不加选择地提前介入，先入为主的分析等，重新回到文本层面，让学生以自己的眼光，自己的体验，对作品进行陌生化的品读。这样的读才能使学生获得个性化的感悟。

（二）随意地读

在教学中，总会在学生接触文本前让他们带着问题去读书，或是阅读文本后带着问题去钻研。这样的阅读貌似针对性强，目的性明确，能提高阅读的效率，实则加重了学生阅读时的心理负担，无异于背着石磨去看演出，哪儿还会有什么轻松愉快的心情？阅读的乐趣又从何而来呢？

"素读"要求学生随意地、自主地读，没有什么限制，不要求学生做阅读练习，也不要求学生写阅读笔记，让学生的阅读活动直接指向阅读材料的内容或包含的信息，在大量的以了解内容或获取信息为中心的阅读中发展，提高阅读能力和语文水平。北大著名教授、《自己的花是让别人看的》（五年级下册）的作者季羡林就很善于"素读"，他说："其实读书不一定讲究方法，任何一句话，一个事实都可能是有用的，只是这种用处也许不是显而易见的罢了。……所以我想，读书不必非得抱着什么目的，随便翻翻就行。……我在书里既不画线，也不批注，除去专业著作之外，我也很少做笔记。读一遍下来，不该忘的总会有点印象。"显然，这种自然状态下的阅读有很大的灵活性和自由度，学生们也会感受到阅读的乐趣。

（三）整体地读

有的课堂上很难看到学生读书，很少见到教师安排时间让学生把课文读通；也没见教师检查学生读没读通课文。教师仅要求学生把课文匆匆读上一遍（最多也就两遍）便开讲了。虽然最后教师们凭着少数几个优秀生的出色发挥和自己良好的驾驭课堂的能力，也顺利地完成了教学任务。但这样的读书是不完整的，也是不美好的。"读通课文"在阅读教学全程中占有基础性的位置。学生只有把课文读通了，才能从整体把握课文内容，为进一步理解、探究、赏析、批判乃至语感培养创造基本条件。

四、素本：按汉字原本意思解读

语文课堂应引导学生通过对"文本"的直接对话和解读，按汉字、汉语、汉文的原本意思去理解课文，学习语文，而不能游离语言之外。一位老师教二年级下册《画风》，设计了听风、说风、试风、看风、画风五个环节，把简单的事情搞复杂了。而且在这五个环节中，连起码的读、写等语言的基本训练也忽视了。一节好的"素课"，不在于外在的形式包装，而在于内在的文本解读，特别是对汉字原本含义、特点的深入理解。

依据汉字的构字原理和规律进行识字教学，可以说是中国古已有之的传统识字方法，从东汉许慎的《说文解字》到清代王筠的《文字蒙求》等诸多识字教本，都非常注意从构字原理上析解汉字。现代名师徐特立身为人师时，仍苦读《说文解字》，常一边行走一边于掌心书写篆文，默记字理。由于汉字的演化和简化等原因，部分字的形义已有所变化，教学这些字时，当然不能"强词夺理"，是可以进行笔画或结构分析的，也可以依据其现代实用义进行灵活解说和识记。但是，大部分汉字，包括大部分的简化字都还是隐含"六书"原理的，对这些字，我们就应依据其构字的原理进行教学。在我国当代的诸多识字教学流派中，实际上有很多也是渗透字理识字因素的，如集中识字，族文识字，字根识字等，而"字理识字"则是最明确、最直接、最集中地强调"字理"的。字理识字教学法实际上又可以说不是一种具体的教学方法，而是一种教学的基本要求和原则。因而，从广义上说，凡是依据构字原理进行析解记忆汉字（包括按字源理据和对部分简化字、形变字运用现代观念进行新的析解识记）的都应视为字理识字的范畴，诚如贾国均先生所说，"字理识字具有同步研究的开放性和博采众长的兼容性"。

小学阶段要求认识常用汉字 3 000 个左右，学会其中 2 500 个左右。因汉字百分之八十以上是形声字，所以，主要应掌握常用的、组字率较高的象形字以及用它作形声字时的形旁形义特点，这样就能较快地形成识字的能力，进而能"无师自通"地创造性地学习汉字。例如：

学了"火"字并懂得"火"作形旁时变写为四点底"灬"（"燕"字的四点底是燕尾的变写），那么，就能自觉地析解"煮"、"烈"、"烹"、"照"、"熬"等字的形义。

学了"首"字（表人头）并懂得"首"作形声字的形旁时变写为"页"，那么，当学到"顾"、"颈"、"项"、"颜"、"顶"、"须"、"烦"等字时就能自觉地用"人头"去析解它们的形义。

如果了解了"手"作偏旁可变写为"扌"、"丆"、"又"、"廾"、"攵"、"乒"、"彐"、"爪"等，那么，学到"挥"、"击"、"看"、"牧"、"取"、"妻"、"采"、"戒"、"看"等字时，就能自觉地把这些字与"手"的动作联系起来。

掌握了常见的偏旁部首后就能形成较强的析解词语的能力。例如，"烹饪"这个词，即使学生不会读，但是，只要他懂得四点底"灬"表示火，食字旁"饣"与食物有关，那么，就能顺其字理推出"烹饪"是用火烧煮食物的意思。

概言之，懂得常见的偏旁部首的含义，掌握了像"大"、"男"这类象形字和会意字的基本构字原理，那么，学生就能真正地形成识字的能力。如此的依据字理教学，当汉字出现在学生眼前时，就不再是一个个抽象的符号，而是一幅幅生动有趣的图画，既能使他们有意义地识记汉字，又能有效地开发他们的右脑潜能。

广义的字理教学不仅指依据字理进行识字，同时还指依据字理对词语进行析解，简言之字理析词。我们日常所进行的词语解释，一般为查字典找义项或联系上下文理解，而字理析词就是从本源上了解该词的本义，而后再联系上下文或查字典选择适当义项理解其文中义，这样的析解方法既能抓住根本，诠释到位，又能有效地帮助学生理解词语的本义、引申义和文中义，使学生不仅知其然，而且知其所以然。据此，可以说字理析词应该是词语教学最基本而有效的方法。

第十二章　学习指导

小学语文教学的现今通病是：教师太强势，学生太弱势；重教师的讲授，轻学生的学习，对学习指导更为忽视。"素课"的学习指导是多方面的，有学习习惯、学习方法、学习策略、学习能力、学习品质的指导等。

一、课堂教学的导师

在"素课"条件下，语文教师要充当四个角色：

（一）教师是语文课堂的"决策者"

语文课堂不是一个既定系统，而是一个预设系统。教师要掌握三个教学策略：一是"低入"。以设计简约、适度的内容和方式为开端，用最适合学生的为起点，用最直接的方式交给学生，为学生的主动探究提供更大的空间。"低入"营造了一种近乎"零干预"的课堂气氛，使学生易学、乐学、能学，有利于学生积极参与、自由发挥、充分思索。当然，简约不等于简单，"低入"不是不要难度，而是在深思熟虑基础上精心设计的有效教学。二是"先学"。教师要设置"前置性学习"，让学生在学习新知识之前尝试自主学习，了解学习内容。三是"理答"。对学生的学习状况进行全面而有效的疏理，并设计有效的应答、应对策略。

（二）教师是学生语文学习的"导师"

"教师"与"导师"虽一字之差，却体现了两种不同的教育理念。"教师"的职责是"传道、授业、解惑"，教师带着学生走向教材，师生之间是一种自上而下的垂直式关系，师道尊严，学生缺乏自主性。"导师"的职责是"向导、伙伴、顾问"，学生带着教材走向教师，师生之间是一种坦诚的碰撞、交流和沟通，教育者应置于学生中间，为学生指明前进的方向，为学生的学习活动提供指导。语文课堂教学像一个大乐队表演，教师既是其中的一个演员，更是一名"导演"。作为"导师"，其主要表现是：情境的诱导、过程的引导、习惯的辅导、方法的指导、品行的教导等。

（三）教师是语文课程的开发者

新课程改革后已经把教师从"教育方法"时代带入到"教育内容"时代。教师不仅是课程的执行者、使用者，同时还是课程的建构者、开发者。

（四）教师是语文教育研究的"专家"

教师要从烦琐的、机械的传授中解放出来，成为一名行动研究者，研究语文教学的规律和特点。教师成为研究者是促进教师专业发展和提升语文课堂教学品质的重要保证。

二、学习指导的内容

（一）学习品质的指导

1. 学习兴趣

学习兴趣指的是对学习的一种认识倾向，表现为对学习的向往、热情和专心。从对学习的促进作用来说，学习兴趣可以作为学习的原因。从来源来说，学习兴趣是在学习活动中产生的，又是学习的结果。渴望获得科学知识的状态叫求知欲。在学习活动中，学习兴趣的培养是激发学生主动学习的原驱动力。俄国教育家乌辛斯基曾指出："没有丝毫兴趣的强制性学习，将会扼杀学生探求真理的欲望。"

2. 学习动机

学习动机指的是直接推动人去学习的内部动因，西方心理学界称之为内驱力。学习动机是影响学习过程的一个非常重要的因素。心理学家认为，学习动机具有三种重要功能：(1)指引方向。学生受到激励，会依照所激发的方向，向前行进，获得成效。(2)集中注意。受了激励的学生，能排除干扰，克服困难，集中注意于所学习的对象。(3)增加活力。受了激励的学生，会积极主动地努力学习，使自己的愿望得以实现。正是由于动机具有这些功能，所以学习动机的性质和水平必然影响学生学习的积极性。学习动机是学生主动学习语文的内在动力。

3. 学习习惯

学习习惯指的是通过练习形成的、自觉表现的学习行为倾向。衡量一个学生的语文素养，一个重要的指标是看他是否有良好的语文习惯，他好读、善听、会记、常写、注重积累，自觉参与一切有关的语文活动，这个人的语文学习水平就不会差。而这种良好的语文习惯是在长期的语文学习过程中形成的，它反过来又在不断促进语文学习的进步。习惯本身不是知识，也不是能力，却是获取知识，转化为能力的重要桥梁，是一种终身受益的永久的推动力。《语文课程标准》对良好语文习惯的养成提出了许多具体的要求。例如，正确的写字姿势和良好的写字习惯；对汉字有浓厚兴趣，主动识字的习惯；读书看报的习惯；留心观察周围事物的习惯；默读的习惯；集中精力，专心致志读书的习惯；做读书笔记的习惯；使用各类工具书的习惯；积极参与讨论和争辩的习惯。《语文课程标准》把习惯的培养列入课程目标，并加以细化，这是一个质的飞跃。

4. 学习情感

情绪和情感是人对客观事物的态度的体验。情绪是与较低级的心理过程（感觉、知觉等）相联系的内心体验，一般不太稳定，如高兴、恐惧等；而情感是与较高级的意识相联系的内心体验，如责任感、义务感等。学生的学习往往是在一种特定的情绪、情感心理状态下进行的。情绪和情感是学习活动的契机。"忧者见之则忧，喜者见之则喜。"喜、怒、哀、乐的情绪活动直接影响学生的学习积极性；愉快和满意会使学生学而不厌，乐而忘忧；愤懑和抑郁会使学生委靡不振；懒散与冷淡又使学生分散注意。这一系列情绪的递相嬗变，随时都是改变学生学习积极性的浮标。南斯拉夫教育家费·鲍良克认为："情绪感受还决定学生在教学中是注意、集中、有兴趣、满意、积极、精神振奋；还是冷淡、消极、散漫、不满足、压抑。"当学生处在良好的情绪、情感状态，大脑皮层细胞会因此而获得更多的能量和动力，从而使大脑皮层处于一定的兴奋状态，表现出学生的积极性。所以，学习需要一股热情，正如列宁所说："没有'人的感情'，就从来也没有也不可能有人对于真理的追求。"所以说，良好的情绪和情感是学生学习语文的调控动力。

5. 学习意志

意志指的是人在活动中自觉调节自己的行为去克服困难以达到预定目的而产生的心理过程。意志往往通过行动表现出来，是人的意识能动性的反映。意志的作用在于使人自始至终地朝着预定的目标，排除干扰，"有志者事竟成"。正如我国古代教育家荀子所说的："锲而舍之，朽木不折；锲而不舍，金石可镂。"反之，见难退缩，朝秦暮楚，终将一事无成。要是没有顽强的毅力和健全的情感所支持，再高的智商也等于零。学习需要各种意志行动去克服外部和自身的各种困难。学习不仅是一种高级的智力活动，而且也是一种意志活动。良好的意志是学习的稳固动力。

（二）学习能力的指导

1. 学习策略

学习策略指的是学习者在学习活动中有效学习的程序、规则、方法、技巧以及调控方式。它既可以是内隐的规则系统，也可以是外显的操作程序与步骤。全面理解学习策略的基本含义，应当把握以下三点。(1)凡是有助于提高学习质量、学习效率的程序、规则、方法、技巧及调控方式均属于学习策略范畴。(2)学习策略既有内隐、外显之分，又有水平层次之别。如学习策略既可能是外显的程序步骤，也可能是内隐的思维方式。又如同是复述策略，有可能是简单的按次序复述，也可能是选择陌生的或重点的内容复述。(3)学习策略是会不会学习的标志，是衡量个体学习能力的重要尺度，是制约学习效果的要素。

2. 自学能力

自学能力指的是学生较少依赖教师的帮助而可以自己进行独立而有效学习的能力。学会学习是指导学习的实质，而学会学习的重要指标是自学能力的发展。从本质上说，学生掌握知识的过程是自己积极主动学习的过程，所以，自学能力对学习效果就显得极为重要了。自学能力是多种心理机能参与的一种综合性的能力，它本身属于一般学习能力的范畴，但在各个学科领域，又有它的特殊表现。

（三）学习方式的指导

一般认为，学习方式指的是学生在完成学习任务过程中基本的认知和行为的取向。这种取向既制约学习过程的各个步骤和方法，更决定了学习的总体方向。学习方式与学习方法是两个既有联系又各不相同的概念，学习方式较之于学习方法是更为上位的概念，两者类似于战略与战术的关系。学习方式制约、兼容学习方法，学习方式相对稳定，学习方法相对灵活。学习方式不仅包括相对的学习方法，而且涉及学习意识、学习态度、学习习惯、学习品质等。学习方式作为一种价值取向，不仅解决具体的学习操作方法问题，而且融入了学习的心理状态和心灵力量。所以，学习方式的转变对促进学生的发展更具有战略性的意义。

从不同角度划分，学习方式有不同的类型：从主体发挥的作用看，可以划分为被动学习和自主（主动）学习；从学习合作程度看，可以划分为个体学习和合作学习；从学习的深度看，可以划分为接受学习和探究学习；从学习范围看，可以划分为单一学习和综合学习；从学习途径看，可以划分为媒体学习和实践学习；从学习反应看，可以划分为认知学习和体验学习；从学习灵活性看，又可以划分为统一学习和选择学习，等等。尽管任何一种学习方式都有其合理之处，但不同的学习方式有着不同的内涵、特点和效果。从新课程改革的精神看，在教学中应积极提倡自主学习、合作学习、探究学习、综合学习、实践学习、体验学习和选择学习。其中最基本的是自主学习、合作学习和探究学习。

三、学习指导的策略

（一）明确学习价值

小学语文教学中对学生进行语文学习指导的途径是很多的，其中一个重要的思路就是教师要有意识地让学生明确每节课的具体目的和所学知识的具体意义。下举一例：

一位老师在讲标点符号时，先在黑板上写了四个字"他是英雄"，此时不加标点，问学生这四个字表达什么意思？有一个学生不假思索地应声答道：

"这是讲他勇敢，是英雄。表示肯定。"

教师告诉学生，在一般情况下（文章的标题、商标、标语等特殊情况除外），如果没有标点就不表达意思，也就不能构成句子。如果刚才的同学回答表示肯定，那么句末应加句号；如果加问号，就变成疑问了；如果改为感叹号，又成了敬佩了。这时，学生们开始神色兴奋了。

老师接着说，如果在肯定句的基础上，在英雄两个字打上引号，那么"英雄"就变"狗熊"了……

在上例中，老师在讲授标点符号的知识之前，先联系"他是英雄"的句式，形象生动地让学生明确学习标点符号的意义，了解新知识的价值。当学生知道了标点符号的意义之后，就产生了强烈的学习愿望，从而能积极主动地学习标点符号。在这样的基础上进行标点符号的讲解，就会使学生的学习积极性空前高涨。当然，让学生明确每节课的具体目的和知识的具体意义，并不意味着要求教师在每节课上都去追求知识的实用价值。小学语文中的许多知识并非都有明显的、直接的实用价值。所以，教师还要让学生意识到知识的潜在价值，从而调动学生的学习积极性。

（二）强化生生交往

语文课堂教学主要存在两种类型的人际交往，一种是教师和学生之间的交往；另一种是学生与学生之间的交往。从教育心理学的流派看，弗洛伊德的精神分析理论和皮亚杰的认知发展阶段说，都是强调教师与学生之间交往对学生的发展起决定作用，而罗杰斯的人本主义心理学则比较强调学生同伴之间的交往对学生自身发展的重要作用。其实，这两种人际交往对语文课堂教学都具有十分重要的心理学意义。

美国教育心理学家林格伦1967年提出了师生之间交往的四种类型：(1)单向交往。表现为教师对学生发出信息，学生接受信息并付之于行动，而教师并不期待反馈信息。课堂教学中的这种单向交往效果不好。(2)双向交往。表现为教师与学生保持相互的联系，教师和学生密切配合，双向交流信息，这样的交往效果较好。(3)三向交往。这种交往比双向交往更进步了，它不仅要求教师和某一个学生进行交往，还要求这一学生与其他学生进行交往，这样的交往效果很好。(4)多向交往。这是一种教师和学生，学生和学生相互交往的立体模式。它的突出特点是教师作为班级的一个成员参与教学活动，形成人人积极交往的学习环境。这种交往效果最好。在语文课堂教学中，教师应该作为组织者、启发者、释疑者而参与语文教学活动，这样师生之间的交往是多向的。在教学中注意师生之间交往的多向性，教学效果之好是显而易见的。通过一系列提问和大量的导读，让学生围绕问题认真思考，教师时而提醒，时而点拨，将整个教学过程组织得井然有序。

尽管以上所说的师生之间的交往在很大程度上影响语文学习，但是，师生之间的交往容易受到许多条件的限制，而学生之间的同伴交往无论在时间上，还是在交往的内容和程度上都远远超过师生之间的交往。而且，小学生的心理特征决定了他们喜欢议论，乐于交往。课堂上的七嘴八舌，你言我语，促使学生的思维由此及彼，不断触发，在信息交流的网络中产生连锁反应，从而使思维进一步深化。在注意教师和学生之间的信息、知识和情感的交流的同时，也要十分关注学生与学生之间的合作学习。我们可以称合作学习为"蜂巢教学法"。在语文课堂教学中，应该允许学生之间对某一问题展开广泛的讨论，久经曲折，使学生自己获得满意的答案。所以，语文课堂教学中有"曲折"是正常的，而"一帆风顺"倒是不正常的。学生对一个较难的问题花费一定的思考时间是必要的。从学生之间交往的心理看，语文教学过程中针对重点、难点、疑点、特点之处"绕一大圈"的教学是具有积极意义的。

在大多数情况下，语文课堂教学是面向全班学生进行的，群体心理状态直接影响语文的学习效果。师生群体间的人际交往与语文课堂教学共始终：离开了人际交往就不可能存在语文课堂教学活动；而人际交往不通畅，语文课堂教学就不可能正常进行下去。分析语文课堂教学中人际交往的心理效应，沟通语文课堂情境中人与人之间的信息、认识和情感联系，有助于提高语文学习效率。

（三）引导学习过程

1. 树立过程意识

学生解决问题的思维活动及其思维发展，是由思维过程和思维结果两方面组成的。思维过程体现了对问题内部关系的动态分析和程度的展开，有助于把握问题的本质。小学生语文素养的发展，需要经历特定的、合理的思维过程。思维训练的有效性是以思维过程与思维结果的一致性为前提的。思维过程和思维结果同样重要：只有合理的思维过程，才能带来正确的思维结果，而思维结果又可以验证并促进思维过程的合理化。语言习得也是一个过程，而不只是一个产物。应重视研究学生的思维发展过程，而不能只囿于思维结果。任何有价值的语文学习，都要经历一个从不知到知，从片面到全面，由浅入深，层层递进的过程。语文学习中的感悟和训练都有赖于学习过程的合理展开。语文教学不仅要重结果，也要注重过程。正如德国教育家第斯多惠指出的："一个真正的教师指点他的学生的，不是已投入了千百年劳动的现成大厦，而是促使他去做砌砖的工作，同他一起来建造大厦，是教他建筑。"

2. 课堂展示过程

课堂教学应遵循思维发展的规律，设置合理的语文学习程序，提供学生最佳的学习情境。

三年级下册《检阅》一文内容有趣，情节较简单，学生不难理解。在教学快结束时，杭州市绿城育华小学方兰老师安排学生听写课文最后一部分的几个句子：

检阅台上的人和成千上万观众的视线都集中在这一队，集中在这位小伙子身上了。

"这个小伙子真棒！"一名观众说。

"这些小伙子真棒！"另一名观众纠正说。

长时间的掌声淹没了观众的议论声。

方老师要求学生听老师读三遍，然后把内容写下来。老师每读一遍都对学生提出一个要求：第一遍，听清楚句子的内容；第二遍，想一想这句话先讲什么再讲什么；第三遍，注意句子里用了哪些标点符号。听写后要求学生对照课文自己订正。

听写是语文教学常用的一种学习形式。上例中，方教师不满足于听写结果，而是展开学习过程，并且在过程的每一步都提出具体要求：第一遍听"内容"；第二遍听"结构"；第三遍，听"细节"。三遍听读，三遍要求，由浅入深，使学生的学习过程得到充分展开，从而获得了良好的学习效果。

3. 学生反思过程

语文教学，不能仅满足学生对知识的理解和掌握，而要引导学生反思、交流学习的整个过程和各个环节。每个学生所经历的学习过程、思维过程不尽相同，就是在同一学习过程中所运用的思维方法也不相同。因此，引导学生总结、交流学习过程，可使每个学生的思维过程得以延伸，起到取长补短的作用。

当思维结果和思维过程存在不一致时，要引导学生反思自己的思维过程就更为重要。有些学生尽管已经获得思维结果，但这并不意味着思维过程是合理的，思维方法是正确的。这时，与学生一起检查思维过程，有助于学生不为表面知识所蒙蔽，而看到思维过程中的不合理性，使思维结果与思维过程和谐统一。

指导学生自己发现错误的原因，是引导学生掌握思维过程的重要方面。学生的错误，除偶然的疏忽外，通常有其特定的程序和方法上的根源。教师要分析这些根源，引导学生独立探索和消除错误的根源。一般来说，学生找到错误的具体根源，也就找到了由已知到新知的正确结合点和正确的思维过程及思维方法。

（四）寻找学习归因

美国心理学家海德1958年首次提出归因理论。归因就是寻找原因。归因理论指的是人们用来解释自己和他人行为因果关系的理论。运用这个理论可以调节学生学习语文的积极性。

海德认为，影响人的行为的原因有外界环境和主观条件两个方面。如果把行为结果的原因归结为任务的难度、运气、外部奖惩等，称为外归因；如果把行为结果的原因归结为人的自身因素，如能力、性格、气质、努力、动机、兴趣等，称为内归因。心理学家维纳发现了海德的观点，认为这些外界环境和主观条件又可分稳定性较强的因素（如能力、任务的难度）和稳定性不强的因素（如努力、运气等）。一般归因有四个因素：努力（内部不稳定因素）、运气（外部不稳定因素）、能力（内部稳定因素）、任务难度（外部稳定因素）。

美国马里兰大学的安尼丝曾经对198名学生进行过归因实验，在学生考试后要求在归因问卷（分努力、运气、能力、难度四因素）上分析自己的考试情况。实验结果表明，一部分学生把学习差的原因归于能力、努力这些内部因素，认为自己成绩差主要是"能力水平低，没有掌握基本概念和原理"、"自己努力不够，因此不能取得好成绩"。这部分学生往往乐于接受教师的帮助，表示要继续努力，以求下次取得好成绩。另一些学生把失败的原因归于学习难度、运气等外部因素，认为自己没有考好的主要原因是"这些考题太难"、"教师教不好"、"这门课引不起我的兴趣"等，这部分学生往往不愿得到教师的帮助，不想努力学习，也缺乏学习积极性。根据研究，学生对行为结果的不同归因会影响以后的学习积极性。主要情形是：（1）如果学生把学习失败归因于自己能力不够这个内部稳定因素，则这种失败不会增强学习活动的坚持。（2）如果把失败归因于内容太难这个内部稳定因素，就很可能降低学习活动的坚持。（3）如果把失败归因于运气不好这一外部不稳定的因素，则不一定会降低学习积极性。（4）如果把失败归因于努力不够、准备不充分等内部不稳定的因素，就会保持甚至加强学习积极性。

归因理论具有广泛的应用价值，用它来调节学生的学习积极性具有重要的实践意义。引导学生正确而适当的归因，是不断提高学生学习信心、激励学生主动学习的重要策略。请看一则关于语文学习归因理论的具体应用：

一个四年级学生的作文《志茂桥对我说》第一稿只写了150个字，其中还有十几个错别字。开始，老师没给他打分，而是与他商量修改意见。教师首先表扬了他会讲故事这一特长，然后请他把练市镇近期发生的新事编成故事。两天后，他给教师讲了自编的故事。教师肯定了他的成绩，然后辅导他如何确定中心和选取材料，并鼓励他说："你的基础并不差，你很关心周围的人和事，只可惜，只是没有努力写出来！要是多下些工夫，该多好啊！"他脸上露出了得意的神情。他的第二稿写好后，又送给教师，问能得多少分，教师说可以得及格分数。他说："再让我修改修改！"第三稿写好后，教师说能得 70 分。他还不满意，要求再提点修改意见。第四稿，他的作文确实有了很大的进步，教师给他打了 80 分。后来，他的学习积极性高了，常向教师借有关写作方面的书看，常送作文让教师修改。一年后他参加区征文比赛，800余字的作文，前后修改了六次，获得了二等奖。

在上述实例中，训练学生把作文差归因于自己努力不够，从而激发他学习的积极性。具体的做法是：对差生的作文先不打分，通过谈心把作文差的原因归于学生努力不够，并相信他们经过不断努力可以写好作文。当学生作文有了进步时，就给予较好的成绩。

美国休斯敦大学斯琼克的研究说明，要使学生不断提高学习积极性，仅仅强调学生的努力还不够，还应该使学生感到他们的努力是有效的，并不断给予他们成功的反馈。他对学习有困难的学生进行过实验，对其中一部分学生引导他们学习，使他们感到自己在不断进步，并告诉他们，取得进步的原因是由于自己的努力，使他们感到自己的努力是有效的，以此来激发他们潜在的学习能力。对另一部分学生，则只要求他们努力学习，并不对他们的成绩给予反馈，特别是不告诉他们其他学生的学习情况，只是对他们一味强调要不断努力。实验结果表明，在遇到难题时，前者往往能够保持或提高学习成绩，而后者的成绩往往退步。所以，在调节学生的学习积极性时可以提出一条基本的原则，即"有效反馈原则"；既要让学生感到自己的努力不够，要进一步努力学习，又要让学生感到自己的努力是有效的，只要坚持努力学习，定能成功。这个原则在上面的实例中得到了良好的体现。老师说："真可惜，没有努力写出来！"这就使学生感到自己成绩不好是由于努力不够。作文从第二稿的"及格"到第三稿的"70 分"，再到第四稿的"80 分"，得分逐次提高，这就让学生感到自己的努力是有效的。这样，学生的学习积极性不断地得到了提高，逐步变被动学习为主动学习。

第四部分
素面的语文教学效果

"素课"的效果是以"整体观照"和"细节落实"两个维度展现出来的,整体决定成败,细节体现精彩。"素课"提倡更多、更大、更强、更新的"整体观照"思想,从整体、全局考量语文教学效果的利与弊、得与失。

第十三章　整体观照

时下语文课比较突出的一个现象是：细节精彩，整体欠佳。究其原因，主要是思维方式造成的。其中一个很重要的原因是缺乏"整体观照"的哲学思维。确定整体意识，立足于"上位"立场，进行整合的思考，是"素课"要着力研究和实践的一个重要课题。

一、"素课"的"整体"思想

遵照并执行"整体观照"，应坚守四个基本理念：

1. 语文课是由相关元素组成的整体

课是由众多元素组成的：有教学目标、教学内容、教学方式、教学效果之分，有语言、思维、文化之别，还有听、说、读、写之异。凡是组成元素相关性高的，整体功能的发挥就越大越高。大凡语文课上的讲练结合、听说结合、读写结合都是行之有效的，一个重要的原因是讲与练、听与说、读与写是密切相关的两个语文教学现象，它们之间存在某些内在的联系，在整体性地影响了教学效果。

2. 语文课是一个有环节、层次、结构的整体

语文课结构中的各环节组成的时间流程和每一环节中教师、学生、教学内容、教学方式等因素的组合方式是相对独立的整体，而且这两个相对独立的整体又组成课堂教学结构这个大系统，也构成了一个有机的整体。它们的有机统一，形成了教学诸因素的组合方式从一种形态向另一种形态的转化、运动，即形成立体的、动态的、整体的语文课结构。整体的课堂教学结构决定了它的整体功能，使各因素相互联系，有机统一，共同为实现语文教学目标服务。所以，整体效果是以层次、结构的合理性为前提的。结构合理了，整体才有可能优化。从一堂语文课的总体结构看，要考验四个维度。一是哲学维度：整体—部分—整体；二是心理学维度：内化—外化；三是教学论维度：感知—理解—巩固—应用；四是阅读学维度：读熟—读厚—读薄—读精。

从具体的课型的结构看，低段精读课的结构可以是：创设情境—指导学法—自读课文—检查落实—读背课文。中段精读课的结构可以是：引导目标—自读自悟—聚焦重点—尝试解决—积累语言。中段略读课的结构可以是：指导学法—自读自悟—班级分享—适度点拨—积累运用。高段精读课的结构可以是：整体性地读—细节性地读—探究性地读—总结性地读—拓展性地读。

3. 语文课是整体有效运行的

语文课的元素、环节、层次和结构不是静止的，而是运动的。它不仅在时间上表现为各个因素之间的有序转化，而且教师、学生、教学内容、教学方式等的组合方式也随着教学环节的进行而有规律地变化。这两种运动变化又是相互依存的；同时，一个教学环节向另一个教学环节的过渡转化，又是通过教学诸因素组合方式的有规律运动实现的。所以，不管是教学环节之间的过渡，还是教师、学生、教学内容、教学方式等教学因素组合方式的变化，都必须遵循学生的身心发展规律和认识规律有序列、有规律地进行。各种教学因素组合方式的有序运动，促成了课堂教学结构各个教学环节间的有序转化，从而形成了课堂教学结构的有序运动，推进语文课的整体有效运行。此时，某个因素是围绕并依赖于整体存在的。也就是说，细节服从于整体。

4. 语文课的整体功能是由全息元主导的

全息指的是整体中的任何一个全息元包含着整体的全部信息。全息反映的是事物的部分与整体的关系，可以用"一叶知秋"一词加以比喻。一篇课文就是全息和开放的系统。例如，短短的一课《草船借箭》（五年级下册），既反映了一个智夺的谋略故事，又反映了其中不同人物的丰富个性，而且还可以体现三国时代的历史、文化、军事概貌。凭借这一全息的基础，课堂教学中可以融看、听、说、演、唱于一体，可以涉及多个知识领域。有时聚焦一个词就可以展示整篇课文的主要内容，达到窥一斑而见全豹的功效。例如，《鸬鹚》一课中的"一抹"，看似寻常，实则为内涵极其丰富的全息元。文中表现的捕鱼的紧张、鸬鹚的忙碌、渔人的欢乐、作者的感受等几乎都隐含在"一抹"之中。所以，用全息理论指导语文课，可以得到以下初步认识：语文课是一个信息系统，课堂教学过程是一个信息的传输、变换、反馈和控制的系统。所以，应该把教学中的任何一个"点"放在语文教学信息全过程的"线"、"面"和"体"中加以考虑。

"整体观照"引发了对当前语文课重心认识的变化，主要是：

1. 由着重对课的细节的思考转向着重对课的框架的思考

语文课是一个宏观的、系统的工程，需要有全局意识，把对课的整体把握和细节处理二者有机结合起来，追求整体最优化。解读一册、一组或一篇教材，都要考虑册与册、组与组、篇与篇之间的编排位置和相互之间的联系，把每一部分教材都看成是整套教材的有机组成部分，弄清它在整套教材体系中的地位和作用。细读虽然要抓词抓句、抓表达方式，但还是需要在对教材整体理解的基础上进行。否则很容易抓住一句话，一两个词，只言片语，断章取义，也就无法对学生一些独特的理解做出判断。

2. 由着重对课的单方面的思考转向着重对课的多因素的思考

语文课是以综合性为特征的。综合性使得语文教学变得异常复杂，但同时也促进了语文课堂教学的多种可能性成为现实，为对课的多因素思考提供了广阔的空间。例如，在五年级下册《金色的鱼钩》一课教学结束后，可以紧扣课题让学生练习：课文以物体命题，标题是《金色的鱼钩》，如果以人物命题应是《　　》，以主题命题应是《　　》，以时间命题应是《　　》，以地点命题应是《　　》。（参考答案：老班长，舍己为人，艰苦岁月，长征路上）。这样的处理，立足于"审题"这一训练目标，多角度审视问题，有利于学生对语言的灵活运用，也促进了学生求异思维能力的发展，真可谓是一箭双雕，教学的整体效果显而易见。

3. 由着重对课的平面的思考转向着重对课的层次、关系、结构的思考

用上下、前后、新旧联系的观点审视语文课堂教学问题，会使语文教学更给力。例如，五年级上册第三单元的4篇课文都是说明文：《鲸》、《松鼠》、《新型玻璃》、《假如没有灰尘》，重点训练的是"说明的方法"。这组课文前的学习提示是"学习本组的说明性文章，要抓住课文的要点，了解基本的说明方法，并试着加以运用。"所以，在教学这组课文的首篇《鲸》时，就要重点理解课文在介绍鲸时运用的说明方法，并把它梳理出来。教学第二篇课文《松鼠》时要突出"想想课文在说明方法上与《鲸》有哪些相同的地方，有哪些不同的地方。"教学第三篇课文《新型玻璃》时再引导学生理解与掌握作者在介绍各种玻璃时又运用了哪些说明方法。第四篇课文《假如没有灰尘》是略读课文，可以引导学生快速默读，并重点讨论"作者是怎样说明灰尘的重要和作用的"。在后面的《口语交际、习作》中还应训练说、写说明事物的方法。这样前后关照、新旧联系，有利于帮助学生构建稳固的认知结构系统，以构成重点训练项目训练的层次和结构。这样，知识的整个链条就形成了。

例如，语文课的程序设计不一定按部就班，从头到尾，也可以从文章的结尾入手，然后反顾全篇，向前逆推。教学《海上日出》一课时可先让学生读课文的最后一个自然段（"这还不是伟大奇观么？"），再引导学生理解"这"和"奇观"各指什么？然后把题目与结尾句联系起来，分步合成一个疑问句、陈述句、感叹句，分别呈现。最后，教师指出：海上日出究竟有什么奇观呢？把学生的注意力集中到"奇观"上，把他们带回到课文具体描写海上日出的美景之中。这样的设计浑然一体，有层次，有联系，也有结构。

二、"素课"的"上位"立场

对语文课的思考，有不重要、重要、更重要之分，有上位、下位之别。"整体观照"是一种哲学思想，也是一种"上位"立场，应立足于"更为"，在"更为"处更给力。

（一）意义更为深远的

"整体观照"下的语文课，其价值追求就要关注意义更为深远的东西，从"语言能力"走向"语文素养"。在新中国成立以后历年的《小学语文教学大纲》中，语文教学的目的基本上定位于"培养学生理解和运用祖国语言文字的能力"，其核心概念是"语言能力"。这种定位是有价值的，并对小学语文教学发展产生了良好而深远的影响。但是，随着语文教学改革的深入，这种定位日益表现出它的保守性、单一性。《语文课程标准》首次从"素养"这一角度对语文课程目的进行新的定位。在中国语文教学发展史上，首次把语文课程目的规定为"致力于学生语文素养的形成与发展"。"语文素养"不同于"语言能力"。"能力"指的是一个人顺利完成某项工作的心理特征的总和，它重在"功用性"。而"素养"指的是人通过长期学习逐渐养成的涵养达到的某一高度，它既有"功用性"，又有"非功用性"。从内容上看，"语文能力"包括听、说、读、写能力。而"语文素养"包括的内容要丰富得多，既包括语言能力，也包括语文学习习惯和方法，还包括知识视野、情感态度、思维品质、文化品位、人文精神等。由此可见，语文素养的概念比语文能力的概念更为宽泛。这也就能进一步开发语文教学在"功用"之外的功能，增强语文教学的文化底蕴，提高学生的整体修养水平。语文素养概念的提出，可以启发我们重新审视语文课程的价值和功能，以更好地调整当前和今后语文教学的观念和策略。

（二）视野更为宽广的

"整体观照"下的语文课，要从语言走向文化、从教学走向课程。"课程观"的输入，课程意识和理念的逐步形成，拓展了语文教学的视野。

1. 全人发展的课程价值观

课程实践在本质上是一种价值创造活动，所以必须遵循一定的价值原则。语文教学改革的显著特征就是以学生为本，着眼于学生的全人发展。这里的全人发展指的是人的整个身心各个方面的和谐发展。学生在学校不仅仅是为了获得考试成绩，更重要的是要成为他人生旅途中的一部分，这是一种生活，这种生活是丰富多彩的、带整体性的，它需要整个人的全面发展。这种着眼于全人发展的课程价值取向，使学校的课程目标发生了深刻的变化：第一，注重课程的个人发展价值，关注学生个性的发展。第二，着眼课程的整合价值，强调学生的全面发展。第三，重视基础知识的学习，提高学生的基本素养。

2. 弘扬人文的课程文化观

课程文化开始摆脱原有科学主义教育视野的局限，跨入到"科学人文性"课程文化观之中。科学人文性指的是建立在科学理性之上的人文精神规范、统领科学，从而实现科学与人文彼此结合，最终达到二者协调统一、浑然一体的关系。科学人文性课程以科学为基础，以人的解放和完善为最高目的，强调人的科学素养和人文素养的辩证统一，并致力于科学精神和人文精神的沟通与融合。

3. 回归生活的课程生态观

为了寻找现代人已经失落的"精神世界"，克服"科学世界"带来的精神危机，课程必须重返"生活世界"。回归生活世界的课程生态观，从本质意义上说，就是强调自然、社会和人在课程体系中的有机统一，促使自然、社会和人成为课程的基本来源。

（三）语言更为鲜明的

据笔者的现场观察，不少教师教一课书的着眼点是理解课文情节和内容，对课文逐段进行琐碎的内容分析，并由课文内容一味生发开去，进行漫无边际的情感发挥。这样，小学生在六年时间里花了 1900 多课时学习 400 篇左右的课文，主要了解的是内容梗概、政治口号和常识性知识，而学生获得的语言知识却不多，对学生的语言能力培养也甚少。这种现象表明，语文教学偏离了自身的发展轨道，步入了一个误区：错把课文内容当成了教学内容的全部，进而错把教学内容当成了教学重点，忽视了更为重要的"语言"这一教学重点。语文课上的"语言"是口头语言和书面语言的合称，包括听、说、读、写、书（写字）和字、词、句、段、篇 10 个方面。语文课要立足于语言习得：(1)要以牵一发而动全身的语言现象为生成点。这些语言现象，往往是课堂教学的重点和难点，具有鲜明的示范性。例如，课文中的中心词、中心句，体现文章中心的重点段，牵动上下文的过渡句、过渡段等。教师在处理教材时，要善于深钻教材的内容，紧紧把握住教学的重点、难点，然后以此为突破点来组织教学。(2)以带有规律性的新的语言现象为生成点。这种新的语言现象，既适应学生的语言发展水平，又可以概括、类化和迁移，学生学会就可以举一反三地运用。例如，新的句式、段式等。教师在钻研教材时，首先要看看课文的语言文字有什么特点，出现了哪些新的语言现象。然后从学生的实际出发，确定好语言生成点，以获得"以一当十，以少胜多"的效果。(3)以接近学生"最近发展区"的语言现象为生成点。这种语言现象往往是学生在阅读时最容易激发思维火花的爆点、最感兴趣的疑点和最容易忽略的盲点。教师要选准这些点，让学生充分参与语言全程训练，教师给予恰当的引导点拨，这样能激发学习兴趣，提高课堂教学效率。

（四）内容更为整合的

提倡语文教师采用单元备课，通过对一组课文所有目标的整合、内容的重组、课文的调整，在教学过程中自始至终对教材有一个整体的把握。教师可以创造性地打破教材原有的单元体系，或者按主题，或者按题材，或者按内容，把它们重新组合版块，形成新的学习资源，这有助于学生在新的版块内部进行意义重构。特级教师孙双金曾以《走近李白》为主题，选择三首较能体现李白风范的《望庐山瀑布》、《夜宿山寺》、《秋浦歌》进行组合教学，引导学生品味作品中最能体现浪漫气息的诗句，如将"日照香炉生紫烟"概括为"宛如仙境"，"疑是银河落九天"概括为"超凡的想象"，"飞流直下三千尺"概括为"极度的夸张"。从而为学生树立了一个全面、立体的李白诗仙形象，这样的设计取得了良好的教学效果。2004 年浙江省安吉县外国语学校的王自文老师把陆游的《秋夜将晓出篱门迎凉有感》和林升的《题临安邸》两首表面看并没有关系的两首古诗组合为"主题教学"课型，获全国教师优质课评比大赛一等奖。王老师敏锐地发现了两首诗都表现了面对南宋的卖国朝廷，诗人的悲愤和忧国忧民之情。林升的诗以愤起首，陆游的诗以悲作结。前呼后应，融为一体，给学生留下深刻的印象。

（五）设计更为系统的

"整体观照"语文课，就应把各种教材内容有机结合，达到整体优化。例如，六年级上册《少年闰土》课后有一道单一的作业题："找出文中描写闰土外貌和动作的句子，抄下来，再体会体会。"浙江省桐庐县实验小学江玲老师把这个作业和整篇课文的教学、作业有机整合，努力实践教学的整体化。

第一次作业在课前预习，内容为：1. 读课文 3～5 遍，找出课文中描写少年闰土外貌的句子，读一读，最好能够背诵。2. 在自己学过的课文或看过的课外书里摘录描写孩子（少年）外貌的词语。

第二次作业出现在课堂上，内容为：1. 借助词语或词组说说你脑海中的闰土形象。2. "月亮地里看瓜刺猹"让作者终生难忘，我们也来好好地记一记，背一背。3. 试着把闰土"雪地捕鸟"这件事仿照第一自然段的写法进行改写。

第三次作业在课文学完后，内容为：1. 对"少年闰土"与"中年闰土"的形象进行比较阅读，试着从语言、角度、手法、情感等方面来写一段阅读赏析。2. 推荐阅读鲁迅的小说《故乡》，特别关注对小说中各种人物的外貌、动作描写，做好阅读卡。

这就是作业的整体设计。江老师把一个单一的刚性作业演绎得酣畅淋漓，它不仅出现在三个时段，也是从学生的记忆能力、概括能力、应用能力、阅读比较能力等多个纬度考虑设计，更是对作业的功能进行有力阐述：作业不是一种教学的附庸，而是一种教学的手段，它能确定教学目标，能突出重点难点，能从容地参与教学过程。

（六）指导更为有效的

"整体观照"下的语文课要求教师的指导体现三个教学策略：一是"低入"。以设计简约、适度的内容和方式为开端，用最适合学生的方法为起点，把最直接的方式交给学生，为学生的主动探究提供更大的空间。"低入"营造了一种近乎"零干预"的课堂气氛，使学生易学、乐学、能学，有利于学生积极参与、自由发挥、充分思索。当然，简约不等于简单，"低入"不是不要难度，而是在深思熟虑的基础上精心设计的有效教学。二是"先学"。教师要设置"前置性学习"，让学生在学习新知识之前尝试自主学习，先行了解学习内容。久而久之，能有利于学生学习习惯、自学能力的培养。三是"理答"。对学生的学习状况进行全面而有效的梳理，并设计有效的应答、应对策略。

支玉恒老师在教学二年级下册《难忘的泼水节》一文中最后一节时，许多学生都陶醉在泼水节所营造的欢快气氛之中，突然一位学生提问："老师，现在水资源越来越少，傣族人民过泼水节要泼掉很多水，这不是在浪费水资源吗？"这一问题显然出乎大家的意料。就在全班同学为之瞠目的时候，支老师却对这位提问的学生大加称赞，并请学生再读课文，思考：泼水节这一天人们为什么特别高兴？这里的"水"到底是什么含义？一石激起千层浪，学生经过讨论，最后明白了：这清洁的水不仅仅是一种自然资源，还具有深刻的文化内涵，它象征着尊敬、友爱和祝福。虽然傣族人民生活在水量充沛的西双版纳这一热带雨林地区，但爱水的民族，肯定最懂得水的珍贵。短短的几分钟，使学生受到了一次民族文化的熏陶，得到了一份灵动智慧的洗涤。

三、"素课"的"整合"策略

由于整体中各个部分存在有机的联系和有序的结构，结构信息量倍增，并改变了原来各个孤立部分简单累加的功能，其整体的功能大于各个孤立部分功能相加之和。由此可见，"整体观照"的重要策略是对各种因素、环节、联系和结构进行有效"整合"，由整合产生整体优化。

（一）多种教学目标的"整合"

语文课是由学生、教师、教学内容和教学方式四个基本因素构成的系统。这四个因素及其所构成的关系都是因为教学目标要求与学生原有基础存在矛盾而存在的。语文教学过程实际上就是教师按照教学目标的要求，指导并和学生共同操纵教学内容和教学方式，使矛盾得到解决的过程。所以，教学目标是语文教学的灵魂，它对语文教学活动的四个因素及其关系起统率、支配、整合和协调的作用。相反，没有语文教学目标，就不存在语文教学。教学目标模糊不清，教学就像一盘散沙，尽管每个因素都发挥出最大的潜能，也难以使语文教学整体达到最优效果。

语文课要从知识与能力，过程与方法，情感、态度、价值观三个维度设计教学目标，这是众所周知的。面临的问题是如何把这三个维度的教学目标整合起来，形成一个和谐的目标体系。要防止关注了某一个维度的教学目标，却忽视了另外两个维度的教学目标的"三分之一现象"。而且对教学目标的众多特性要进行整合，实现整体和谐。诸如，目标的单一性与多元性、认知性与交际性、群体性与个体性、外显性与内显性、长期性与短效性等，都需要从整体和谐出发进行权衡和处理。

（二）多种教学资源的"整合"

目前的语文课堂教学已经逐步从关注教学形式为主转向关注教学内容为主，即从"方法时代"走向"内容时代"。教学内容是由各种教学资源汇合而成的，例如，课内与课外、教师与学生、文本与媒体等资源。对各种教学资源要进行整合，使其各得其所，和谐相处。对此应注意两点：第一，课文只是课堂教学的重要资源之一，而不是全部。第二，各种教学资源都应从教学目标出发进行内容、数量上的取舍，优化教学资源的配置。

（三）多种教学因素的"整合"

制约语文课堂教学的因素是众多的，有教师与学生、内容与形式、数量与质量、情趣与理趣、过程与结果等。一个和谐的课堂不应是单一因素凸起的，也不应是彼此无关联的，更不是本末倒置的，而是符合内在规律的辩证统一和协调的。

（四）多种教学方式的"整合"

语文课要力求教师的主导性与学生的学习主动性的最佳结合。提倡教师的主导作用并不是要否定学生学习的主体作用，也就是并不否定学生的主观能动作用；调动学生学习的主动性、积极性也不是以否定教师主导作用为前提的。事实上，教师主导作用的发挥完全体现在学生学习的主动性，积极性上，学生学习的主动、积极程度越高，说明教师的主导作用发挥得越好。因此，语文课要把握好教师讲授的"度"，减少教师的"排放量"，充分调动学生的学习主动性、积极性，尽最大限度发挥学生学习的主体作用。

语文课的教学方式包括4种类型：教授方式、学习方式、师生互动方式、资源呈现方式。各种方式又包含多种方法。方式、方法本身没有优劣之分、高低之别，重要的是如何更好地为教学目标和内容服务，如何把几种教学方法进行整合，使课堂更加和谐。例如，学思结合、学用结合、说写结合、读写结合等教学方法，都是行之有效的整合的产物。

（五）多种教学评价的"整合"

评价是一种价值判断，对整个课堂教学都有强烈的导向作用，这要求评价必须客观、全面、和谐。各种教学评价内容和方法必须发挥各自优势，以求整体和谐。就是课堂评价语言也应做到内容、语音、语速、态度、表情等方面的和谐一致。

第十四章　细节落实

"素课"是由各个细节组成的，只有全部细节都落实了，课才能是有实效而精彩的。"素课"的细节落实包括素课的基本观点、判断标准和操作建议。

一、"素课"的基本观点

（一）关于语文教学的性质和特点

1. 事物有本质特征和一般特征。本质是事物内在的、必然的核心特征。小学语文教学的本质在于言语性，由此引领它的其他特征：知识性、人文性、情感性、思维性、综合性等。

2. 语文是一种文化现象，语文教学是一种文化活动。从文化学的角度审视小学语文教学，能提升它的品质。

3. 小学语文教学是复姓，姓"语"，姓"小"。既要致力于"语文素养"的培养，又要充分体现小学生的身心发展特点。

4. 小学语文教学要念好"十字经"，学会"十指弹钢琴"：字、词、句、段、篇、听、说、读、写、书（写字）。

5. 学生是学习的主人，毋庸置疑。但不能由此推导出：教师是教学的客人。只有充分发挥师生双方的积极性，才能提高语文教学效果、效率和效益。

6. 小学语文教学应有"从量变到质变"的意识，以语言积累的"量"取胜，在"量"中求质，在"量"中求发展。

7. 小学语文教师要掌握修枝法，裁剪繁乱的枝叶，凸现简约的主干，使语文之"树"苗壮成长。

8. 小学语文教学何去何从？走创新之路、务实之路、简单之路。

9. 小学语文课堂教学要少一些句号，多一些逗号、问号、省略号、感叹号。

10. 语文老师要向警察学习，学习他为路人指明方向；向医生学习，学习他对病人的因病施药；向演员学习，学习他表演时的体察入微。

（二）关于识字、写字教学

1. 识好汉字，讲好汉语，是一种热爱祖国的表现。

2. 提前认字，大量识字，识用结合，是学好语文的坚实基础。

3. 小学低年级语文教学以识字教学为重点，但不是唯一。识字教学还应与口语交际、阅读、思维训练、情感熏陶、常规培养等有机结合起来。

4. 生字新词不宜过早地从课文中剥离出来，应倡导在语言情境中认字学词。

5. 在语境中识字，在生活中识字，会使识字教学充满生命活力。

6. 音、形、义是汉字的三要素，一般来说，小学低年级识字以字形为重点。

7. 汉语拼音是语文学习的重要基础工具，必须学好，但不宜过高要求。

8. 多识少写，不是不重视写，而是通过少写要求学生把字写得更好。

9. 写字既是一种技能，同时还对学生的心理、人品、审美、习惯等以良好的启迪。

10. 小学高年级提倡学写行书，提高写字速度，为今后的工作和生活打好基础。

（三）关于阅读教学

1. 阅读和阅读教学是两个不同的概念。前者侧重于了解信息，后者侧重于阅读方法和阅读能力的培养。阅读教学不能等同于阅读。

2. 阅读教学的先后程序，应积极提倡：先学生后教师，先具体后抽象，先感性后理性，先整体后部分，先文字后图画等。这种"序列"，有利于学生学好语文。

3. 阅读教学应有两个"来回"：从语言文字到思想内容，又从思想内容到语言文字。出发点是语言，落实点还应是语言。

4. "朗读"是阅读教学的重要方式，但是阅读教学的任务不可能全部通过一味地"读"完成。"朗读"的作用不可以无限扩大。

5. 根据不同课文的特点确定不同的阅读教学思路，防止千篇一律，不求变化。

6. 学习情境是丰富的，语言是多义的，学生的经历也是不同的，因而要尊重学生的独特理解和多元解读。

7. 阅读教学不要文文概括中心、篇篇分段，也不必要求句句讲解，字字落实，应突出重点，凸现难点、疑点、突破点。

8. 阅读教学要揭示语言文字背后的人文性，从人文性角度审视语言的表达和应用。

9. 阅读教学有四个轮子，缺一不可：一是语言；二是文化；三是情感；四是思维。

10. 阅读教学的基本形态是"对话"，有师生对话、生生对话、生本对话、生机对话，其中最重要的是学生与文本之间的潜心对话。

（四）关于朗读教学

1. 不同年级、不同阶段应使用不同的朗读教学目标：通顺、流畅、抑扬顿挫、有感而发。

2. 精心选择有感情朗读课文的内容。一般说来，褒义的课文内容应确定有感情的朗读；中性的课文内容不一定安排有感情的朗读；贬义的内容一般不进行有感情朗读指导。

3. 有感情朗读的过程很重要，应努力展示其过程。从感知到理解，再从理解到共鸣，直至内化。

4. 要体现有感情朗读的个性色彩，积极引导学生根据自己的体会和感受读好课文，不必强求一律。例如，并非重点词一定读重音，有时可以重音轻读。

5. 加强学生对朗读内容的情感体验。一般来说，凡是情感体验深的课文往往能读出感情，反之效果就不好。

6. 应注意朗读的语境。一般情况下，一个词、一个短语不宜安排有感情朗读。

7. "有感情朗读课文"是一个结果，一味地通过"朗读"是体现不出感情的，要强化学生内心的体验。真正的感情不是读出来的，而是从内心涌出来的。

8. 朗读指导分技巧和欣赏两种。并非人人都要求熟练掌握有感情朗读的技巧，成为一个朗诵家，但要求每个人都能欣赏别人的朗读，成为一个欣赏者。

9. 朗读不宜过多的单一训练，应加强与其他因素的联系和整合。如与环境、脸部表情、手势等非语言的表达相联系。

10. 努力创设朗读的"四境"：情境、意境、语境和心境，提升朗读的水平。

（五）关于习作教学

1. 习作集语言、思维、情感于一身，是衡量学生语文水平高低的客观标志。

2. 对小学生来说，听、说、读、写的训练都重要，但最重要的是写作文。

3. 小学生的作文是一种传意作文，传承信息，表情达意，因而作文是一种学生内心的自由表达。

4. 小学生的作文是一种习作，既不能用成人的水平要求，也不能用论文的标准评判。

5. 读写结合，以读带写，以写促读，相得益彰。

6. 先说后写，各有其重点，能降低学生习作的难度。

7. 关于习作的内容和形式，小学生的习作应侧重于内容，不宜过早、过多、过严地用形式限制学生的书面表达。

8. 小学生的习作应立足于仿写。从模仿起步，在模仿中逐步学会写作。

9. 对小学生习作的评改应"多就少改"：也就是多将就少改动，以保护学生习作的积极性。

10. 积极提倡学生写片断作文、续写作文、生活作文、美术作文、音响作文、科幻作文等。

二、"素课"的判断标准

我们无法对"素课"的判断标准作出统一的要求，更不可能有量的指标。笔者认为，在目前条件下，"素课"的基本标准是：

（一）目标整合

整堂课有明确的、简约的、可操作的教学目标，并且能整合"三维目标"。"三维"指的是知识与能力、过程与方法、情感态度价值观。"整合"是指以主题为中心对三维目标进行关联、聚焦的优化设定。在教学目标的制定和实施中，充分凸现了本课所特有的教学目标和语言教学任务。

（二）板块设计

减少传统语文教学的流水线设计，在整体观照下进行单元组文构建、主题板块设计、分类分层实施。初步构建了课堂教学的"点、线、面"结构：语言点指向、线型动态流程、板块框架推进。站在"整体优化"的立场上，字不离词，词不离句，句不离篇，从全局到部分，从实践到认知，从感性到理性，从内容到形式。

（三）语言习得

把"语言"作为课堂教学的重点内容和教学主线。在"三境"（情境、语境、心境）的引领下强化"语言习得"，包括语言知识（字、词、句、段、篇、逻辑、修辞等）的学习，语言能力（听话、说话、阅读、习作、写字等）的培养、语言文化（汉字字源与演变、语言交际等）的渗透。课堂不仅有浓浓的语文味，而且有语言重点训练项目。在理解语言内容的基础上进行语言现象的积累、语言表达的学习、语言迁移的训练。能把"写"（写字、写片断、批注）挤进课堂。

（四）学生为本

学生是语文教学的客体，又是语文学习的主体。充分尊重学生的意愿和选择，调动学生学习的积极性，"还学"于学生，"让位"于学习。以学生的经验作为课堂教学的出发点，以学生的发展作为课堂教学的归宿。把学生投入到语言学习的海洋中，引导学生积极参与语文教学的各个阶段和每个环节，呈现"先学后教"、"以学定教"的基本态势。

（五）师生对话

从"教师中心"、"学生中心"走向"师生对话"、"生生对话"。初步实现了"互动式"教学格局：师生情感上互动、师生知识上互动、师生方法上互动、师生思维上互动，乃至师生之间的整个心灵互动。体现了师生之间的共生、互利、双赢。教师是学生语言学习的首席导师，起编导、诱导、引导、教导的作用。

（六）气氛活跃

在基本保证语文课堂教学物理条件的基础上关注良好语言学习气氛的创设和维持。(1)有情趣的导课。(2)有未解的内容。用问题引导教学，使教学过程充满思维、想象的活力。(3)有感悟的环节。情有所感，理有所悟，使语文教学进入学生的情感领域、心灵之中。(4)有灵活的方式。接受性学习要有启发，自主性学习要有时间，合作性学习要有效率，探究性学习要有设计。(5)有余味的结课。少些句号，多些问号、感叹号、省略号和逗号。

（七）资源丰富

拓宽课程资源的渠道，鼓励和引导学生收集信息资料。除了课文文本外，要使用丰富多彩的其他学习资源：(1)寻找课文隐含的学习资源（主要是语言现象）。(2)利用课堂即时学习资源（学生的解读、教师的观点等）。(3)开发课堂外的学习资源。学习资源为教学目标的达成、教学内容的完成服务。

（八）特点鲜明

语文课堂切忌面面俱到，平均用力，要轻其所轻，重其所重。重要的是一节课要有鲜明的个性教学特点。依"特点"而教，据"特点"而学，在"特点"上给力。根据文体特征、语言特色、教学特长选用不同的教学策略和教学方式。

（九）教风朴素

删繁就简，清晰平淡。较好体现"素课"的理念：(1)生态自然的"素色"。(2)直接与文本对话的"素面"。(3)对课文高频反复的"素读"。(4)按汉字原本意思理解的"素本"。课堂展示的是本色、简约、有效的"素文化"。

三、"素课"的操作建议

"素课"是一种新的教学理念，而这种理念应该是简单易行，操作自如的。只有这样，才能显示"素课"的强大生命力。

引课、导课

1. 搬掉讲台，亲近学生。

2. 引课要直接进入课文情节或直接进入语言系统。防止虎头蛇尾。

3. 平时的引课提倡多读、多背古诗、古文。

4. 上公开课时的引课要挤时间与学生"对话"，形成幽默、活跃的课堂氛围。

5. 课始多进行语言积累。如好词、好句、成语、歇后语等。

6. 努力形成"问题导课"的习惯。提供"大问题"学习背景，放开"小问题"学习讨论。

7. 坚持"课始礼"，但要提倡多样化的起立问好。

8. 课题可以全部出示，也可以部分分层出示，也可以不出示。

9. 一般情况下，课题前的序号不必板书，更不要与把序号与课题连起来读。

10. 引导学生默写课题。让其中一位同学上讲台板书课题。

上课

1. 设置开放型座位。三张书桌合拼为一组，三边坐学生，另一边放椅子留位给教师。

2. 使用亮题板，写上姓名。

3. 一上课马上打开语文课本，翻到所学的页码。

4. 使用问题消除法。

5. 适时、适度安排研究性学习环节。

6. 使用两种本子：上交的作业本，课堂随记本。

7. 学生的坐姿要端正，但双手可以随便放，只要求不做与教学无关的事。

8. 可以让学生商议、提出教学目标。

9. 学习生字新词的数量、内容不局限于课本指定的内容。

10. 自学课文，写出与课文有关的某个主题的调查报告。

11. 利用课文后思考题引导教学。

12. 在初读课文时，引导学生选择自己不理解、自己读得最不好的词、句、段反复读解。

13. 迟到的学生不要走前门，可以从后门悄悄入座。

14. 可以举手后发言，也可以不举手随意发言。

15. 教师应尽可能以商量的语气上课。（如：同学们准备好了吗？可以上课了吗？你读懂了什么？你能试一试吗？还有什么不懂？）

16. 提倡合作性的讨论、争论、辩论。

17. 讨论小组可以同桌一组，可以前后两桌一组，也可以自由组合讨论小组。

18. 讨论或做作业时允许学生离开座位与老师或同学讨论、询问。

19. 作业做完后可以起立轻声读自己的作业。

20. 提倡学生参与板书设计。

21. 设置语文学习"超市"，进行选择性学习、选择性作业、选择性评价。

22. 适当安排竞争性学习环节。

23. 根据需要，可以到阅览室、会议室、教室外上课。

24. 鼓励学生之间的相互检查。

25. 提倡"资料库"型的多媒体辅助教学。

26. 按照"学生在先、教师在后"的原则设计教学程序。

27. 注意隐性、多元性、个性的教学目标及其落实。

28. 提倡分层性、激励性、建议性、多样性、延迟性的课堂评价。

29. 注意语文知识的纵横联系，形成语文知识组块。

30. 多引导学生进行发散思维、逆向思维、直觉思维的训练。

31. 提倡学生在课本上"批注"、作图。

32. 把导游、实验、朗诵、故事、课本剧、演讲等引入语文教学。

33. 重氛围，重感悟。

34. 多读多写，少听少说，把读写挤进课堂教学。

35. 可以采用多种颜色的笔做作业。

36. 逐步实现全程学习法。印发课文的时代背景、词语注释、重点理解、段意中心等情节内容知识，引导学生自己学懂。

37. 有"收"有"放"，注意收、放的调控的技巧。

38. 创新但并不完全排除传统教学法（提倡在语言环境中识字，但并不否定查词典也是一种有效的方法。）

39. 不能机械安排朗读，这只是机械、简单的重复，要根据教学层次，分别提出不同要求。

40. 朗读分技巧和欣赏两种，要积极引导学生学会欣赏别人的朗读（不要求学生个个成为播音员，但要求个个学会欣赏）。

41. 允许学生自由发表意见，允许学生发表与教师不同的意见。

42. 提倡语文与数学、音乐、常识、美术等学科知识的整合。

结课

1. 采用多种结束课的方式（句号式、逗号式、问号式、感叹句式、省略号式等）。

2. 每节课末尽可能留出 3～5 分钟让学生提问题。

3. 结合社会、生活、学习实际，进行拓展性训练。

4. 注意后进生的学习（师：今天上课没有发过言的同学，请你发一次言。)

5. 推出"课堂必做作业"和"课余自由作业"。前者指的是根据本堂课教学目标设计的、大部分学生在当堂能完成的巩固性作业。后者指的是根据不同学生的学习水平和个性特点设计的有针对性的弹性作业，由学生自行向老师索取作业题。

6. 布置适量的选择性作业：选择题型、选择内容、选择完成时间、选择评价标准。

7. 引导学生修改课文题目或课文内容（增补、删减、变换等）。

8. 引导学生把课文内容制作为网页。

9. 学生的作业要进行板式设计、字体变化、颜色搭配。

第十五章 "素课"点评

"素课"的理念丰富深邃，所体现的课型也不同。下面呈现的是笔者对寓言、诗歌、记叙文的现场观察、诊断和点评，以促使"素课"思想的具体化和可操作性，可供大家参考。

一、"素课论"下的寓言教学

《守株待兔》教学设计及点评

[设计] 杭州市青蓝小学　　　　　　　张林华
[点评] 浙江外国语学院教育系　　　　汪潮

（一）在课前游戏中识字

1. 老师想去一片小树林和田野，谁能满足老师的心愿，画出一片树林和田野。（指名画）

2. 老师在树林旁造一座房子，并用双手守住。（用甲骨文写"守"。）哪一部分表示"房子"，"寸"在古代表示双手。"宀"和"寸"上下组合表示什么意思？（指名说）

平时，你看见谁在什么地方守住什么？我们上课、过马路呢？

3. 今天，我们去学习一个种田人和"守"有关的寓言故事。

「点评1："素课论"观照下的导课，就是引导学生主动思考，自我发现，在师生互动中营造与课文主题相关的、富有情趣的学习情境。让学生兴趣盎然创作田园图，通过风趣的师生对话，营造轻松的学习情境，为下面的课文学习准备好的主题情境图，老师把刚才的情境图转化成学生识字、言语实践的语境，先让学生自己通过观察字源图发现汉字偏旁"宀"、"寸"的基本字义，再结合情境图思考两个偏旁组合在一起有什么联系。学生在主动展开形象思维后，联系生活进行拓展组词造句，接触凝聚在"守"中的汉字文化——用自己的双手守卫自己的居住的家园和精神家园。这也为下面在寓言学习中，深入地理解寓言故事的主人公愚蠢的想法和行动打下铺垫。」

（二）揭示课题，激起学生主动学习欲望

1. 老师板书课题：守株待兔。（学生在课堂笔记上认真书写一遍。）

2. 引导学生回忆：听过这个故事吗？你是怎么知道这个故事的？（指名说）

3. 介绍作者：古代有一个大思想家，他的名字叫韩非。（板书：韩非）他看见身边有很多事情有要引起大家思考的现象，于是在晚上想出了一个个故事，然后把它写出来了。今天我们一起学习他的一个故事。

「点评2："素课论"视野下的导课要简洁、明快，要有激活学生的前理解的意识，避免在零起点上展开忽视学生已有基础的学习。老师让学生通过写来积累词语，引导学生回忆平时是怎么知道这个故事的，使学生在无意识中将自己和故事联系在一起；接着让学生了解作者创作这个故事的趣闻，激发了学习自主阅读的兴趣，又有效地进行了目标导向。老师不是让学生将目标锁定在具体的情节内容上，而是让学生关注故事是怎么创作出来，让学生一开始就在浓厚的寓言文化语境中学习。」

（三）读通故事，了解故事主要内容

1. 梳理学生的读书方法，"素读"课文

（1）有趣的故事该怎么读啊？谁来给大家提提建议？

（根据学生发言梳理出读书方法：1. 读通、读流利；2. 读出感情，读出人物的神情和心里的想法；3. 读懂道理，读出自己的看法。）

（2）学生自由读课文4分钟，读懂故事。

「点评3：联系学生已有的学习方法，在新的学习过程中形成知识组块，实现语文学习的增量，这是"素课"设计的起点。首先让学生回忆自己平时读有趣故事的好方法，帮助学生梳理系统后初步知道读书有三个层次。在第一次"素读"时，老师不做任何要求，只是让学生在轻松无压力的4分钟里自由读通故事。」

2. 在语境中识字

导语：这篇故事里面哪一段生字最多最难读？（根据学生发言选择第三段）

（1）指名朗读第三段。

（2）在汉字文化语境和文本语境中识记生字。

①学习"此"：第一层，学生互相交流有什么办法记；第二层，看老师演示（拿出一些纸，去掉底下一些，再去掉一些，剩下一张，来理解"此"与"些"的字形异同和意思，联系生活场景进行词串拓展，"此张、此文、此时、此刻"）；第三层，回到课文语境，种田人"从此"是从什么时候开始？（学生联系课文读句子。）

②运用看字形、联系偏旁想意思、编字谜的方法学习其他生字。

丢：一＋去，字谜"一去不回来"。

锄：金＋助，字谜"铁器帮助挖地"。

桩：木＋庄，字谜"村庄左边树木多"。

撞：扌＋童，字谜"儿童走路要手扶"。

③理解生字意思后，再读课文第三段，读出语言的味道。

「点评4：识字教学是二年级语文学习的重点。"素课"观照下的识字教学要为学生提供汉字文化语境，让学生在分析字形来联想字义，再回到文本语境来理解语境意义，这不仅让学生从源头来理解基本字义，更主要是让学生通过意象思维的方式学习古人造字的智慧和思维方式，让学生渐渐感受到一个汉字就是一幅画，就是一首诗歌，就是一个故事。老师从学生认为难读的段落出发，先抓住会意字"些"，通过动作并和生活实际联系，让学生在了解基本意义后，从"此张"到"此地、此时、此刻"的词串拓展，进而理解"此"的本义和语境意义。再让学生也尝试用分析字形、联想字义的方法理解"撞"、"锄"等字，并引导学生按自己的理解编字谜，不断用自己的语言来表达自己的理解，最后再回到课文语境，帮助理解课文内容，使得汉字在阅读中具有原型启发的意义。」

3. 理解题目意思

导语：第三自然段中，能不能找到题目中四个字的意思？

（1）联系课文，理解"守、株、待、兔"每个字的意思。（指名说，在黑板上画"株"）

（2）再连起来说题目的意思。（连词说）

4. 概括性复述课文主要内容

导语：谁看着这幅图，用简洁的话把故事说清楚、说完整？

（1）同桌互说。

（2）创设情境复述：怎么给正在烧菜的爸爸讲这个故事？（师生合作）

「点评5："素课"观照下的语文教学要关注文体特点。故事类课文教学，要扎实进行复述，把别人的故事转化成自己的故事。张老师突出寓言故事教学的"复述"训练，做到有时间保证、有方法引领、有虚拟的"真实情境"支撑。使学生对整个故事有整体观照，还让学生在听辨中思考怎么把话说简洁、清楚、完整，扎扎实实地进行言语概括性训练。」

（四）读出表情、揣摩心理，读懂寓言

1. 读出人物表情

导语：我们读故事不仅要读通，还要读出表情。同学们看看课文的第一段，你要读出种田人的什么表情？怎么把这些表情读到自己的脸上？

（1）学生自己练读，找出有联系的词语体会种田人的表情。

（2）根据学生的交流，组织品读抓有联系的词语，体会"惊讶"。

①体会"死了"、"窜"、"撞"等词语和"惊讶"神情的联系。

②重点理解"窜"：可以换成哪些词语？联系字源（出示"窜"的字源图和字体演变），想想动物"窜"时的心情会如何？这一个"窜"，结果怎么样？

③这么一"窜"，使种田人感到很奇怪。谁来读好呢？

（3）这个种田人明白兔子撞死的原因吗？从哪个词中可以看出来？

①学生交流对"不知怎么的"的理解。（是啊，种田人不明白，连作者也不明白。所以，他就用"不知怎么的"来表达。）

②生活中，你是不是也碰到过类似的事情，请你也来用"不知怎么的"来说一句话。

（4）兔子撞死会经常发生吗？（学生交流，板书理解"偶然"）

（5）抓有联系的词语复述：种田人为何惊讶。（指名说、点评）

「点评6：张老师为了让学生深入地研读课文，提出了一个富有挑战性的话题"怎么把种田人的表情读到脸上"，一石激起千层浪，让学生阅读的自主性得到充分发挥。课文中没有直接描写人物神情的语句，要读出表情就必须在反复读课文后抓住有联系的词语，恢复文本的语境，来揣摩种田人当时的神情。学生在自主阅读后，围绕"惊讶"来品读"窜、撞、死了、不知怎么的"等词语，体会"惊讶"的神情。在理解"窜"的时候，老师先让学生从字源图的字根去猜想字义，通过换词比较、回归文本语境推想等几个思维过程，让学生对"窜"的描绘的状态、产生的结果有了深层次的认识。」

2. 读出人物想法

导语：读故事还要读出人物内心的想法。这个种田人白捡了一只撞死的野兔后到底在想什么？请和同桌一起读课文第二段。（课件出示）

（生自由读。）

（1）读出想的神情：乐滋滋。（出示句子）

①比较"乐悠悠、乐呵呵"和"乐滋滋"的偏旁，猜想意思，在课文中用哪个词语好？默读并找出理由。

②"乐滋滋"的想法会实现吗？这是怎样的想法？（空想、异想天开）

③他还会怎么想？

（2）这种不想劳动就想得到收获的想法叫什么？（不劳而获）

（3）字源演示理解"获"，联系课文：种田人结果怎么样了？（理解"一无所获"）

「点评7：让学生充分感受寓体形象，是学生理解寓意的基础。学生在"怎么读出人物的想法"的任务驱动下，与文本高频度接触，在自己读、与同桌互动、交流读中，逐步走进人物的内心世界。张老师先让学生想象人物空想时的"神态读"，如采用理解"乐滋滋"的本义后"想象读"的方法；再在复述中，转换语言读，如加上语气词，突出人物的想法异想天开；接着，拓展"获"的字源意思，让学生联系上下文进行推理、判断，认识到寓言人物的主要毛病，为学生下面理解寓意进行铺垫。」

3. 读出自己的看法

导课：我们读书不仅要读出人物的想法，还要看看自己对这个人物有什么看法，你是喜欢他还是讨厌他？是赞美他还是批评他？请读最后一段（课件出示），把自己的态度通过你的读表现出来。

（1）自己练读课文：抓有联系的词语，读出自己的看法。

（2）在学生交流中点拨："丢下锄头"意味着什么？"整天坐着"不是很尽责吗？

（3）如果你是他的朋友、邻居、儿子，你会怎么劝说他呢？

（同桌合作：一位当种田人，整天坐着，会自言自语什么；劝说的人要诚恳指出他的错误，并帮助他想办法改正。）

（4）情境复述：种田人"守株待兔"的事情，被一位记者知道了。他来采访种田人的邻居。这位邻居会怎么向记者介绍呢？邻居会重点讲什么？

（5）你想知道韩非想出这个故事后先说给谁听的吗？他是说给国王听的，不过他说得很简洁，你想知道他怎么说的吗？（出示原文）

①借助拼音读读。发现原文与课文有什么不一样？

②书上的故事是后来根据古文变的。可以把人物的表情夸张，把人物的想法夸张，把人物的行动夸张，这样既会让人感到好笑，又给人启发。

（6）总结：像这样通过一个有趣的小故事，让我们明白一个深刻的道理的文章，就是寓言。

「点评8：张老师从学生语文学习的认知特点出发，在理解的基础上运用自己的语言表达对种田人的看法。学生自然会把自己对寓意的理解融合其中。由于前面学生对故事情节和人物形象有了自己的理解，在劝说情境中，学生能联系上下文和自己的体验，对种田人提出诚恳的、合理的建议。最后又联系原文语境，感知寓言的劝说作用，体会寓言故事的特点。」

（五）语境中写字

1. 导语：同学们，其实在我们的生活中，有很多不好的想法应该把它丢弃。（师范写"丿"）什么想法应该把它重重地撇去？

（1）学生谈自己看法。

（2）让这些不好的东西"一去不还"。

2. 那我们要守住什么？（范写）做人的道理，也是做人应遵循的规律、制度。"横"在横中线上，守住的时候还要遵循规律，下面的一"点"表示规律、做人的道理，要点得像水珠一样上尖下圆。

3. 学生书写"守、丢"，评价。

「点评9："素课"观下的写字指导，不是只强调把字写端正，停留在表面的字形指导上，而是要结合语境让学生明白为什么要这样写。这是"知义构形"的过程，也就是要把汉字背后的文化和汉字构形的思维方式，直观地、富有趣味地渗透给学生。张老师在写字指导时，注重结合寓言故事的道理，让学生知道汉字的每一个笔画及其位置关系的文化信息，感受到"丢"的一撇会说话，在写这个笔画时，仿佛听到故事在通过作者告诉我们"要丢弃不劳而获的想法"，起笔要有力；在指导写"守"时，引导学生思考做人应该守什么，让学生在理解"寸"中一点的内涵和写法之间的关系，初步感受到写好字就是学会做人的道理。」

[总评]

本课例体现了"素课论"中"提高学生语文素养，加强学生有效学习，让学于学生，减少教师'排放量'"的要求，让学生在轻松自然的学习情境中走进文本，开始学习陌生有趣的课文，通过"读通故事，了解大意，理解题意"、"读出人物神情和想法"、"读出自己的看法和态度"等几个层面进行反反复复地潜心会文，让学生通过把握文本的语言现象进行"语言感悟、理解、巩固、应用"等一系列言语实践活动，让学生初步感知到阅读寓言的方法。

立足语言文化进行识字教学，体现"素本"思想。在教学中教师充分发挥汉字的原型启发作用，让学生在观察字源、分析汉字字根之间的关系，联想汉字的基本意思的基础上，再结合生活语境和文本语境理解汉字的语境意义，这不仅促进了学生对文本的理解，还在汉字文化的背景中进行了词语的积累和运用。

复述，是寓言故事学习的有效方法。经典的故事生命力不断被人转述流传。张老师让学生在概括性复述、创造性复述等言语过程中走进故事人物的内心世界，还让学生感受寓言文体的表达方式，为今后创编故事打下基础。

从"个"走向"类"的学习。让学生在识字中总结方法，再进行迁移识字，从而认识一类汉字；让学生在"抓有联系的词语品读人物的神情、内心想法、愚蠢的行为来体悟寓言人物的可笑，再提出自己的想法"，初步习得了阅读寓言的方法，从而为今后学习更多的寓言奠基。

二、"素课论"下的诗歌教学

《和我们一样享受春天》教学设计及点评

[设计] 浙江省绍兴县福全镇中心小学　　　　　　　　季科平
[点评] 浙江外国语学院教育系　　　　　　　　　　汪潮
课前预热：唱响歌颂春天的歌曲，积累描写春天的词语和古诗词。

（一）谈话导入，揭示课题

是啊！春天是温暖的，是美好的，充满着生机，充满着希望，在明媚的春光中，我们幸福地享受着这一切。今天让我们一起来学习一首诗歌。

指导读好课题《和我们一样享受春天》

「点评1：课前预热不仅仅是与学生拉近距离，消除陌生感，更重要的是在这个过程中，巧妙地与文本衔接，衔接文本的内容，衔接文本的情感。特别是"积累描写春天的词语和古诗词"的设计，体现的是一种语言积累的意识，这就让预热也有了浓浓的"语文味"。」

（二）初读诗歌，读通诗歌

1. 自由朗读

让我们用3分钟的时间来自由朗读这首诗歌，注意读准诗中的生字，争取把诗句读通，读流利，同时留意诗句之间的停顿。

2. 多种形式朗读诗歌

请学生选择自己读得最流利的一小节读给大家听。

「点评2：诗歌教学重视朗读，具有重要的教学意义。这里，有三个朗读策略值得赞赏：一是课始的"自由朗读"。二是规定读书的时间，而不是读书的遍数。三是选择自己读得最流利的一小节来展示。这均体现了"素课"的思想。」

（三）比较阅读，感悟诗情

1. 读美短语，串词成句

（1）读美第一组短语。

第一组：蔚蓝色的大海

金黄色的沙漠

蓝得发黑的夜空

绿茵茵的草地

（2）读美第二组短语。

第二组：海鸥的乐园

蜥蜴和甲虫的天下

属于星星和月亮

滚动着欢乐的足球

（3）给短语"找朋友"，串连成诗句。

「点评3：这个环节的设计很精彩。这不仅是一种语言形式的分解和组合练习，而且也有利于降低学生读美诗歌的难度，让学生练习先把短语读出诗歌的味道来。接着让学生"串词成句"，用学生喜欢的"找朋友"的方式呈现重构文本后的诗句，能让学生自然地体会诗歌的美感。」

2. 第一次比较阅读，发现不同点

（1）感受美好。

请你轻声读读屏幕上的诗句，你相信吗？每一句诗就是一幅画。读着读着，一幅幅美丽的画面就会在你的眼前慢慢展开。试试看！

（2）打破美好。（给原来的诗句加上"本来"或"本该"）

现在请你再读读屏幕上的诗句，比较一下，看看有什么不同的地方。

「点评4：比较法是学习的一种好方法。首先引导学生在想象中充分地感受一幅幅画面的美好，接着请学生比较有细微差别的诗句。正是这细微的差别，打破了原来所有美好的画面。这样不仅让学生深入地品词，更让学生在强烈的对比中受到情感的冲击。」

3. 第二次比较阅读，发现相同点

（1）比较阅读诗歌1～4节，看看它们有什么相同的地方。

「点评5：同样是运用比较的方法，但第一次是请学生发现诗句不同的地方；第二次是请学生发现诗句有什么相同的地方。这样的设计，既让学生较全面地了解了"比较法"的基本思想，也让学生充满了发现的兴趣，亲历了发现的过程，真正有所获，有所得。」

（2）讨论交流。

预设交流点之一：不速之客

什么是不速之客？诗歌中有哪些不速之客？学生找对后一起出示。请学生发现共同点。

预设交流点之二：这究竟是为什么？

战争给自然世界带来了种种不安宁，更是给儿童造成了极大的伤害。（出示儿童眼神的图片）据联合国儿童基金会统计，自1990年以来，全球共有200多万儿童在战争中丧生，600多万儿童身受重伤，1200万儿童无家可归。那一双双惊惧无助的眼睛，那一声声撕心裂肺的哭声，那大滴大滴的眼泪，那鲜红鲜红的血迹……所有的这一切，都化作了这样一个疑问——（生接读：这究竟是为什么？）

「点评6：学生对战争没有多少真切的了解，所以适当地补充资料，并出示相应的图片是十分必要的。教师特意选择了有关战争对儿童造成伤害的资料和图片。当老师充满激情的语言在教室里回响时，孩子的心灵会受到强烈的震撼。」

当巡弋的战舰和水雷成了大海的不速之客时，我们忍不住疑惑地问——

当轰隆隆的坦克和大炮，打破了蜥蜴和甲虫的梦幻时，我们忍不住惊讶地问——

当频频发射的导弹把星星的家园搅得不再安宁时，我们忍不住生气地问——

当散落着的地雷碎片，阻挡着孩子们奔跑的脚步时，我们忍不住愤怒地质问——

（生一次次地接读：这究竟是为什么？）

一次又一次的疑问带着强烈的感情，这仅仅是疑问吗？这仅仅是一次又一次的重复吗？这分明是……

「点评7：紧扣"这究竟是为什么"展开教学过程，很好地体现了这首诗的特点。一次又一次地引领孩子读着"这究竟是为什么"，一次又一次地为孩子营造情感的场，这已经不仅仅是疑问，这已经不仅仅是重复，这分明是师生情、文本情、作者情的高度融合。这样的情感流淌是生态的、素色的。」

（四）真情倾诉，升华主题

1. 书面表达

这究竟是为什么？让我们也拿起笔，学着作者的样子来写一写，来问一问，来表达表达我们的情感！

「点评8："情动而辞发"，当学生的情感被激发的时候，拿起笔倾诉是最好的方法。让学生照着文本诗句的样子写写，让他们在亲历表达的过程中自然地习得语言文字。」

2. 感受希望

（1）朗读并积累。

听着一声声的"这究竟是为什么"，我们的心中如此强烈地生出一种希望，一份祈盼，请你自由地大声读读诗歌最后一小节，想一想：面对此情此景，你希望战火中的孩子还拥有什么？

（2）拓展文本语言。

我们希望，我们祈盼，

蔚蓝色的大海永远是——

金黄色的沙漠永远是——

……

（3）回应书面表达。

请学生看看自己刚才写的诗句，说说自己的希望，自己的祈盼。

「点评9：从开始的"蔚蓝色的大海是海鸥的乐园……"，到"蔚蓝色的大海本来是海鸥的乐园……"，再到"蔚蓝色的大海不再是海鸥的乐园……"，通过不同句子的学习和体验，引导学生拓展文本语言，让美好的祈盼留在心间——"蔚蓝色的大海永远是海鸥的乐园……"。更可贵的是对课堂练笔的内容进行二度开发和运用，使教学效果的提升更为明显。」

3. 升华主题

享受春天就是享受什么？（希望、自由、快乐、和平……请学生回答并请他们板书）

这就是我们希望的——春天！

这就是我们祈盼的——春天！

让我们一起深情地对战火中的孩子说一声：和我们一样享受春天！

「点评10：此时，引导学生围绕"享受春天就是享受什么"展开表达，让他们心中的情感倾泻而出，化为一黑板的语言文字，化为最深情的呼唤！课堂因情感而激荡，也因情感而美丽。」

［总评］

众所周知，语文是实践性很强的课程。"素课"重点关注的不是教师的"教"，而是学生在课堂上的实践活功。"听到的，忘记了；看到的，记住了；做过的，理解了。""做"就是一种朴素而有效的教学方式。本课设计较好地体现了"素课"语文实践的特点。

1. 根据文本的体裁特点开展言语实践。"素课"是一种本色的课，强调用语文的方式学语文。《和我们一起享受春天》是一首呼吁和平的儿童诗，学生对诗歌的言语实践最重要的方式是诵读。季老师安排不同目标实行不同形式的诵读，使课堂书声琅琅，诗韵悠悠。声情并茂的诵读使学生对诗歌有整体的感悟，也使学生对诗歌的言语意义和诗歌的情感表现获得最直接的感受与体验。想象读诗，读美诗句；个性诵读，读出感觉；引读质问，读出情感……课堂上，"读"成了最基本的言语实践。在诵读中，学生熟悉诗句，扎扎实实地积累了文本语言。此时，语文的魅力就在语文里。

2. 根据文本的表达特点开展言语实践。"素课"是一种自然的课，强调自然地习得。这首诗共五节，前四节格式相同，前两行写世界原有的美好景象；后两行写战争对美好生活的扰乱破坏；最后一行是对战争的质问。季老师在教学中通过分步出示诗句，展现重构文本的过程，使学生自然地把握了语言特点。首先分步出示两组短语，然后让学生给短语"找朋友"构成诗句。在充分体会画面美感的基础上，再出示文本中的诗句。这样做不仅降低了读诗想象画面的难度，还让学生初步把握了诗句表达的规律，自然地感受了诗歌的情感，为后来学生的仿写夯实了基础。而仿写在于引导学生把习得的言语自然地加以运用，把课文的语言自然地内化为自己的语言。

3. 根据学生的学习特点开展言语实践。"素课"是一种生本的课，强调还学于学生，让位于学习。对小学生来说，比较法是比较好的方法。季老师在课中多次安排比较，让学生感悟诗意。首先是漏词比较，比较不同点。季老师要求学生将搭配后的诗句与原诗比较，看有什么不同。学生不仅发现少了"本来"这个词，更能准确地把握诗意，体悟情感。其次是归类比较，发现共同点。季老师请学生朗读诗歌第一至四节，发现其中相同的地方，这样的发现让学生对诗歌的结构有了比较鲜明的感知。在交流基础上季老师出示"巡弋的战舰和水雷、轰隆隆的坦克和大炮、频频发射的导弹、散落着的地雷碎片"，要求学生"读一读，又发现什么共同点"。这样的学习没有空洞的说教，没有直白的告知，教师尽可能放手让学生自己主动、深入地学习语文，通过言语实践，学生积极思考，自主发现，使课堂有了更多的"增量"和活力。

三、"素课论"下的记叙文教学

《画风》（第二课时）教学设计及评析

［执教］杭州市绿城育华小学　　　方兰
［点评］浙江外国语学院教育系　　　汪潮

设计理念

语言性是小学语文教学的本质属性。语文教学应有强烈的语言意识，关注语言、亲近语言、聚焦语言，并从语言性出发设计语文课堂教学的整个过程和各个环节。本课从语言的理解、语言的积累、语言的转换三个方面设计第二课时，试图描绘一个"语言型"的课堂教学轨迹。

教学目标

1. 语言的理解。听写"宋涛、陈丹、赵小艺"三个姓名，巩固生字"涛、陈、丹、艺"，通过讲解，让学生初步感知我国姓氏文化，体会语言所包含的文化内涵。

2. 语言的积累。通过"（ ）的（ ）"的词组填空练习，学习与运用词语，积累规范的语言现象。

3. 语言的转换。把课文句子改写为儿童诗，初步感受语言表达形式的转换，体会语言表达的多样和美妙。

「点评1：目标中有语言。教学目标紧扣语言，并从语言的理解、积累、转换三个方面做了具体明确的描述。这样，教学目标因"语言"设置，因"语言"而教，为"语言"而学。在"语言"的知识与能力、过程与方法、情感态度价值观上确立了目标。这样的目标定位准，方向明，易操作，可检测。」

教学过程

（一）荐诗导入

师：老师准备了一份小小的礼物。是什么呢？（掏出实物：毛毛虫书），是一本书，里面藏着两首小诗。想不想打开念一念？咱们念其中的一首吧。题目是《谁见过风》，这是英国的克里斯蒂娜阿姨特意写给小朋友们的。（另一首是叶圣陶的《风》）

1. 指名逐句朗读，要求读正确、读流畅。

2. 教师领读一遍，感受儿童诗的味道。

「点评 2：课始有语言。根据低段学生的年龄特点与认知水平，结合课文内容，以"毛毛虫书"的形式推荐儿童诗的朗读与感知，课始直接进入语言学习。这既激发了学生的学习兴趣，又进行了语言熏陶，同时为后面学生的句子改写进行了语言形式的铺垫，埋下了伏笔。」

（二）词语听写

师：风，谁也没见过，可是咱们学过的课文里说有三个小朋友还画风呢。还记得画风的那三个小朋友吗？请拿起笔端端正正地写下他们的姓名。有两个字：赵、宋（教师板书），不会写的小朋友请看黑板，顶多只看一眼哦。

生写：赵小艺、陈丹、宋涛

1. 反馈、评价。

2. 渗透姓氏知识。

师：小朋友们，姓名由姓和名组成，如赵小艺（姓赵名小艺），你呢？

师：姓的起源很渊远，姓有单姓和复姓，复姓如：我们的申屠校长；姓很丰富，古时候杭州有一位书生曾编写了一本《百家姓》，书里搜集了五百多个姓呢。名呢？有两个字、三个字、还有四个字的。你的姓名不但能叫得响亮、好听，还寄予了爸爸妈妈对你的期望呢。

3. 第三人称：他、她与他们。

师：点击课件（图）再看这三个姓名，我们猜猜"他"可能就是宋涛了，为什么呢？

生：因为他是男同学。

师：（板书：他）那么，"她"就是陈丹或赵小艺了。

生：女同学就用"她"。（板书：她）

师：他们在一起画风。男同学和女同学在一起用"他们"。（板书：他们）

「点评 3：在"姓名"理解中有语言和文化。听写是掌握字、词、句的有效训练手段，是常用的课堂练习环节。听写词语环节不能单一进行，而应整合姓名的理解、姓氏文化的渗透、第三人称有关知识的了解于一体，这样，使语言与文化联系在一起，增加了语言的厚度。」

（三）词语填空

师：他们在一起画了……出示：弯弯的小树 斜斜的雨丝

1. 认读：弯弯的小树 斜斜的雨丝 还可以把什么放在前面，怎么样放在后面，什么怎么样；例如，小树……

2. 师：他们又画了……出示填写：（　　　）的旗子（　　　）的风车

3. 师：他们还可能画了……出示填写：（　　　）的（　　　）

4. 反馈、交流。指名读词组、同桌互读评议。

师：小朋友真会动脑筋，想出这么多不同的风来；积累的词语也很丰富，使风变得这么生动，这么美妙。

「点评4：在填空练习中积累规范性语言。结合课文内容，抓住文中"（　　　）的（　　　）"这一语言现象，由课内到课外，有层次地进行填空练习，使学生在练习中学会积累词语，并尝试着运用，体会语言的规范性。」

（四）句子改写

师：小朋友们，咱们知道，风，看不见也摸不着，赵小艺他们却动脑筋把风给画出来了。那么他们是怎样画出风来的？

1. 自由朗读课文第4～9自然段。

2. 出示句子：赵小艺

指名朗读

3. 用自己的话来说说赵小艺是怎样画风的。

出示：赵小艺想了想，

画了＿＿＿＿＿＿＿＿，（指名说）

师：宋涛可高兴了，说……

出示句子：宋涛说："是风……"（指名读）

4. 师：谁来这样说一说宋涛说的话？

出示：是风，是风＿＿＿＿＿＿＿＿。

师：谁把刚才说的话连起来说一说？（提示：赵小艺想了想，画了＿＿＿＿＿＿＿＿，是风，是风＿＿＿＿＿＿＿＿。）

5. 出示改后的句子，读读比比。

赵小艺想了想，

画了在空中飘动的旗子，

是风，是风把旗子吹得飘起来了。（"飘起来"还可以怎么说，说得更有味道？）

引导说：是风，是风把旗子吹得飘呀飘。（是风把旗子吹得好像在向我们招手。）

师：课文中的句子和改后的句子有什么变化？

6. 照着样子把文中写陈丹画风的句子改一改。

出示：陈丹想了想，

＿＿＿＿＿＿＿＿，（画了几棵弯弯的小树）

师：你也来像宋涛小朋友一样夸夸陈丹画的风吧。

是风，是风把＿＿＿＿＿＿＿＿。（小树吹得弯弯的）（是风把小树吹得笑弯了腰。）

7. 独立改写：宋涛是怎样画风的句子。

师：自己再读读句子，独自把宋涛画风的句子改一改。

出示：宋涛想了想，

_____，（画了几条斜斜的雨丝）

是风，是风把_____。（雨丝吹斜了、雨丝吹得斜斜的）

8. 交流、评改。

「点评5：在改写交流中转换语言。语言形式的转换，既能反映语文学习的灵活性，又能促进学生思维的发展。真可谓"一箭双雕"。语文课堂教学中经常进行语言形式的转换训练，具有重要的教学意义。这是本课的一大亮点，设计精到，过程精密，结果精彩。」

（五）诗句诵读

师：现在，我们把改写完的句子排列在一起读一读，比一比谁读得好听，读得有味道。

1. 引读：师读——赵小艺想了想

生读——画了……是风，……

2. 对比体会。

师：这样的句子排列起来像什么？（儿歌、诗）

师：课文中的语言像讲故事一样，改写后的语言像诗歌一样，排列整齐，读起来朗朗上口，有味道。啊，我们都成了小诗人了，多棒呀！

3. 配乐诵读《画风》。

师：咱们一起朗诵自己改写的诗句吧。

师：三个小朋友，一起来画风。

生：……

三个小朋友，

一起来画风。

赵小艺想了想，

画了在空中飘动的旗子，

是风，是风把旗子吹得飘呀飘。

陈丹想了想，

画了几棵弯弯的小树，

是风，是风把小树吹得弯弯的。

宋涛想了想，

画了几条斜斜的雨丝，

是风，是风把雨丝吹得斜斜的。

「点评6：在朗读中感悟语言。二年级的学生语言积累还不多，进行句子改写显然存在一定的难度。不妨可以根据课文的语言表达特点和学生实际情况选择朗读。多读多感悟，少讲少分析。」

[总评]

本课较好体现了素课"语言型"课堂教学的三个基本轨迹：

1. "语言线"。字、词、句教学是低段语文学习的重点。课前荐诗朗读，感知儿童诗的特点；课始直接听写词语，借助词语渗透姓氏文化的拓展；接着结合课文内容进行词语填空练习，以巩固积累运用语言；课中，将课文中的对话改写成诗句。这一过程，既是语言训练又是思维训练，在促进学生思维和语言同步发展的过程中，同时又使学生进一步理解课文内容，懂得在学习和生活中动脑筋敢创新的愉悦过程，真可谓一举多得。

2. "学生体"。在学生练习时，老师及时给予批改、肯定、纠错。当学生的朗读出现错读、不流畅时，老师耐心地予以鼓励："没关系，再试一次。"当怕有学生漏被指名发言时，老师时时亲切地提醒："没有发言过的小朋友，请高高地举起你的小手。"当发现表现比较弱的学生，老师总是欣喜地赞赏："你很能干，能用拼音写出这么美的话来。"学生是学习的主体，在课堂上老师在关注全体的同时更关注个别。学生在老师的引导、帮助与鼓励下扎扎实实地进行语言学习，学生各有所得，各有所获。

3. "对话场"。课堂教学是一个对话的过程，而对话是平等的、灵动的、生态的、多元的、和谐的和有意义的。首先，教师在课堂教学中，不断引导学生和文本对话，将文本语言内化为自己的语言后，进行诗意表达；其次，教师引导学生互相评价，形成巧妙的生生对话；最后，教师和学生进行平等交流，实现师生之间平等对话；还渗透教师的师本对话。多维多元的平等对话，让学生充分地享受学习，自觉成长。因而，也在教学中凸显了教学的逸趣。语文课堂应该是一种文化的课堂、生态的课堂，语文教师有责任将课堂营造成一个学生成长的家园，学习的乐园，思维活跃的田园，智慧碰撞的田园。

附　录　思想评价

关于"素课"的探索，已有十周年了。聊以自慰的是，各级领导、多位专家、诸多的弟子给予我很大的支持和很高的评价，促使"素课"不断修正、成熟和发展。从这个意义上说，"素课"是众人集体智慧的结晶。

一、治学精神

我认识汪潮先生已有十几年了，那时他还只有三十多岁。那年我在辽宁沈阳主持召开全国小学识字教学研讨会，邀他参会，他欣然前往，并在会上做了题为《从认知结构理念看集中识字》的学术报告，深受好评。从此以后，我们便开始了书信往来、邮件交流，从共做课题到会议研讨，从信息交流到著书立说，从教学思想到课堂观摩，彼此同气相求，成了十分融洽的"学术之友"、"忘年之交"。我认识的汪先生，有五种精神弥足珍贵：

一是敬业精神。汪先生本科读的是教育学，后攻读了语文教学论硕士，师从全国著名的小学语文教学专家朱作仁教授，是朱教授的高足，有人喜称他为"小朱作仁"。他爱岗敬业，不图名，不计利，默默耕耘在小学语文教学这片沃土上。朱教授带了十几位小学语文教学硕士研究生，目前专业从事小学语文教学研究的只有汪先生了。据我所知，中国各高校在职教授研究小学语文教学的已寥寥无几，但汪先生是其中之一。在当今物欲横流的年代，他执著地在小学语文教学研究领域坚持了20年。特别是在他评上教授后，还是一如既往，咬定小学语文教学研究这棵青山不放松，这是何等的事业心和责任感使然啊！

二是勤奋精神。汪先生从教20年，边教书边著书立说，走在教学与科研紧密结合的道路上。他讲课诙谐幽默，入理三分，很受学生欢迎。他参与全省、全国性的教研活动不断，平时笔耕不止，已公开发表文章近200篇，个人专著5本。他教学事务繁忙。大凡认识汪先生的人都知道：在他的生活日历上是很少有休息天的。正是这种勤奋的治学精神，让他写下了众多的作品，也赢得了种种荣誉。勤能补拙，勤奋出成果，正是这种勤奋精神推动他不断向前迈进。

三是严谨精神。汪先生待人处事严肃认真，著书立说更是严谨。汪先生的论著文章，观点鲜明，论证严密，说理透彻。他不唯上，不唯书，也不唯人，从来都是大胆发表自己的观点。虽然他的某些观点有待发展，但他的这种治学精神是难能可贵的。对于理论研究，严谨至关重要。为学无他，争千秋不争一日，相信他还能继续严谨有加，继续努力，攀登更高峰。

四是实践精神。汪先生没有担任过小学语文教师，但他经常亲临小学，深入课堂，向众多优秀教师学习，非常熟悉小学语文教学第一线的实际情况。他主持过众多的课题研究和课堂展示活动，参与小学语文教学热点问题的研讨。他还主编了中华书局出版的小学语文教材（共 12 册）。是啊，不入虎穴焉得虎子！现在汪先生听小学语文课，对课堂上教师的一言一颦，都能看出一个所以然。可以说，他对小学语文教学已了如指掌。这对一位高校教师来说，实属不易。这也就是为什么他的学术报告受人欢迎，他的研究具有活力的一个重要原因。

五是奉献精神。汪先生工作 20 年来，为小学语文教学奉献了自己的青春年华和聪明才智。今天汪先生奉献给大家的是洋洋洒洒近 50 万字的大作《语文教学专论》，这是他辛勤劳动的成果，也是他智慧的结晶。祝贺他又一本专著出版，在此推荐大家认真读读这本专著，想必对你会有启迪。近几年，汪先生又致力于青年教师的培养，效果甚佳。我曾多次说过：当前中国小学语文教学理论界，北有高恒利，南有汪潮，但愿南北呼应，为我国小学语文教学的理论发展多作贡献。

是这些精神成就了他，也感动了我，所以我称他为"先生"。尽管我今年84 岁，他只有 48 岁。（中央教育科学研究所研究员 张田若）

二、思想方法

弹指一挥间，认识汪教授已 20 多年。他喜水近水，20 多年来，在我国语文教学改革的数次浪潮中，汪教授就像他的名字一样，站在潮头，做个"弄潮儿"。他的观点鲜明，思想前卫，表现之一就是他研究小学语文教学的独特思想方法。

一般来说，思想方法可以分为三个层次：

第一层次是哲学方法。教育的问题深究下去都需要哲学的思考。哲学方法是从总体上观察、把握世界的方法，是从根本上解决认识路线问题。唯物辩证法是一种科学的哲学方法，但它不是一诞生就完善的，而是随着科学研究和社会实践的发展，不断地加深层次，拓展内涵。

第二层次是一般科学方法。这是中间环节的方法，它是适用于各门学科的普遍方法，如分析和综合，归纳与演绎，从具体到抽象和从抽象到具体等方法。它有一定独立性，不同世界观指导的学说都可应用，但运用的结果各不相同。这个层次的方法也随着人类实践和认识的发展而不断丰富，如 20 世纪 50 年代以后兴起的系统科学方法（系统论、信息论和控制论）现在已成为我们思考和解决问题的常用方法。

第三层次是特殊方法。如语文学科中的默读测定法、视听法、复述法、作文分析法等，它们只适用于特定学科，带有更强的独立性和技术性。由于认识手段的不断发展和新学科的层出不穷，这个层次的方法将越来越多。

汪教授在语文教学研究中，不是停留在学科的特殊方法上，而是更多地从哲学层面和一般方法论层面对语文教学进行分析和思考，从而获得了许多富有价值的成果。

汪教授认为，人们在掌握了事物的本质及其规律后，认识过程仍然没有完结，还需要有对事物价值和方法上的认识。这就是认识的四个层次——"存在认识"、"价值认识"、"方法认识"和"结果认识"。"存在认识"是"价值认识"的前提和基础；"价值认识"是"存在认识"的继续；"方法认识"是"存在认识"、"价值认识"的升华；"结果认识"是归宿。这些认识，对应于教师的教，就是教什么、为什么教、怎样教和教得怎么样；对应于学生的学习，就是学什么、为什么学、怎样学和学得怎么样。这种认识的层次关系可从下表看出来：

认识层次	对应物	教师	学生
存在认识	知其然	教什么	学什么
价值认识	知其使然	为什么教	为什么学
方法认识	知其所以然	怎样教	怎样学
结果认识	知其必然	教得怎么样	学得怎么样

小学语文教学研究，应该不断地从师生的教与学的上述方面去思考。而我国以往的小学语文教学，研究得最多的是教师"怎样教"的问题，而对相应的或者说"怎样教"的基础"怎样学"研究非常欠缺，这就使得语文教学成为教师一相情愿的事，学生在学习的主体地位被忽视，学习的主动性被抹杀。从研究的深度看，只研究"怎样教"而很少研究"教什么""为什么教"和"教得怎么样"，就使得教学的前提价值被忽视，该教的没有教，不该教的花费大量时间，导致语文教学的高耗低效。汪潮教授对语文教学研究认识层次的思考，帮助我们把握了语文教学研究的正确方向，大大拓展了语文教学研究的深度和广度。

汪教授认为，在语文教学研究中确立和运用正确的思想方法，是深化语文教学改革至关重要的问题。他在学术论著和专题讲座中提出了关于小学语文教学的十大关系，集中体现了他的思想方法，值得大家学习借鉴，现介绍如下：

1. 理论和实践的关系：两者互动。理论和实践的结合是双向的、互动的，一是理论高于实践，引导实践。没有正确理论指导的实践是盲目的、低效的。只有在正确学理的指导下，语文教学改革才能避免步入误区。二是实践出真知，发源理论。小学语文教学中的很多经验和流派是先有实践，后来才构建理论体系的。

2. 本质和属性的关系：强化本质意义。语文教学的属性有语言习得、思维发展、情感培养、人文熏陶和行为习惯养成等，但是其本质是语言习得。要建立以语言实践为主体，以语言知识、语言能力为两翼的教学体系。在这个体系中，语言习得是本质，其他属性要渗透其中，既不能游离之外，更不能凌驾其上。

3. 本质与现象的关系：现象反映本质。胡塞尔的"现象学"认为，"现象就是本质"或者说"现象反映本质"。所以小学语文教学提倡"回到事实"、"回到课堂"，提倡教师写教学叙事，在叙事中反思。当前小学语文教学各种流派纷呈，各种方法层出不穷，对语文教学的改革是有利的。只有百花齐放、百家争鸣，才能使语文教学有新的发展。但是，我们也要学会从本质上思考，透过现象看本质，不能囿于表面现象而失去本质分析。

4. 目标和手段的关系：目标制约手段。教学目标贯穿语文教学的始终，既是语文教学的出发点，又是语文教学过程的调节者，也是语文教学的最终归宿。教材、教法是达到目标的手段。目标决定手段，手段反映目标。目标是第一位的，而手段是第二位的。所以，强化目标意识，是当务之急。

5. 重点论和两点论的关系：树立突破意识。语文是一门综合性很强的学科，它涉及众多因素，要完成诸项任务，这就要求用"两点论"的观点来处理各种因素之间的关系，但是不能因此而不分主次，平均用力。语文教学提倡"两点论"和"重点论"的统一，当前特别要注意针对课文的重点、难点、学生的疑点进行突破。

6. 过程和结果的关系：展开学习过程。语文教学活动是由过程和结果两部分组成的。两者是相互联系相互影响的。由于以前的语文教学有重结果轻过程的现象存在，所以当前的改革要强化学习过程的意识、过程的展开和过程的总结反思。当然，我们也不能因此而形成"重过程、轻结果"的思维方式。

7. 常式和变式的关系：常中有变。根据一般教学原理，设计语文教学的一般教学模式（常式），用以指导语文教学实践，这是有意义的。但是，由于语文教学的多因素性，这就要求在常式的基础上设计更具体可操作的变式，以完成多种多样的语文教学任务。当前的语文教学改革应提倡多种变式并存。

8. 精确和模糊的关系：提倡模糊教学。祖国的语言文字含义深刻，表达精妙，引导学生正确理解祖国语言文字是必要的。但对小学生来说，处处精确理解是不现实的。要做到在精确之处要咬文嚼字，在模糊之处要一目十行。而词义教学应更多地联系上下文在"语境"中"模糊"理解，而非查词典"精确"理解。当然，模糊教学并非是目的不明的随意性教学。

9. 数量和质量的关系：在量中求质。语文教学是通过一篇一段、一句一词逐步进行的。提高每个教学内容的质量，以质量取胜，这是完全合理的。但是，学生的语文水平仅靠课堂教学的质量是不够的。只有引导学生多积累语言，才能从根本上提高学生的语文水平。目前的语文教学刻意追求对课文情节和内容的讲深讲透，既不注意语言积累，也不引导学生在生活和活动中学习语文，是有失偏颇的。

10. "张"和"弛"的关系：更多的是静心思索。"一张一弛，文武之道也。"（《礼记》）课堂教学气氛有热烈和安静之分，热烈的课堂气氛能调动学生的情绪，安静的氛围有助于深思熟虑。从目前的语文课堂气氛看，热烈有余，安静不足。片面追求热烈的气氛，会造成教学中的形式主义和虚假现象。语文教学要创设适宜的课堂气氛，要珍惜课堂上的"静场"、"空白"，以促进学生思维深化。

汪教授的上述思考，都是在方法层面上获得的，而这些方法层面的思考带领我们从比较高的角度把握小学语文教学，开展语文教学研究，具有方向引领的作用。汪教授极力倡导的"素课"就是这些思想方法的具体体现，弥足宝贵，值得大家珍藏。（浙江省小语会理事长、特级教师沈大安）

三、语文情结

人的一生中可能会有很多老师，而成为自己人生导师的却是很难遇到的。汪老师对我来说就是这样一位老师、导师。他的学生很多，而我觉得自己是他众多学生中最幸福的一个。这幸福源于老师对我真诚的帮助与厚爱，更敬重于老师对语文教学研究的执著追求和取得的丰硕成果。

读汪老师的著作，字里行间蕴藏着老师对语文教学的深深情意；听汪老师的讲课，一言一语都饱含着老师对语文教学的浓浓情怀。难怪常听老师说："我的脑袋是语文做的。"也难怪常见老师闲暇时闭上眼小憩却也是在思考语文的事儿。老师这辈子就是和"语文教学"结下了不解之缘，从而演绎着一段不平凡的"语文人生"。

（一）语文之缘：小语虽小，有文可作

1980年，老师高考时发奋努力，成为高中同班同学中唯一考上大学本科的学生，当时他填报的第一志愿是中文，但却被杭州大学教育系录取。大学本科学习期间老师热衷于写作。他辞掉班干部的工作，负责校广播电台的文字编辑工作，陆续在学校刊物上发表了十几篇报道、通讯类短文。记得他第

一次拿到的稿费是 2 元。在全国著名小学语文教学研究专家朱作仁教授、李志强教授的指导下，大学三年级时正式发表了他的第一篇学术论文《小学三年级学生的仿写特点与仿写教学》，此论文在《浙江教育》杂志上发表，并被中国人民大学复印资料全文转载。1984 年他留校任教。继后，他报考了硕士研究生，方向是小学语文教学心理学。在朱教授的悉心指导下，进行了一系列系统与深入的研究。很有影响的研究项目，一是写字教学；二是读写结合。期间，老师奔波于浙江、上海、北京图书馆，几乎查遍了有关的研究资料，还专程拜访了广东省潮州市六联小学著名特级教师丁有宽老师、江苏省徐州市古楼区教研室著名特级教师于永正老师，撰写完成十多万字的硕士毕业论文《中国语文读写结合研究》，被评为杭州大学硕士生优秀毕业论文，后来在华东师范大学出版社出版发行。他至今有 200 多篇（部）文章公开发表，其中大多数与小学语文教学有关。这不由得使我感受到：小学语文虽"小"，却大有文章可做！

（二）语文之情：课堂虽小，大有作为

1987 年，老师从杭州大学调任浙江教育学院，并第一次独立开设与小学语文教学有关的课程。先为专科生开设《小学语文教育学》；后为本科生开设《小学语文教学论》；再为在职教师继续教育班开设《小学语文教学专题研究》。先后应邀赴浙江省所有县市及全国 20 多个省市作小学语文教学专题学术报告 400 余场次，到各基层学校听课诊断、调研千余节课。组织展示活动、研讨会、支教活动等百余场，赴四川青川、新疆乌鲁木齐、阿克苏和本省十几个县（区）支教 20 余次。通过授课（每学期课时平均 500～600 左右）、报告、听课和研讨互动，使他逐步熟悉了小学语文教学的各个领域，理清了小学语文教学理论研究的基本线索。为此，老师由衷感叹：没有课堂（小学生学习课堂、教师培训课堂），语文研究就没了生命，是课堂使自己成长起来的。

从 1991 年开始，老师先后组织浙江省小学语文教坛新秀学习班、浙江省小学语文跨世纪骨干教师培训班、浙江省小学语文研讨班、浙江省农村小学语文骨干教师集训班、浙江省"5522"工程小学语文骨干教师培训班、浙江省"领雁工程"小学语文骨干教师培训班、浙江省小学语文教师高端班培训、全国小学语文骨干教师研修班等各类培训班 80 余个，培训小学语文骨干教师约 5000 多人。值得一提的是，在他主持的培训班级学员中先后有 51 人被评为省特级教师。古有孔子弟子三千，而今老师真可谓"桃李满天下"。

多年来，老师不但为自己的课堂教学以及省级培训做出不懈的努力和众多的贡献，而且在小学语文教学的理论研究和课题指导方面倾注了自己的心血和精力。研究范围从语文教学思想到语文教育方法；从语文课堂教学到语文课外阅读；从语文课程标准到语文教材，从中国语文到西方语文等都有涉及。研究成果先后在《教育研究》、《课程、教材、教法》等杂志上发表，大约有200余篇。先后出版《中国语文读写结合研究》、《中国语文教学实验研究》、《语文教学专论》、《小学名师培训教程》、《语文之道》等个人专著，主编教育部审查通过的《小学语文》教材12册，主编教育部审查通过的大学普通生本科教材《小学语文课程与教学论》等。曾经获教育部全国教育科学研究优秀成果三等奖，浙江省人民政府省级教学成果二等奖2次。指导全省多所学校小学语文教学课题研究50余个，专题研究40余个，为许多学校的教师专业成长做出了积极的贡献。

现在老师还兼任中国陶行知研究会小学教育专业委员会副主任，全国识字、写字教学研究中心主任，浙江省继续教育专家委员会语文组副组长，浙江省名师名校长工作站小学语文工作室主持导师、首席导师，华东师范大学国家级培训"讲座教授"，上海师范大学"兼职教授"，南京师范大学国家级培训"主讲教授"等职。尽管如此，低调平实的老师聊以自慰地感喟：我没有太大的学术造诣，只不过是对小学语文情有独钟，致志不渝而已。

（三）语文之境：人生有限，研究不止

老师有丰厚的成绩，与他的聪慧是分不开的。他不仅十分勤奋，而且很有思想。例如，他有"一、二、三工程"：拥有一个会思考的头脑：对语文教学要有自己的思考，不能人云亦云；拥有两只手：一手抓课堂教学；一手抓理论学习，既要根据自己的教学风格创立品牌课，也要提升科研水平，两只手缺一不可，互相促进；拥有"三只眼睛"：一只眼睛看自己，向内看，剖析自我，了解自我；一只眼睛看同事，看旁边，向身边的同事学习；还有一只眼睛看远方，认清教育发展方向，了解最新教育动态，拓宽自己的教育视野。其实，老师所言正是他自己从事语文教学研究的经验之谈。他从实践到反思，从经验到系统，从描述到研究，以独特的思维方式进行学术思考与研究，提出了众多小学语文教学的独到见解，构建了比较完整的小学语文教学理论体系。最为著名的是他的"素课"理论和对读写关系的研究。通过他多年的探索，揭示了读与写的相关系数为0.3966，并提出了"作文百分百"理论，认为学生作文的成功取决于四个因素：阅读40%、经历20%、思维20%、技巧20%，填补了本领域研究的空白。

纵观老师20余年关于小学语文教学的思考与研究，我不禁想起宋代禅宗大师青原行思参禅的"三重境界"：看山是山，看水是水；看山不是山，看水不是水；看山仍然是山，看水仍然是水。老师的语文人生之路不也是经历着这三重境界？喜闻老师的又一本专著《小学语文名师培训教程》于浙江大学出版社2012年2月问世，这是他研究的又一个新成果，又一个里程碑，可喜

可贺……（杭州市绿城育华小学副校长方兰）

四、学术影响

（一）我信服的汪潮教授

本人结识汪教授有十多年了，在他的引领、指导、帮助下，我从一位普通教师成长为一名特级教师。在大家的眼里，他是一位充满智慧的老师，是一位专心致志搞学问、搞研究的人，更确切地说是研究小学语文教学的人。他曾风趣地说过，在大学里，他是"小儿科门诊"。一个科班出身的教育学硕士，十多年前就选择小学语文教学作为自己研究、发展的方向，可见汪教授的眼光和智慧。

汪教授治学严谨，善于思考。二十年如一日，他潜心研究小语教学理论，不断探索小学语文教学的规律和特点。小学语文教学的整个过程都离不开教学理论的指导，语文教师要从经验主义、手工业方式、烦琐哲学和形而上学的束缚中解放出来，只有占领理论的制高点，才能驾驭课堂。这种实践和理论的紧密联系拉近了广大小学老师和汪教授之间的距离。他善于笔耕，把一本本教学的专著送到一线教师的手中；他善于施教，用鲜活、生动的语言来包装枯燥、乏味的理论；他善于运用创新思维，前瞻地、深层次地思考语文教学问题。听着他的课，困扰已久的教学死结会忽然被解开；与汪教授交流，犹如读一本教育书籍，一本可以解决一切教学问题、找到一切教学答案的大书。对青年教师来说，他是教学思想的引领者、教学研究的指导者、专业发展的推动者。在"汪氏"教学理论的包装下，有一大批的小学语文骨干教师脱颖而出。

作为一名年轻的学者，汪教授有思想，敢作为。在一次次的教改浪潮中，他勇立潮头，主动扮演着"弄潮儿"的角色，不当"观潮派"。这几年，他矢志不移地站在教学改革的前沿，成为教育改革的实践者、推动者，他善于抓住教改的实质问题和矛盾，对语文新课标中的热点、疑点，大胆发表自己的观点，为一线的老师释疑解惑。主编一套小学语文新教材是他多年的期望。前年，他顶着压力和阻力，勇敢地向这个课题发起挑战。在教育家前辈们的指导下，他亲任主编，并大胆启用省内外新生代的特级教师、教坛新秀，历时四年，这套凝聚着汪教授教育思想、教育智慧的《小学语文》新教材终于在中华书局、作家出版社的联合出版下"新鲜出炉"，2005年12月这套教材由教育部审查通过，并在全国范围使用。作为一名参与者，我见证了他的胆略和成功，也见证了他为之付出的艰辛。

"勤奋做事，真诚待人"是汪教授人格的写照。他十分认真地经营着自己的小学语文教育事业，一方面，他承担着繁重的语文教学研究任务；另一方面，他又担负起了培养青年教师的重任。这几年，随着教师对个人专业成长的愿望的觉醒，要求到汪教授门下学习的人越来越多，有组织委派的，有个人联系的，他凭着自己良好的师德，来者不拒，乐教不疲。至今，各地已有5000多名小学语文骨干教师从师于汪教授。近十年来，我非常荣幸地3次参加汪教授组织的培训班。在我眼里，永远不变的是他上课时的那份认真、专注、执著以及进出教室时匆匆的脚步。对自己的学生，温和中坚持原则，关爱里透着严厉。他像一个辛勤的农夫，在自己的责任田里辛勤地耕耘着，敢于寂寞，选择简单。

"从事语文教学研究和实践，不只是职业，更是一种事业。"这是汪教授的事业人生、语文人生，我们这些徒儿们都铭记着他的这句话，以此激励自己。（浙江省特级教师、杭州市文三街小学魏丽君，发表在《中国小学语文教学论坛》2006年第4期上。）

（二）用心感知汪潮教授

他——汪潮教授，是我们"浙江省领雁培训工程"小学语文培训八班的班主任。2010年9月，我们来自浙江、四川两省的58位学子在美丽的西子湖畔与他相遇了，他值得我们用心感知——

汪教授其人

远远地看到汪老师，并没有特别的感觉，只是淡淡地感觉到：这个男人并不是很高大。如果近距离的观察汪老师，你会发现他长得特"智慧"：其一，头顶有亮度，大凡智者头都颇；其二，眼睛有亮度，汪老师的眼睛又圆又亮又灵动，写满思想，充满睿智。

汪教授其课

初识汪老师，应该在八九年前，那时参加教育学院的函授班，汪老师在讲台上上课，一丝不苟的，非常严肃。记得非常清楚，只要是汪老师的课，我一节也不敢逃，上课时，还得特别认真，因为汪老师上课可与别的老师不一样，他经常要做课堂提问，稍有不慎，就可能被点到名而回答不出问题。那时，对于汪老师，感觉还是挺怕的。

参加了省领雁工程培训，再次走进了汪老师的课堂，第一节课就让我紧张地不得了，"请你说一说看了《语文教学专论》这本书后给你印象最深的一句话是什么？"汪老师突然抛出的问题，霎时把我们都怔住了。天哪，赶快把边上同学在急速翻着的《语文教学专论》拉到中间，快速地默记……幸好，没有被点到名，逃过了一劫。其后的课，汪老师一如既往，经常在上课时与大家互动，让大家积极主动地发言。渐渐地，我发现虽然大家在汪老师的课上紧张依然，但是同学们在发言时越来越主动，越来越自信，言语表达越来越有条理，剖析问题也越来越深刻……培训结束了，或许以后再也听不到与汪老师这么近距离的课了，恍然间明白了汪老师在课上的智慧……

汪教授其思想

汪老师是我们小学语文教育的引路人，他的教育思想总像一盏明灯指引着我们努力的方向。

"语文老师是姓语的，语文老师要多点语文意识，语文课就应该多点'语文味'。"汪老师的一针见血地指出了我们小学语文课堂普遍存在的问题，这句话一直深深地铭刻在我心中，让我时时反思自己的思想，反思自己的课堂。

"语文意识"、"简约语文"等，到现在的"素课"，无不让我们深刻地感受到汪老师在小学语文教育这块热土上所展示出的睿智思想。

汪教授其风格

别看汪老师上课时一脸的严肃，犀利的话语让人闻而生畏，但课下却是非常的幽默风趣。有时，听他的讲座、报告也是一种享受，讲座过程中时时透出他那风趣而又充满智慧的话语，经常引得全场掌声阵阵，笑声连连。记得结业典礼那天，汪老师作为带班老师代表发言，他的"一个词、一句话、一曲歌、一首诗"加上他那幽默智慧的语言引得台下掌声雷鸣，特别是那"一首诗"，更是出其不意，由台上的汪老师与台下的我们小语班的 6 个同学共同完成，听得其他班的同学眼睛闪光，掌声雷动。耳边不断传来其他几个班同学羡慕的话语："这么好的主意谁出的？你们小语班好幸福啊！"……

是的，这两个月领教了汪老师的严格，欣赏了汪老师的幽默，领略了汪老师的智慧，感悟了汪老师的深度，我们很幸福！（浙江省义乌市后宅小学副校长骆文芸）

（三）有趣的"老头儿"生动的课

这个题目其实是讲座开始 5 分钟以后就定下的。真的是个"有趣儿的老头儿"——但是这个念头并不会妨碍到我对汪潮教授的尊重。是的，是尊重。

他那诙谐的、让人忍俊不禁的谈吐方式，把现今语文教学上的弊病说得一针见血，有些尖锐，却直指根灶；从"素"到"素描""素食""素颜"直至"素课"，我们的思想被带到了一个返璞归真的境界；一个个生动鲜活的例子，把"语文"课如何走向原生态说得深入浅出，引人深思。

今天的讲座和我以往听到的讲座都有些不同，我感到自己仿佛从洼地里被拎了起来，然后放到了山尖上——全新的高度，全新的视角，全新的思考，当然心头更是感觉豁然开朗了。

汪教授讲座开篇的第一句话就给我留下了深刻印象："主要不是告诉你些什么，而是让你思考些什么。"我想这也正是"素课论"思想的体现吧！感谢汪教授带来的知识甘露，现把我感触最深的几点写下来：

1. "目前很多课形式的东西太多"。

听到汪教授这句话,我不禁想到公开课上常常让人莞尔的一幕幕:一番生动活泼的,或是优美动人的,或是设疑问答的环节过后,老师说:"今天就让我们一起来学习第×课《××××》。"我常想,这样的导入名为"激情入文",但实际上究竟有多少作用呢?学生早就知道要上这一课,早就把课文熟读了很多遍,老师为什么还要假装好像孩子不知道今天上哪篇课文一样呢?所以,如果导入的作用不是很大,还是直截了当揭题为好,至少不让人感到做作或是作秀。

反思自己的教学,名属"形式"的东西其实更多了。回顾自己几年来的语文教学之路,有热热闹闹搞表演讨论背后的茫然;有大费心血打造课件背后的疲惫;有深挖文本走情感路线背后的疑惑;也有每课小练笔之后批改赶之不迭的痛苦……

当然,适当的"形式"也是需要的,全盘否定肯定不对。今后我要做的是好好反思自己在课堂上的一言一行,思辨哪些是形式主义,说而无效,做而无益的,那就不说不做。

2. 上课起立,问好可以怎么问?"同学们乖——""同学们学习好——"学生会怎么答?你可以告诉学生:说话是要看对象的,不能死板一成不变。这也是教育时机,需要把握。

前面说到形式的东西太多,但是听到教授的这段话我却感悟到,同样是固定的、看似一成不变的"上课起立问好",你稍加心思,它就不再是形式。教育时机需要把握,再加一句自己的思考:把握教育时机也要摆脱形式主义,或许只需要动一点点小脑筋,做出一点点改变。

汪教授绘声绘色地讲述了德国的小学生是怎样举手的——一个手指"我愿意回答",两个手指"我有补充"……五个手指"我会非常精彩"——多有趣!打破常规,做出一点儿改变,简单的动作让教学变得更加有效。以后在我的教学实践中,我也要常常在细节处思变通,看看能不能把一些常规的东西做得更加有实效。

3. "读很重要,但是读不能解决一切问题""向内容分析式的语文教学说再见"这样的提法有问题吗?

联想汪教授的这两句话,我有两个感受:

一是看待任何教学手段都不应该以偏概全,教学中可以稍侧重于这一方面,也可以稍侧重于那一方面,但是总体来说要均衡。完全否定一种教学方法不可取,过于强调某种方法形成"旗帜一面倒"也同样会过犹不及。

二是人要有自己的思想,不能人云亦云;要有自己的思考和判断,不能今天刮东风就往西跑,明天刮西风就往东走。语文教学上如果一味迷信别人

（甚至是一些专家）的观点，不去思辨就会造成理解的偏差，最后甚至会导致自己失去语文教学的方向。

所以，我告诉自己，只要坚持每节课都能让孩子们有所收获，让孩子们每节课都能在原来的基础上有一点提高，就是我要的语文课。当然现在要加上一个范围限定：在语言文字的感悟积累运用方面。

4. 语文教学"高耗低效"的一个重要原因是教师讲得太多，学生学得太少。要减少教师的"排放量"，还学于小学生，让位于学习。

汪教授这番话可谓一语中的，细细琢磨令我有醍醐灌顶之感。

我们有这样的意识：教学效果不是体现在教师的教学风采上，而是体现在小学生语文学习的实际"增量"上。但是我们缺少这样的行动：减少教师的"排放量"，还学于小学生，让位于学习。

"教书"的老师要学会"让学"，这是必须的。改掉"滔滔不绝"，减少"面面俱到"，弱化"步步掌控"，学会激励，学会引领，学会因势利导，做一个智慧型的老师，让孩子们沉浸到语言文字中——"让学"正是我现在亟须的必修课。

5. 记住陶行知大师的话："做一事，要用最简单、最省力、最省钱、最省时的法子，去收最大的效果。"

一见这句话，感觉是"振聋发聩"。陶行知先生确实伟大，即使是在近百年以后的今天，他的这句话还是能教育无数人，因为这是最有实效的方法论啊！它岂止是教育的引航灯，也是我们生活的引航灯！

如果用这句话来指导我们的语文教学，语文课将会变成怎么样呢？

我忽然想到，其实陶行知这句话也是不能误读误解的。如果要成为有钱人，最简单、最省力、最省钱、最省时的方法可能就是去偷去抢了，但这显然不是陶行知先生的本意。先生的话重在"去收取最大的效果"——单纯地把最简单、最省力、最省钱、最省时相加是不能得到最大最好的效果的——在保证效果的前提下，用的法子要尽可能简单直接有效，不要有过多繁杂的铺垫预设迂回折腾。我想这才是陶行知先生的本意，也是"素"这一词用在语文教学上的真正含义吧！

6. 回忆当年自己的老师怎么教自己。

听汪教授说到自己的老师，说到当年老师把课上完了，会让大家把眼睛闭起来，然后静"听"老师整理这一节课的重点。那一刻我也想到了自己小学里的老师。每节课老师在黑板上总会有工工整整的板书，文章的结构、段与段之间的逻辑关系，就是从那板书里走下来走进我们脑海里；老师总是在下课的时候给我们讲她家乡的传说故事，下课了我们最大的乐趣是围在老师身边……我印象中的语文，就是从那时候鲜活起来。

那时候的语文课，并没有先进的多媒体手段，为什么我们还是学得津津有味，乐在其中呢？想来想去，只能说那时候的我们，是真正沉浸在语言文字里了。

走在语文教学研究的道路上，我们是不是也该常常往后看看？过去的东西并非都是糟粕，恰恰相反，却有很多精华沉淀着，但是又在一波又一波的语文教学改革中被我们遗忘了……

短短一个上午，我感到收获了很多。站在宏观的高度，汪教授的"素课论"向我们展示了让语文教学回归语文本质的蓝图。但是心头空明是一回事，行动有效却又是另一回事儿。如果说今天让我的视野开拓的是理论，那么让理论指导实践，我现在能做到的还仅仅是起步……（浙江省临安市杨岭中心小学刘鸿雁 2011 年 10 月 22 日上午在临安市教师进修学校听汪潮教授《论素课》学术报告后的学习感悟。）

最后，引用 2011 年 11 月 18 日浙江大学"百人千场"小学语文"导学"大型展示会（全国 4000 余位小学语文教师参加）现场的部分短信点评，与大家分享，并作为本章的结束吧：

138＊＊＊＊353：记得上次听汪老的讲座是在浙江外国语学院。今天他还是那样和蔼可亲，在我这个学徒的眼里，他永远是智慧与勤奋的终身代言人。期待下次和您的再次相会。

139＊＊＊＊618：此刻，静静地，等待着，就为了汪潮教授的精彩报告而来。

138＊＊＊＊315：听过汪老师的许多讲座，他始终守卫语文教学的本质，关注言语形式也确实经得住实践的检验。真不愧是资深专家！

132＊＊＊＊122：汪老师的讲座，如高屋建瓴，用生动幽默的语言、新颖的观点，理论联系实际，听来受益颇多。

139＊＊＊＊601：汪教授的讲座很富有哲理性。

139＊＊＊＊851：听了一天课了，身虽累，但汪老师的精辟见识，驱走了我的疲倦，意犹未尽！

153＊＊＊＊011：汪老师是"素课"的建构者和引导者。

后　记

　　观点需要论证，实践需要检验，思想需要积淀。"素课"是我们十年来对小学语文课堂教学反思、考量、求索的初步结果。

　　早在2001年，在杭州市文三路140号的浙江教育学院的行政楼416教室，进行了浙江省小学语文骨干教师培训班的集中培训，汪潮作为组班教师和主讲教师，在一次讲课中明确提出："语文课是自然朴素的"，并进行了课例分析。这是"素课"思想的端倪。

　　2003年，我们西上贵州支教。方兰作了《语文教学中"本位"问题意识》的专题讲座，汪潮作了《素色语文课》的专题演讲，我们不约而同地提出：语文课要有"三自"：自主、自由、自然。在观课研讨之余，我们欣赏了黄果树瀑布的美景。那种朴素的教研，那种自然的景色，引起了对"素课"必要性的再次思考，增强了系统研究"素课"的信心。

　　2004年至2009年间，我们先后赴浙江省的"东、南、西、北、中"，传播"素课"主张。先去宁波市北仑区淮河小学讲过"本色语文"（方兰执教《画风》一课）；再去温州市永嘉县瓯北镇第七小学讲过"情态语文"（方兰执教《槐乡的孩子》一课）；又去丽水市县松阳县实验小学讲过"生态语文"（方兰执教《矛和盾的集合》一课）；还去杭州市淳安县汾口镇小学讲过"思性语文"（方兰执教《狮子和鹿》一课）。并在杭州市中心城区的上城区、下城区、西湖区、拱墅区多所小学研讨过"文化语文"。这是对"素课"思想研讨时间较为集中的6年。

　　难以忘怀的是2010年，我们参与了浙江省教育厅组织的赴四川省青川县地震灾区支教活动，面对600多位青川县全体小学语文教师，我们演绎了"素课"的精彩篇章：方兰执教《读一本完整的书》的读书指导课，汪潮讲座《素课之思想和策略》，受到广泛好评。

　　2011年6月，在《教学月刊》杂志主编陈永华的策划下，汪潮以《素课之理念》为题发表了对"素课"的初步研究成果，并同时刊发了汪潮对方兰、季科平、张林华、缪志木四位老师"素课"设计的详细点评。

　　2011年上、下学期，汪潮主办了两期浙江省小学语文"素课"教学诊断培训班，对"素课"的理论体系和实践操作进行了较全面的整理和论证。方兰再次执教《槐乡的孩子》一课。在2011年的浙江省第二期小学语文高端培训班上，"素课"的思想又进行了多次课堂验证，学员体现"素课"思想的课深受好评。至此，"素课"的思想基本成熟，理论框架基本形成。

令人欣喜的是：2011 年 12 月，浙江省中小学名师名校长工作站在杭州市绿城育华小学挂牌"浙江省小学语文工作室"（汪潮为工作室主持导师、首席导师，方兰为工作室秘书），并取雅名为"素课室"，由汪潮提议、书法家魏建刚的墨宝"素课"二字悬挂室内。这是"素课"思想形成的一个纪念性标志。

从 2001 年"素课"观点的提出，到 2011 年"素课"思想的形成，刚满十周年。十年磨一剑，不知锋利与否？

十年间，张田若、刘力、沈大安、张化万、于永正、丁有宽、黄亢美、刘仁增、柳琏、虞大明、倪宗红、魏丽君、林乐珍、张祖庆、张敏华、柴冬青、俞国平、冯晨、曾水清、季科平、汪燕宏、张林华、肖秋萍、徐爱莲、徐华芳、缪志木等同行"战友"给予我们莫大的鼓励和支持。同时，我们静坐案头，上网查阅了众多资料，吸纳了很多有关的教学经验和研究成果，以丰富"素课"的思想内容。本书还引用了有关小学语文教材中的课文课题或课例。对此，我们对有关人员和单位深表谢意。所以说，"素课"是众人实践和智慧的精神提炼和集大成者，现在汇集成书，与大家分享。

"初始之物，其形必陋。"真诚希望大家参与对"素课"的讨论、争论、辩论，真心欢迎大家对"素课"补偏救失，使之更趋成熟和完美。

汪　潮　方　兰
于"小语工作室"
2012 年 6 月 22 日